지식을 활용한

지식창업 쉽게 성공하기

이우희 지음

내 경험, 지식, 노하우가 돈이 되게 하는 방법!

K+
MIRACLE
MORNING
KMM PUBLISHER

저자

이우희

학력사항

경희대학교 일반대학원 석사 졸업 (조리외식경영학과)

경력사항

· (전)인터콘티넨탈 호텔 베이커리 근무

· (전)대한적십지사 제과제빵 강사 (인천)

· 'KISS A DESSERT' 베이킹 클래스 대표

· 1인 기업 카페 컨설팅, 학교, 관공서, 기업, 등 강의

지식창업 쉽게 성공하기

목차

6장
사람 대하는 법

7장
지속가능 방법

1장

강의주제 발굴하는 법

01

내 일과 관련이 있는 주제,
전문성이 있는 주제로
지식창업을 해야 한다

지금 이 책을 보고 있는 분들은 내 강의를 어떻게 독점적으로 할 것인지, 차별화 시킬 것인지 고민이 많을 것이다. 직장인들은 강의를 어떻게 시작할지 모르겠다는 분들도 있다. 두려움도 크다. 지식을 돈으로 바꾸는 방법이 고민이 된다. 코로나 이후 세상이 빠르게 변하면서 정보와 강의들이 다양해지고 있다. 강의 시장이 커지고 있으며, 자신만의 콘텐츠를 바탕으로 자신의 분야에서 활약하고 있는 분들이 있다. 강의주제는 다양하고 강의는 새로운 정보와 가치를 창조시킨다. 즉, 어떤 특정한 주제를 가지고 나만의 경험과 지식을 재창조하는 것이다. 이것이 지식창업이다.

내 일은 독립적 비즈니스와 독점적 비즈니스 형태이다

전문성이 있는 주제와 정보에 사람들이 모인다. 수만 명이 가입된 카페 가입자와 구독자들이 존재한다. 취미와 재능으로 파워블로거들이 경험을 바탕으로 강의하는 전문 강사들도 많다. 2002년 피터 드러커(Peter Drucker)는 "다음 사회는 지식사회일 것"이라고 예측했다. 앞으로 지식사회는 재탄생해서 진화한다. 나의 경험을 창의적으로 축적한 지식이 경쟁력의 원천이 되고 있다. 개인의 가치와 능력, 취향이 중심에 놓여있는 사업 방식이다. 모두가 개성이 있고 성향이 달라서 지식을 재구성하고 확장하는 방법은 다양하다.

지식창업은 독점적이어야 한다. 전문적인 독점적 지식은 꾸준히 일하면서 쌓았던 경험과 기법이다. 자신의 업무 분야에서 지식을 채워야 한다. 자기가 평소에 잘 아는 업무 분야로 중심을 삼고 하나씩 확장해서 강의주제를 발굴해야 한다.

자신의 업무 분야에서 지식을 갖고 지식창업을 해야 성공할 확률이 높다. 한 분야에 전문가가 되면 확장성 생긴다. 전문성은 지식창업을 할 때 유리한 조건이다. 직장인들은 현재의 업무 지식과 경험이 주요 자산이다. 직장인들은 업무를 통해 전문성을 키워야 한다. 전문성은 지속할 수 있는 형태로 만들 수 있다. 하나의 콘텐츠를 개발해 점차 하나씩 확장하면 된다.

박태희(가명) 씨가 사무실에서 하는 일들은 거래처에 전화를 걸거나 받는 거였다. 그런데 상사가 다른 업무를 시키게 되면서 보고서 작성과 아이디어를 생산하는 일을 했다. 더 나아가 엑셀, 파워포인트까지 하는 업무가 되었다.

처음 하는 일이라서 어렵고 힘들었지만, 최선을 다했다. 주말에는 독학으로 파워포인트를 공부했다. 결국 박태희 씨는 5년 동안 주 업무가 되었다. 어느덧, 후배들에게 업무를 인계하고 퇴직했다. 3개월 쉬는 동안 잠깐 프리랜서로 일하게 되었다.

우연히 파워포인트 강사 모집에 지원하게 되었다. 강사로 발탁되어서 고정적인 수입이 들어오게 되었다. 일에 재미도 느끼게 되었다. 이때부터 박태희 씨는 새로운 삶을 살게 되었다. 카드 뉴스 제작 강좌 수업과 '초보자도 쉽게 만들 수 있는 파워포인트' 커리큘럼을 만들어 선보였는데 아주 인기가 좋았다. 다양한 기획안으로 시간 강사를 할 수 있었고, 그렇게 3년이 흘러 박태희 씨만 할 수 있는 파워포인트 강좌와 《누구나 할 수 있는 파워포인트 잡기》라는 책도 출간하게 되었다.

내가 좋아하는 일은 비즈니스로 만들 수 있다

기자가 인터뷰한 인플루언서들은 하나 같이 이렇게 말한다. "콘텐츠를 만들 때 내가 좋아하는 일이나 취미, 혹은 내가 지금 하는 일(본업)과 연계할 수 있다면 막대한 시너지 효과를 낼 수 있다" 유튜브 구독자 64만 명인 인플루언서가 있다. 독보적인 미술 크리에이터 이연이다. 이연은 평범한 직장인이었지만 '그림'이라는 자신의 본업을 콘텐츠로 만들어 유튜브를 통해 자신만의 브랜드를 만들었다. 평일에는 회사에서 평범한 직장을 다니고 주말에는 유튜브 콘텐츠를 만들었다. 지난해 퇴사하고 자신이 좋아하는 일을 비즈니스로 만들었다. 퇴사한 이유는 더 이상 하기 싫은 일을 안 하기 위해서라고 한다.

지식창업을 하기 위해서는 기본적으로 내가 좋아하는 일이어야 한다. 좋아하는 일은 지속할 수 있다. 내가 좋아하는 일은 집중적으로 할 수 있으며, 자립적으로 성장할 수 있다. 자기만의 본질을 통해서 강의주제를 정해야 한다. 강의하다 보면 나만의 색과 본질이 나타난다. 자기만의 색과 본질을 바탕으로 강의하다 보면 더 많은 에너지를 쏟게 된다. 이때 더 많은 시간을 투자하기 때문에 내가 좋아하는 일이어야 한다. 그래야 고통스럽지 않게 할 수 있다. 내가 좋아하는 일이 강의 주제가 되어야만 앞으로 수년 동안 즐겁게 열중할 수 있다.

내가 즐겁지 않으면 아무리 좋은 강의주제라고 해도 지속할 수 없다. 내가 좋아하는 일이 무엇인지 모르는 분들이 있다면 무엇이든 상관없이 당신이 경험해온 일들을 차근차근 나열해보면 된다. 처음에는 어려울 수 있다. 당신이 무언가를 할 때 '생생한 경험'이나 시간 가는 줄 몰랐던 경험 등을 적어보면 된다. 내가 무엇을 했을 때 즐거워했는지, 행복했는지, 내가 어떤 모습으로 강의하고 싶은지를 깊이 고민해봐야 한다. 자기 자신이 하는 강의는 나를 잘 알아야 한다.

직장인들은 새로운 것을 찾으려고 한다. 직장인들은 대부분 내 일과 전혀 상관없는 일을 하려고 한다. 그러나 내가 꾸준히 해왔던 업무가 실패를 줄일 수 있다. 경험을 바탕으로 나아가야 한다. 그러면 확장도 빠르게 된다. 직장인들은 현재 다니는 회사에서 업무를 최선을 다해야 한다. 그러면 어느 순간 길이 보인다. 현재 있는 시점에 최선을 다하고 노력해서 내 것으로 만들어야 한다. 좋아하는 일을 비즈니스의 형태로 만들 수 있어야 한다. 그래야 비즈니스를 키우고 성장할 수 있다.

타깃을 명확하게 좁히자

일이 즐거웠고 전문적인 지식이라면 강의주제의 반이 완성되었다. 즐거운 일과 전문적인 지식은 나만의 비즈니스를 만들 수 있는 형태이다. 비즈니스 형태를 만들었으면 그다음 무엇을 해야 할까? 타깃 고객을 집중적으로 공략해야 한다. 정확한 타깃 고객을 잡으면 고객의 만족도가 매우 높고, 긍정적인 피드백을 받을 수 있다. 더 높은 전환율로 달성된다. 강의주제는 독립적이고 독점적인 전문지식과 내가 좋아하는 일, 그리고 목표를 명확하게 좁혀야 한다. 이 3가지가 꼭 필요하다. 광고의 효율로 볼 때 타깃 광고가 비 타깃 광고보다 평균 2배 가까이 나타난다. 타깃에 맞는 강의는 악성 고객도 현저히 줄어든다. 성공하려면 명확한 타깃을 공략해야 한다.

내 강의를 어떤 고객에게 팔 것인가? 강의는 강의 대상자의 필요 욕구를 충족시켜주는 것이어야 한다. 누군가가 내 강의를 듣는 것은 내 강의에서 필요한 정보와 무엇을 얻고자 하는 욕구 때문이다. 자신이 잘할 수 있는 콘텐츠로 강의주제를 잡았지만, 강의 대상자의 필요 욕구를 충족시켜주지 못하면 강의는 할 수 없다. 당신이 살아온 이야기, 당신이 경험하고 느꼈던 지식, 내가 전달하고자 하는 메시지는 강의 대상자를 만족시켜야만 한다. 강의 대상자의 타깃을 최대한 좁힌 후, 타깃의 맞는 강의 제목을 지어야 한다.

결론적으로 모임이나 세미나를 통해 나의 강의주제가 고객들에게 맞는 강의주제인지 확인하면 된다. '직장인들을 위한 부동산 투자 방법'에 대해 강의한다고 가정해보자.

　　당연히 직장인들이 이 강의를 들을 것이다. 부동산이라는 자산 운용에 관심 있는 직장인들이다. 그 속에서 직장인들이 원하는 것은 명확하게 알아야 한다. 강의하면서 나의 장점을 분석해보고 강의주제를 더욱 탄탄하게 만들면 된다. 빠르게 실천하고 실패해서 다시 도전해보자. 나의 강의주제는 나의 것이기도 하지만, 고객들이 원하는 강의가 되어야 한다.

　　타깃에 명확하게 맞추어서 강의주제의 제목을 지어라. 현재 강의 하는 강사들은 강의주제가 타깃 고객에게 맞는지 확인해야 한다. 욕구도 명확하게 확인해야 한다. '직장인들을 위한 부동산 투자 방법'을 들으러 온 직장인들은 다양한 투자 방법을 생각한다. 아파트 투자인지, 토지인지, 상가인지, 오피스텔인지, 고객들이 원하는 강의를 꼼꼼하게 집중적으로 분석해보아야 한다. 처음 강의하는 분들은 '강의를 누구에게 줄 수 있을까?' 고민해야 한다. 보는 시각에 따라 새로운 강의가 된다.

　　박태희(가명) 씨는 전문적인 지식과 경험이 있었다. 박태희 씨가 성공한 원인은 자기가 아는 분야였다. 자기가 평소에 잘 아는 주제로 강의주제를 잡았다. 다른 사람들이 어려워했던 부분을 해결해줄 수 있었다. 인플루언서 이연도 자신의 전문적인 지식과 경험, 기법을 바탕으로 비즈니스를 만들었다. 좋아하는 일이라서 결국 에너지를 쏟아 구독자 64만 명을 만들었다. 당신이 제공하는 가치와 서비스가 필요한 고객들에게 도움을 주며 살고 있다. 우리는 나만의 지식과 경험 그리고 기법으로 지식창업을 할 수 있다. 강의주제를 잡을 때 이 3가지를 명심해라. 당신만의 강의주제를 발굴할 수 있다.

지식창업자를 위한 실천 방법

1. 내 경험을 바탕으로 강의주제를 찾아라.

2. 독자들이 반드시 찾는 강의주제가 돼야 한다.

3. 지금하고 있는 일에서 능력을 계발하라.

02
지식으로 돈을 벌 수 있는 시스템을 만들어야 한다

직장인 중에 투-잡(two job), 쓰리-잡(three job)을 갖고 있다. 부수입을 만들고 있다. 우리는 코로나바이러스로 인해 많은 것이 바뀌었다. 누군가는 '직장'이 눈앞에서 없어졌다. 직장인들은 재택근무와 밀린 연차 소진으로 시간이 많아졌다. 그리고 소득도 줄어들었다. 잠깐이 아니었다. 자영업자들은 폐업까지 했다. 반면 부(富)도 빠르게 늘어났다. 조사에 따르면 전 세계 백만장자가 500만 명 이상 증가했다고 밝혔다. 코로나바이러스 이후 백만장자들은 자본소득이 늘어났다. 그 이유는 백만장자의 65%는 세 가지 이상의 소득 파이프라인을 갖추고 있었다. 우리도 소득 파이프라인을 늘려서 지속할 수 있는 시스템을 만들어야 한다.

머니 파이프라인을 다양화 시켜야 한다

사람들은 다양하게 정보를 얻고 있다. 블로그, 기사, 유튜브, 라디오, 책, 등 다양한 방식을 통해서 정보를 가져간다. 또 그 정보는 새롭게 메시지를 담아 비즈니스 모델로 구축해 나아가고 있다. 지식창업자들은 비즈니스 모델을 다각화 시키는 방법에 관해 이야기한다. 유튜브 플랫폼은 구독자와 크리에이터가 매일 생기고 있다. 직장인, 전문직 모두 파이프라인을 만들고 있다. 다양한 시스템을 반드시 만들어야 한다. 파이프라인은 위기의 상황을 극복하거나 빠르게 성장하는 발판이 된다.

오소영(가명) 씨는 유학 생활 13년 차이다. 학원 영어 선생님이다. 코로나로 잠깐 수입이 멈추었다. 그래서 외주로 영어를 번역하는 일을 했다. 처음에는 너무 좋았다. 장소 상관없이 일을 할 수 있었고, 마감일에만 맞추면 되므로 자유로웠다. 그런데 외주에서 무리한 부탁을 해왔다. 처음에 몇 번 했지만, 더는 어려웠다. 오소영(가명) 씨는 외주가 아닌 직접 번역하기로 마음먹었다. '크몽'이라 플랫폼에 영어번역과 '유튜브' 플랫폼을 통해 꾸준히 영어 회화를 올려서 높은 조회 수를 올렸다. 그녀는 번역, 유튜브, 영어강의 3가지 현금 창출원을 만들었다. 강의하지 않아도 번역과 유튜브로도 이제 직장인 월급만큼 받는다.

전 세계가 팬데믹을 겪고 나서 소득 파이프라인에 중요성을 실감했다. 직장인, 프리랜서, 강사 등 소득 파이프라인을 구축해나가고 있다. 오소영(가명) 씨는 코로나로 인해 접촉을 넓히는 방식이 아닌 비접촉 모델을 만들었다. 우리는 메인 수익모델을 기점으로 확장해야 한다. 강의와 책을 통해 마케팅하고 하나씩 파이프라인을 늘려야 한다. 외부 환경은 빠르게 변화한다. 빠르게 변화하는 다양한 플랫폼을 이용해야 한다. 읽기, 듣기, 보기, 경험하기, 익히기, 중 3가지 이상 만들어야 한다.

3가지 이상을 조합하여 파이프라인을 만들어야 한다

대표적으로 파이프라인을 구축하기 위해서 지식창업자는 '책'을 활용해야 한다. 지식창업자는 신뢰성과 지식을 드러내는 활동이다. 책은 마케팅 역할을 한다. 또 신뢰성을 높여준다. 지식창업자의 수익을 창출시키는 도구가 책이다. 인기 도서가 되면 외부 강연과 방송 출연의 기회가 생긴다. 책 인세와 함께 파이프라인 구축에 큰 역할을 한다. 파이프라인은 나를 위해 대신 돈을 벌어주는 시스템이다. 시스템 구축을 잘 갖추면 선순환 시스템이다. 하지만 한번 만들었다고 끝나는 게 아니다. 세상이 변화하기 때문에 재검토해야 한다. 소득 파이프라인은 지식창업자에게 필수 조건이다.

강의 수입은 또 다른 수입을 만들게 한다

박은지(가명) 씨는 7년 차 판매 전문가다. 박은지 씨는 평일에는 회사에 다니고, 주말에는 마케팅 수업을 한다. 박은지 씨는 그날도 수업을 마치고 정리하고 있었다. 수강생 중 한 분이 우리 회사에 마케팅 컨설팅해달라고 문의가 왔다. 주말에 수업을 마치고 오후에는 컨설팅했다. 컨설팅 수입이 월급보다 더 높았다. 박은지 씨(가명)는 꾸준히 컨설팅 수입과 강의 수입이 이어졌다. 박은지 씨는 퇴사한 후, 바쁜 일상을 보낸다. 평일에는 마케팅 책을 집필하고 외부 강의를 다닌다. 1년 후, 그녀의 책은 인기 도서가 되었다. 박은지 씨는 칼럼을 쓰게 되었고 방송 출연과 함께 강의와 컨설팅 문의가 계속 이어지고 있다.

처음에 직장인들은 강의를 통해 수익을 창출한다. 그 강의는 또다시 전문적인 커리어가 된다. 강의는 하면 할수록 강의 기회를 얻는다. 박은지 씨는 강의를 통해 컨설팅 문의가 들어왔다. 그리고 박은지 씨는 책 인세 수입과 칼럼 수입을 만들었다. 강의는 또 다른 수입으로 만들었다. 박은지 씨는 회사를 그만두고 수입을 증대시키기 위해 계속 노력하고 있다. 첫 강의는 처음으로 대중과 접촉을 넓히는 방법이다. 먼저 강의를 통해 자신을 노출 시켜야 한다. 노출과 함께 확장해야 한다. 강의를 잘하면 누군가 다시 의뢰한다.

먼저 강의를 잘해야 한다. 강의는 강의에서만 그치는 경우가 없다. 인정받게 되면 어떤 일이 있을 때 먼저 찾게 된다. 그래서 무언가를 가르칠 때는 최선을 다해야 한다. 어떤 기회나 새로운 도전이 올 때 대비 할 수 있다. 박은지 씨는 강의를 통해 새로운 기회를 얻었다. 새로운 기회를 해내서 또 다른 수입을 만들었다.

책은 자신의 퍼스널브랜딩을 만들었다. 칼럼의 기회도 얻게 되었다. 방송 출연으로 강의와 컨설팅 문의는 끊임없이 들어오고 있다. 본업을 유지하면서 새로운 기회를 창출하면 된다. 그리고 그다음 스텝을 이어 나가야 한다.

처음부터 높은 목표가 아닌 실천 가능한 일을 실천해야 한다. 대다수가 중간에 포기한다. 포기하지 않고 노력을 기울여야 한다. 인기 강사들은 새로운 강의를 계속 이어 나간다. 지식으로 돈을 벌 수 있는 수입을 만든다. 책을 집필하고 강의로 자신을 꾸준히 알린다. 책이 마케팅한다. 칼럼은 나를 꾸준하게 성장시켜준다. 칼럼을 쓰게 되면 강의도 업그레이드된다. 우리가 주제를 갖고 강의를 하는 것은 생산자와 공급자이다. 강의를 통해 공급하고 다양한 시스템으로 생산한다. 강의를 통해 여러 루트와 시스템을 구축해야 한다.

파이프라인 자동화시키기

　고용 형태가 불안정하고 예상치 못한 바이러스로 많은 직장인은 실직과 이직을 하게 되었다. 이제 개인들이 파이프라인을 만들기 시작했다. 시간과 에너지를 쏟아야 하는 것이 회사가 아니라 나의 파이프라인을 만드는 일이다. 이제는 선택이 아니다. 높은 인건비와 비대면 시대로 자동화 시스템이 발전해나가고 있다. 키오스크는 사람을 대신해 주문부터 결제까지 할 수 있는 기계다. 즉, 자동화 시스템이다. 자동화 시스템은 기계에서만 멈추지 않는다. 수입 파이프라인 자동화도 빠르게 변하고 있다. 개인들의 파이프라인도 다각화와 자동화해야 한다.

　1913년, 헨리 포드(Henry Ford) 회사에서 자동차 조립설비 생산 공정을 정립했다. 시간과 비용을 절감했다. 여러 단계 중 일부는 자동화 시켜서 기계로 만든다. 수년간 자동차 회사들은 기계로 차를 만들고 있다. 몇십 년 동안 소프트웨어는 자동화 도구를 사용하여 발전하고 관리가 되었다. 단순히 자동화가 되었다고 끝나는 것이 아니라 정기적으로 모니터링을 했다. 체계적으로 유지 관리를 했고 업데이트도 되었다. 자동화 수익을 만들었고 엄청난 부를 이루었다. 자동화는 이제 수입의 증대를 가져온다. 기업과 개인은 자동화 시스템을 계속 만들고 있다.

개인의 파이프라인을 갖추어야 한다. 그다음 단계는 자동화이
다. 강의를 통해서 새로운 모델을 구축한다. 영상을 하나씩 올린다.
차곡차곡 쌓인다. 쌓인 영상들은 자동화가 된다. 만든 영상은 지속
해서 자동 홍보된다. 잠재고객이 모이고 자동으로 마케팅 역할이
된다. 나의 포트폴리오가 되기도 한다. 자동화는 나를 위해 돈을 벌
어주는 시스템으로 만들어준다. 다양하게 활용된다.

자동화 시스템을 만들어서 나를 위해 일하는 시스템을 만들어야 한다

올바른 프로세스를 가지고 나아가야 한다. 유튜브 영상을 만들
면 지속해서 자동 홍보하게 된다. 잠재고객과 광고주들이 모이게
된다. 영상에 광고가 붙게 되면 자동으로 광고 수입이 생긴다. 잠재
고객은 나의 고객이 된다. 영상 내용 중 중요한 진액을 PDF 파일로
만들어서 탈잉, 크몽, 오투잡 등 PDF 파일 플랫폼에 판매도 가능하
다. 탈잉, 크몽, 오투잡 등 다양한 플랫폼에서 구매한 고객은 나의
오프라인 강의에 오기도 한다. 잠재고객을 확보하려는 새로운 시도
도 해야 한다. 구매 전환 자동화 시스템을 만들어야 한다. 곧 구매
전환율도 높아지게 된다.

정보는 다른 방식으로 전달하고 있다. 우리는 영상을 통해 정보
를 알기도 하고 출퇴근 시간에는 오디오를 통해 정보를 얻는다. 세

미나, 신문, 책, 인터넷 글, 등 새로운 정보와 시스템에 노출된다. 우리도 지식을 알려야 한다. 파이프라인을 만들어야 한다. 파이프라인은 돈을 벌 기회를 만들 수 있다. 강의는 메인 수익모델이기 때문에 지속과 확장할 수 있도록 해야 한다. 대중과의 접촉은 (강의) 신뢰를 만들어준다. 추가로 강의와 컨설팅을 요청하는 때도 있다. 자신을 알릴 수 있는 효과적인 방법이다. 강의는 수익 창출하는 큰 파이프라인이다. 메인 수익모델이 안정기에 접어들면 다각화 시켜야 한다. 그리고 선순환 시스템을 만들어야 한다.

지식으로 돈을 벌 수 있는 시스템 실천 방법

1. 하나의 콘텐츠로 다양한 시스템을 만들어야 한다.

2. 첫 강의는(오프라인) 잠재고객을 만들 수 있다.

3. 오프라인과 온라인을 함께 해야 한다.

4. 구매 전환 자동 시스템을 만들어야 한다.

03

경험이 조금이라도 있으면 전문가에게 배워서 강의하면 된다

모두에게 공평하게 주는 것이 시간이다. 하루 24시간이다. 모든 사람이 24시간 사이클로 살아간다. 경제적으로 여유 있는 사람들은 시간을 산다. 내가 일하지 않고 사람을 고용한다. 돈을 의미 있는 곳에 사용한다. 시간을 나에게 투자한다. 부를 이룬 사람들은 시간을 확보한다. 자신의 향상을 위해 배우고 투자한다. 그들은 지식을 자산으로 만든다. 그들 모두 모르는 것은 전문가에게 배운다. 일이 생기면 시간을 허비하지 않기 위해 전문가를 찾는다. 조언을 구하고 실천한다. 모르는 것은 배운다. 그리고 다시 내 것으로 만든다. 지식과 경험은 재가공 능력에 따라 새롭게 탄생한다. 전문가에게 배워도 모두가 능력이 같지 않고 결과가 다르므로 배워야 한다.

모르면 배우면 된다 그러면 전문가가 된다

사람들은 평생 배우면서 살아간다. 배움은 질과 양의 차이일 뿐 태어나서 죽을 때까지 배운다. 배움도 필요성에 따라 의식이 달라진다. 학생들은 작은 목표를 세워서 하나씩 성공시킨다. 그런데 성인이 되고 나서 배움이 끝난다. 배움이 있더라도 목표가 없는 배움이 있다. 목표 없이 하는 배움은 그 자리에서 끝난다. 목적에 방향을 두고 정확하게 배워야 한다. 지식창업은 지식 차이 사업이다. 스스로 배워야 한다. 경험이 조금이라도 있으면 전문가에게 꼼꼼하게 배워야 한다. 터득하고 나만의 것으로 만들어야 한다.

《백만장자 메신저》에서는 배우고 익히면 무엇이든 할 수 있다고 한다. 대다수 전문가는 자료와 책을 많이 읽고 계속해서 연구하고 있다. 세미나에 참석하고 습관적으로 메모한다. 다른 강의에서 독특한 점과 새로운 관점을 찾는다. 지속해서 공부하며 해당 주제를 완전히 익힌다. 끊임없이 배우고 익힌다. 모르면 주제를 깊이 탐구하고 끝까지 파고든다. 전문가들도 모르면 끝까지 배운다. 배우고 성과를 낸다. 수십 년 동안 전문가들은 연구하고 배우면서 전문가가 되었다. 한 분야의 전문가가 되기 위해서 끊임없이 배우고 터득했다.

지식은 시간이 갈수록 전문성이 깊어진다. 중세유럽의 장인제도에서는 장인 밑에서 7년 이상 배우고 3년간 여러 곳을 다니며 일한다. 다시 장인 밑에서 수년간을 배운 후 작품을 만든다. 작품이 통과되어야지 그제야 장인이 된다. 장인도 배웠다. 장인도 배우고 터득했다. 지식창업은 정보 싸움이다. 지식창업은 지식을 채우는 것이다. 배우는 것을 멈출 때 다른 사람들이 더 전문가가 된다.

모르는 것은 집중적으로 배우고 터득해야 한다. 경험과 지식을 결합하고 적용해야 한다. 지속해서 반복하면 어느 순간 전문성을 갖게 된다.

우리는 왠지 모르게 모르는 것에 관한 두려움이 있다. 대답했을 때 부정적인 피드백을 받기도 한다. 그러면 위축이 된다. 모르는 것을 인정하지 않거나 얼버무리면 넘어간다. 알려고 하지 않는다. 그런데 모르고 넘어가면 역시 문제가 된다. 모르는 것은 인지해야 한다. 적당히 아는 것으로 전부를 안다고 하면 안 된다. 배워야 한다. 올바르게 배워서 방향을 맞춰야 한다. 배우지 않으면 시간이 지연되고 노력이 낭비된다. 지식창업은 지식을 기반으로 하므로 모르는 건 배우고 꾸준히 배워야 한다.

전문가에게 배우면 시간을 벌게 된다

직장인 박태호(가명) 씨는 내년에 정년퇴임을 한다. 노후 걱정으로 잠을 잘 수가 없다. 반면 동료 김재혁(가명) 씨는 회사 생활하면서 돈과 시간을 투자했다. 도자기 장인(전문가)이라 큰 비용을 내고 도자기를 배웠다. 그때까지만 해도 박태호 씨는 코웃음을 쳤다. 가까운 곳에서 배워도 되는 것을 비싼 돈을 주고 냈다고 한심하게 바라봤다. 김재혁 씨는 노후에 도자기를 팔고 도자기 체험 행사를 개설해서 노후를 보내고 싶다고 했다. 시간이 흘러 정년퇴임이 얼마 안 남았다. 김재혁(가명) 씨는 인터넷으로 판매했는데 반응이 좋다고 회사에 자랑하는 모습이 부러웠다. 정년퇴임 3년 안에 일어난 일이다.

박태호 씨는 전문가에게 배운 김재혁 씨가 부럽다. 전문가에게 배워서 완성도가 높았다. 김재혁 씨는 전문가에게 피드백을 받았다. 자신의 노후 방향과 조언도 구했다. 노후를 3년 안에 준비하는 것은 불가능한 일이었다. 시간을 단축했다. 3년 동안 실력을 키웠다. 많은 사람이 시간의 가치를 무시하고 산다. 김재혁 씨는 퇴임 전 판매해 수익을 냈다. 자신감이 생겼다. 큰돈은 아니더라도 수익을 발생시켰다. 앞으로의 계획을 확장 시킬 수 있다. 누군가는 퇴임 후 준비한다. 그렇게 되면 초조하다. 자신감도 하락한다. 시간에 쫓기면서 계획을 세우고 결과를 낸다. 결과적으로 좋은 결과를 얻지 못한다. 그러니 미리 배우고 습득해야 한다. 그러면 엄청난 시간을 벌게 된다.

우리가 전문가에게 배우는 이유는 시간 절약이다. 전문가는 도움을 주고 더 나은 방향을 지시한다. 전문가에게 배우면 헤매는 시간을 단축하고 결과를 빠르게 낸다.

피드백을 받고 수정할 수 있다. 단축된 시간은 새로운 기회를 가져다주고 자신의 가치 있는 일에 사용된다. 실질적으로 전문가에게 배우는 이유는 무엇일까? 나도 그렇게 되기를 원하기 때문이다. 실패하고 싶지 않고 결과를 빠르게 내고 싶어서이다. 광고할 때 몇 년 안에 10억 만들기, 한 달 안에 조회 수 2배 높이기, 단기간에 영어 정복하기, 10분 다이어트 등 일상에서 시간을 단축하는 광고를 본다. 무의식적으로 시간의 소중함을 인지하고 살고 있다.

무슨 일이든 시간을 버는 것은 어떤 사업에서든 이길 수밖에 없다. 지식창업은 지식기반의 사업이기 때문에 전문가에게 배워야 한다. 시간을 절약할 수 있다. 이제 의식적으로 시간을 확보해야 한다. 전문가에게 배워서 나의 강의를 다듬어야 한다. 전문가에게 배우면 전문가의 지식과 경험, 전문가가 해온 실패의 시간과 성공의 시간을 배우는 것이다. 그래서 몇 년, 몇십 년의 시간이 나에게 단축된다. 전문가에게 배워서 당신의 일을 성장시켜야 한다.

돈을 주고 다른 사람의 지식과 경험을 사면 된다

책은 다른 사람의 경험과 지식이 모여 있는 곳이다. 비용을 지불하고 구매한다. 무언가를 얻기 위해서는 비용을 지급한다. 전문가의 세미나, 강연이 비싼 이유는 무엇일까? 전문가의 성공담과 실패 사연이 있다. 그들의 경험과 지식을 우리에게 알려준다. 똑같이 하면 될 것 같은 생각이 든다. 하지만 경험과 지식이 다르다. 능력과 상황이 모두 다르므로 결과도 다르게 나온다. 그러나 나의 경험과 지식이 조금이라도 있으면 새로운 기회를 만들 수 있다.

강연이나 책은 다른 사람의 지식과 경험을 통해 깨닫고 나의 과거를 성찰하게 된다. 아이디어도 생각나게 한다. 지식창업은 지식과 경험으로 만드는 사업이다. 그래서 사람들은 지식과 경험의 사연을 좋아한다. 그래서 지식과 경험이 중요하다. 유튜브에서도 같은 주제도 다르게 해석한다. 각자의 경험과 지식이 다르므로 무한한 콘텐츠를 만든다. 나의 경험과 지식이 다른 사람의 지식과 경험이 합쳐져서 무한한 콘텐츠가 된다. 우리는 돈을 내고 지식과 경험을 산다. 다른 사람의 지식과 경험을 바탕으로 나의 것으로 재가공해서 콘텐츠를 만들 수 있다.

고은아(가명) 씨는 초보 강사이다. 강의주제는 자신이 해온 회계 관련 강의이다. 몇 번의 강의를 진행했는데 수강생들이 중도 포기하는 현상이 반복되었다. 이유는 강의 내용이 어렵다는 것이다. 그녀는 해결 방법을 찾지 못했다. 고은아 씨는 다른 분야의 강사들이 어떻게 강의하는지 비용을 지불하고 들었다. 처음에는 나와 다를 것이 없다고 느꼈다. 그런데 두 번째 강의부터는 달랐다.

소통과 질의응답을 통해 스스로 답을 찾아가는 강의였다. 청중을 이해하고 매번 내용을 점검했다. 고은아 씨는 깨달았다. 강의 전달 방법과 소통이 부족했다는 것을 알았다. 그녀는 개선하기 위해 전달 방법에 대한 강의를 배우고 있다.

매번 새로운 숙제가 생긴다. 나의 지식과 경험은 틀 안에 갇히게 할 때가 있다. 지식창업자는 다른 사람의 지식과 경험으로 지식을 다시 만들어야 한다. 전문가에게 배워서 터득하면 된다. 나의 지식과 경험으로는 한계가 있을 때가 분명히 온다. 이때 다른 사람들은 어떻게 하고 있는지 살펴봐야 한다. 다른 사람 강의를 듣고 나를 돌아봐야 한다. 나의 부족한 부분이 무엇인지 확인해야 한다. 부족한 부분은 다른 사람의 지식과 경험을 돈을 주고 배우면 된다.

처음부터 잘하는 사람은 없다. 연습과 노력의 결과가 전문가를 만든다. 해당 분야의 전문가도 지식과 경험이 조금 밖에 없었다. 그들도 모르면 배우고 연구했다. 전문가에게 배워서 시간을 절약하고 모르면 다시 배웠다. 그리고 자신의 것으로 만들었다. 내가 필요한 정보는 비용을 지불하고 다른 사람의 지식과 경험을 샀다. 전문가는 지식과 경험을 다시 재가공해서 만든다. 누구든 경험이 조금이라도 있으면 전문가에게 배우면 된다. 배우면 누구든 새로운 강의가 된다.

경험과 지식으로 강의하는 방법

1. 경험과 지식이 조금이라도 있으면 전문가에게 배워야 한다.

   ▶ 전문가에게 모르는 것을 배우고 꼼꼼하게 배워라.

2. 전문 분야의 전문가에게 배워야 한다.

   ▶ 소통은 소통 강사, 화법은 화법 강사, 마케팅은 마케팅 강사, 전문 분야의 전문가에게 배워서 실패를 줄일 수 있는 시간을 벌어라.

3. 다른 사람의 지식과 경험을 가지고 와서 나와 결합해야 한다.

   ▶ 새로운 강의가 탄생한다.

04

시장성,
흐름을 적극적으로 반영해서
강의해야만 성공한다

　연말이나 새해에는 트렌드 책과 칼럼 등이 나온다. 트렌드에 주목한다. 기업과 개인 모두 트렌드에 민감하다. 기업들은 트렌드에 더 민감하다. 곧 시장성에 영향을 미치기 때문이다. 트렌드는 시장을 주도한다. 사업 아이템에 따라 다르겠지만 사업계획서에 시장의 규모, 시장 현황, 시장 전망 등을 꼭 작성한다. 매출과 사업의 방향성이 달라지기 때문이다. 시대의 흐름에 맞는 강의 계획도 잡을 수 있다. 그래서 트렌드는 중요하다. 개인은 트렌드에 따라 소비하고 삶이 바뀐다. 시장성은 삶에 반영되어 있다. 트렌드에 맞추어서 바뀌어 간다. 시장성과 트렌드를 객관적으로 분석하고 살펴야 한다.

성공하는 강의는 시장성이 높은 주제다

시장성이 많은 곳은 사람들이 모인다. 시장성이 있는 곳은 판매가 안정적으로 유입되고 기회의 가능성이 있는 곳이다. 어떠한 사업을 하든 시장의 규모와 전망을 알아보고 시작한다. 그 이유는 시장성이 없으면 실패한다. 아무리 노력해도 도전의 기회가 적거나 없다. 능력의 문제가 아니라 시장성에 좌지우지된다.

더군다나 시장성에 영향을 많이 받는 사업 아이템일수록 성공 여부가 결정된다. 시장 진입을 앞둔 지식창업자는 사전 조사를 할 때 시장성 확보와 가능성을 보고 시작해야 한다.

김미나(가명) 씨는 이커머스 강사이다. 불과 3년 전에 여성 의류 쇼핑몰 대표였다. 첫 쇼핑몰 사업은 너무 벅찼다. 모델 겸 유통, 마케팅까지 하는 1인 사업가였다. 혼자서 다 했다. 매출이 올라감에 따라 직원 고용도 늘었다. 빠른 성공은 무서웠다. 경쟁업체가 생기고 여성 의류 쇼핑몰이 계속 생겼다. 경쟁 쇼핑몰이 할인행사까지 하게 되면서 가격 인하와 재고 문제로 머리가 아팠다.

김미나 씨는 쇼핑몰은 경쟁이 치열하다고 생각해 쇼핑몰 사업을 매각했다. 김미나 씨는 이커머스 창업 시장이 매우 커졌다는 것을 알고 이커머스 소자본 창업 교육 강의하고 있다. 강의는 초대박 강의가 되었다.

김미나 씨는 이커머스 창업 시장이 커졌다는 것을 현장에서 느꼈다. 경쟁자가 생기면서 마케팅 비용을 감당할 수가 없었다. 온라인 채널은 더군다나 많고 대표자들도 온라인 채널을 직접 운영하는 것이었다. 몇몇을 제외하고는 사장님들이 온라인 마케팅 능력을 갖추고 있지 않았다. 또한, 쇼핑몰 대표는 바빠서 온라인 시장조사를 아예 하지 못하고 있었다.

김미나 씨는 포괄적인 주제로 이커머스와 소자본이라는 주제를 잡고 타깃 층을 좁혀서 교육하기로 했다. 이커머스라는 주제에 다양한 플랫폼에 대응하는 방법도 가르쳐주었다.

이커머스 시장과 플랫폼 시장이 커지면서 김미나 씨의 강의주제는 인기가 많아졌다. 시장성이 높은 주제라 강의 자리는 만석이다.

일반적인 정보나 지식은 사람들은 사지 않는다. 문제를 해결하는 방법과 가이드를 제시하는 지식과 경험을 산다. 그래서 이 분야에 관심 있는 사람들이 모인다.

강의주제를 정할 때는 나의 강의주제가 강하게 원하는 분들을 대상으로 해야 한다. 수요를 정확하게 점검해야 한다. 시장성이 높은 곳에서 수익성을 제대로 확인해야 한다.

아무리 내가 잘한다고 해도 시장성 없으면 반드시 실패한다

　오늘날 시장조사는 어떤 사업을 하던 필수 조건이다. 시장조사는 미국에서 시작되었다. 1,900대 이후부터 시작되어서 전 세계에 자리 잡았다. 대량생산으로 경쟁이 심해지고 기업들은 대규모 경쟁한다. 기술 발전은 고도화되고 지속해서 시장조사와 트렌드에 대응하고 있다. 신생기업의 실패의 큰 원인은 시장수요 판단 착오가 42%나 되었다. 경쟁자의 시장방어 실패는 19%나 되었다. 시장수요 판단의 착오가 거의 반 이상 되었고 경쟁자의 시장방어도 실패의 주요 원인이였다.

　시장조사를 하는 이유는 소비자 중심의 시장이 되었다. 소비자가 구매하는 이유는 문제 해결이다. 시장수요 판단 착오는 고객의 문제점 파악을 잘못했기 때문이다. 문제가 어느 정도 불편한지, 해결 가능한지, 소비자들이 시장에 많이 존재하는지, 소비자들이 구매 가능한지, 등 확인해야 한다. 상품화된 서비스를 시장에 내놓았을 때 소비자들이 많이 존재하지 않는다면? 구매 전환율이 낮으니 실패한다. 시장의 규모를 확인 후 좋은 상품과 서비스를 생산해야 성공한다.

　시장성이 많은 곳에서 전략을 만든다. 나의 소비자가 누구인지 찾는다. 소비자의 문제점을 찾고 문제점을 해결하는 상품과 서비스를 만든다. 타깃 층에 맞는 광고 문구를 만든다. 잠재고객을 유치해서 구매 전환율을 높인다. 곧 좋은 상품과 좋은 서비스가 된다. 시장성 있는 곳에서 상품과 서비스를 판매해야 한다. 시장성이 있는 곳은 저가, 중가, 고가 가격이 있다. 가격 형성이 다양하게 존재한다.

고객들이 많이 찾는 것이다. 시장성에 따라 상품과 서비스가 어떤 형태로 존재하는지 봐야 한다.

시장 규모가 크다는 것은 수요가 많다는 것이다. 수요가 많은 시장에서 나의 강점을 어필해야 한다. 그리고 상품과 서비스를 차별화 시켜야 한다. 고객의 관심을 끌 수 있는 상품과 서비스를 만들어야 한다. 특색 있는 상품과 서비스를 만들더라도 시장성이 없다면 실패한다. 상품과 서비스를 시장성 있는 곳에 소개해야 한다. 시장성이 있는 곳에서 나의 능력과 전문성을 평가받을 수 있다. 반면 시장성 없는 곳은 평가받기 전에 실패하게 된다. 시장성이 없는 곳에는 많은 위험이 있다.

트렌드에 나의 전문성을 입혀라

트렌드에 민감한 이유는 시장이 바뀌면 나도 변하기 때문이다. 트렌드는 계속 변화한다. 트렌드는 생산이 빠르다. 확산과 쇠퇴도 빠르다. 금세 쇠퇴한다. 트렌드는 유행에 민감하므로 나의 전문성은 없다. 빠르게 진입했다가 빠르게 나와야 한다. 사업 주기는 짧고 경쟁자는 많다. 사업에 성공하는 분들은 지속성과 사업주기를 중요시한다. 그리고 시장을 유심히 살핀다. 결과적으로 우리의 상품과 서비스는 지속과 안정적으로 가야 한다. 당신의 전문성에 변화만 주어야 한다. 자신의 전문성과 트렌드를 동시에 가지고 가는 것이다.

김재혁(가명) 씨 직업은 바리스타이다. 미대를 나왔지만, 커피와 음료에 관심이 많았다. 취미로 배운 게 직업으로 발전되었다. 김재혁 씨는 음료를 하나씩 개발하면서 영상을 제작했다. SNS에 올리기 위해 색감이 이뻐야 했다. 다양한 천연재료로 색과 특이한 메뉴들을 선보였다. '짧은' 영상으로 제작했다. 강렬하고 자신만의 전문성이 돋보였다. 조회 수가 높았다. 그는 자신의 전문성을 영상을 통해 돋보이게 했다. 사람들의 관심이 커지면서 기업들의 광고 문의와 프랜차이즈 카페 협업 문의도 들어오고 있다.

'짧은' 영상에 자신의 전문성을 입혔다. 트렌드에 맞게 영상을 제작했다. 자신의 전문성이 돋보이는 음료였다. '짧은' 영상으로 강렬하게 자신의 전문성을 표현했다. 전문성을 가지고 트렌드에 적극적으로 반영했다. 트렌드를 잘 활용하면 나의 전문성을 돋보이게 해준다. 트렌드를 따라가지 말고 나의 전문성을 표현해야 한다. 트렌드라는 흐름 속에서 전문적인 지식과 경험으로 콘텐츠를 만들어야 한다. 나만의 영역을 어떻게 변화할 것인지에 대해 생각해야 한다.

전문적인 지식과 경험을 트렌드에 어떻게 입힐까? 트렌드는 시장을 바꾸기 때문에 나도 변화해야 한다. 시장성을 주도하는 사람은 고객이다. 고객의 가치와 삶이다. 고객의 욕구, 관심, 문제 등을 살펴야 한다. 고객들의 문제, 관심 등이 트렌드에 어떻게 반영되고, 상품과 서비스가 시장에서 어떻게 살아남는지 살펴야 한다.

고객의 행동과 소비패턴을 알아야 한다. 행동과 소비패턴에서 찾을 수 있다. 지식상품 판매는 고객이 동조할 수 있는 상품이어야 한다. 고객이 없는 시장에는 좋은 상품이 필요 없다. 공급과 수요가 있는 곳에서 경쟁력 있는 상품을 만들어야 한다.

자신의 전문성을 트렌드에 연결해야 한다. 트렌드에 자신의 전문성을 입히면 강화된다. 수요가 많은 곳에서 나의 전문성이 강력한 상품이 된다.

지식상품은 트렌드와 시장수요에 따라 결정된다. 유행에 휩쓸리면 안 된다. 자신의 전문성을 트렌드에 맞춰서 지식상품을 탄생시켜야 한다. 수요가 있는 곳에 상품을 많이 판매해야 한다. 지식상품은 수요 중심으로 움직인다.

적극적으로 트렌드와 시장을 예의주시해야 한다. 이익을 낼 수 있는 곳에서 지식상품을 알리고 당신을 알려야 한다.

지식 강의로 성공하는 방법

1. 시장성이 많은 곳에서(수요) 지식상품을 판매해야 한다.

2. 유행에 쫓지 말고 자신의 전문성을 가져야 한다.

3. 자신의 전문성을 트렌드에 연결해야 한다.

4. 지식상품은 수요 중심이다. 시장을 예의주시해야 한다.

5. 경쟁자의 시장방어는 어떻게 하고 있는지 살펴야 한다.

05

앞으로
최소 10년 간 강의를 할 주제를
선택해야 한다

10년 후, 20년 후 미래는 어떻게 변화할까? 미래학자와 전문가들은 미래 직업을 추천한다. 부모들은 아이 미래 직업을 탐색하고 추측한다. 이는 앞으로 더 나은 삶을 위해서다. 향후 미래의 일을 해야 하기 때문이다. 미래를 선점해서 경험을 성장시키고 비즈니스에 적용해야 한다. 지식과 경험을 가지고 성공한 지식 창업가들은 향후 10년 이상을 보았다. 페이스북을 만든 마크 저커버그(Mark Zuckerberg), 아마존닷컴의 설립자 제프 베이조스(Jeff Bezos)는 통찰력을 가지고 미래를 봤다. 자신의 지식과 경험을 발전시킬 때 지식 창업자들은 미래를 생각했다. 향후 10년간 강의 할 주제를 포착해 성장해야 한다.

적어도 10년간은 이 일로 먹고산다고 생각하고 들어가야 한다

팬데믹으로 미래에 대한 불안감이 커졌다. 개인과 기업은 미래에 투자한다. 디지털의 변화가 빠르게 확산하였다. 온라인에서 네트워크의 가치도 높아졌다. 데이터의 가치는 더욱 중요해졌다. 팬데믹으로 빅데이터 전문가와 데이터베이스 개발자 등 일자리가 많아졌다. 그러면서 디지털 시대에 맞는 코딩, 프로그래밍, 마케팅 등 다양한 분야의 강의들이 인기가 많아졌다. 적어도 10년 이상 지속할 수 있기 때문이다. 결국 먹고 살기 위해 최소한 10년 이상 앞을 보고 결정하고 행동한다.

직장인은 주말에 무언가를 배운다. 중장년층은 노후를 준비한다. 나의 미래를 계획한다. 이 일로 먹고산다고 생각하고 배운다. 적어도 10년, 20년 이상 생각한다. 장기적으로 오랫동안 유지하면서 돈을 벌 수 있는 일을 생각한다. 미래를 객관적으로 봐야 한다. 자신의 지식상품과 서비스가 10년 이상 가져갈 수 있을까에 대해 생각해봐야 한다. 나의 지식상품을 앞으로 10년 이후를 예측해야 한다. 예측이 어려운 것은 시도하면 안 된다. 적어도 최소 10년 이상 가능한 지식상품인지 검토해봐야 한다.

내가 서른이면 마흔까지 할 수 있는 지식상품을 만들어야 한다.

지식상품의 주기가 짧으면 전문성이 떨어진다. 전문성 없는 강의는 아무도 찾지 않는다. 안정적이지 못한 지식상품은 오랫동안 유지할 수 없다. 최소 10년 이상 강의해야 한다. 전문가로 인정된다. 무엇을 바탕으로 강의주제를 선정하고 지식상품을 만들지 생각해야 한다. 자신의 지식과 경험이 있는 주제는 꾸준히 할 수 있다. 다른 사람보다 잘 할 수 있다. 그래야 오래 할 수 있다. 그리고 대중이 당신을 전문가로 인식한다.

자신이 좋아하는 일과 성과가 있는 일이 오래 할 수 있다. 그리고 포기하지 않는다. 자신이 좋아하는 일과 성과가 나는 일에 투자해야 한다. 미래에 대한 투자이다. 투자는 10년 이상을 보고 하는 것이다. 확신과 신념이 있어야 투자할 수 있다. 그리고 그런 마음으로 일해야 한다. 짧게 보고 한다는 것은 실패할 가능성이 크다. 따라서 10년 이상을 보고 노력과 결과물로 매진하도록 해야 한다. 지식상품은 가치상품이다. 가치 있는 상품은 시간이 지날수록 평가가 높다. 지식상품을 전문화하고 가치 있게 만들어야 한다. 만드는 데 힘을 써야 한다.

오래 할 수 있는 일을 생각해야 한다

OECD 국가 중 노인 빈곤층 비율과 노인 자살률 부분이 1위이다. 2010년 통계청에 따르면 경제적 어려움이 41.4% 가장 많았다.

노인들의 경제 상황은 심각한 문제이다. 단순히 일자리만 해결해야 할 문제도 아니다. 퇴직으로 사회적 상실감을 느끼게 된다. 경제적, 정신적 빈곤이 자살을 시도하는 이유이다. 노후에 일은 만족감, 사회적 관계가 필요하다. 나의 전문성, 경험, 철학을 가지고 일을 할 수 있어야 한다. 일에 자부심을 품고 하는 일이 필요하다.

안정적인 직업이 사라지면서 오래 할 수 있는 일을 찾고 있다. 고임금과 기술 자동화로 일자리가 없다. 직장인뿐만 아니라 주부도 일자리에 참여하고 있다. 노후 일을 찾기 위해 은퇴 준비도 바쁘고. 일자리가 귀해지는 현상이 오고 있다. 앞으로 전문성을 가지고 오래 할 수 있는 일이 평가도 높아진다. 시간이 지날수록 지식과 경험은 가치가 높아진다. 일의 가치를 높여야 한다. 가치가 높아지면 일을 오래 할 수 있다. 결국 오래 할 수 있는 일을 내 지식과 경험 콘텐츠이다. 나의 이야깃거리로 무엇을 만들지 생각해야 한다.

자본주의 사회에서는 자본과 시스템으로 돈을 번다. 자본을 투자해 시스템을 만든다. 시스템의 발달로 일자리는 계속 사라지고 있다. 오래 할 수 있는 일은 사라진다. 오래 할 수 있는 일은 가치 있는 일이다. 기업은 가치 있는 일을 파괴함으로써 인건비를 줄이려고 한다. 그래서 시간이 지날수록 가치 있는 상품과 서비스는 높은 가치를 갖게 된다. 지식상품은 장기적으로 상품의 가치가 높아지고 나의 전문성은 더 높은 가치로 만들어준다. 결국 경쟁력이 생긴다. 경쟁력 있는 지식상품은 앞으로 10년 이상 오래 할 수 있어야 한다. 유행에 좇지 말고 10년 이상 지속 가능한지 생각해야 한다.

일을 오래 하려면 내가 좋아하는 일이어야 한다. 자부심과 열정이 있어야 한다. 그래야 지속할 힘이 생기고 일을 성장시킬 수 있다. 인적자본 투자는 사라지지 않는다. 인적자본 투자는 전문 지식을 키우는 것이다. 전문적인 지식을 가져야 한다. 전문적 지식을 가지고 개성 있고 다양하게 표현해야 한다. 오래 하는 것은 전문성이 있고 경험 있기 때문이다. 전문성이 없으면 오래 하지 못한다. 전문성을 중심으로 가야 한다. 분산시키면 안 된다. 결국 오랫동안 하는 것은 생산력을 높이는 것이다. 생산력의 크기를 증가시킬 수 있는 것은 전문적인 지식과 경험이다.

시간이 지날수록 전문성과 부가가치가 있는 주제를 정해야 한다

성공한 기업들의 공통점이 있다. 바로 일관성이다. 제품과 서비스에 집중하여 전략을 짜고 만든다. 경쟁자가 따라 올 수 없도록 차별화 시키는 것이다. 지식창업 관련된 책 대부분은 지속성에 대해 말한다. 어떤 일을 하든 지속은 쉽지 않고 유지하는 것은 쉽지 않다. 지식창업도 오랫동안 지속하고 나의 강의를 키우는 데 힘을 써야 한다. 미래를 보고 상품의 가치를 키워야 한다. 지식상품은 부가가치가 높아야 한다. 부가가치가 높으면 오래 하게 된다. 오래 일하면 그 분야의 전문가로서 다시 가치가 높아진다. 전문가로서의 상품은 가치 있게 된다. 선순환 시스템으로 접근해야 한다.

스타트업 박선희(가명) 씨는 앱 개발자이자 대표 회사이다. 코로나로 매출이 급격하게 바뀌었다. 박선희 씨는 코로나 전에 미팅에서 계약까지 성사하는 일이 너무 힘들었다. 투자 비용 효과가 크지 않다는 의견이 대다수였다. 계약까지 가는 프로젝트가 쉽지 않았다. 그런데 코로나 이후 회사마다 자체 앱 개발 투자에 비용을 아끼지 않는다. 더군다나 시간이 지날수록 전문성이 높아지고 부가가치가 높아졌다. 앱 문의가 쏟아지고 있다. 업계에 오래 일한 만큼 자리에 높게 올라와 있다.

스타트업 박선희(가명) 씨는 미래 IT에 대한 확신이 있었다. 최소 20년 이상 발전 가능 여부를 판단했다. 오래 할 수 있다는 자신감이 있었다. 자신의 전문성과 가치에 대한 믿음까지 있었다. 시간이 지날수록 전문성과 부가가치는 커졌다. 외부 변화로 빠르게 성장했다. 시간이 흐를수록 개인화 경향이 커진다. 개인화는 중소기업 회사에도 적용되었다. 자체 회사의 플랫폼을 만들고 공유와 연결을 통해 다양한 서비스와 상품화시키고 있다. 새로운 환경에 생존할 수 있는 시스템을 만들고 방어 대책을 만들고 있다. 기업과 개인 모두 시간이 지날수록 자신들만의 전문성과 가치 있는 일에 투자한다.

개인도 스스로 앞을 내다볼 수 있어야 한다.

온라인과 개인화로 세상은 빠르게 변하지만, 전문성과 가치는 변하지 않는다. 빠르게 변화하면 전문성 있는 사람을 찾는다. 대체할 수 없는 인력은 전문성 있는 사람이다. 자신의 지식과 경험을 발전시켜야 대체가 어렵다. 자신의 전문성을 만들어야 한다. 부가가치 있는 상품과 서비스를 만들어야 한다.

대체하기 어려워야 한다. 결과의 차이도 커야 한다. 모방할 수는 있어도 결과의 차이가 다르게 해야 한다. 주제를 선정할 때 이 점을 명심해야 한다. 대체하기 어렵고 자신의 고유의 가치를 만들어야 한다.

무언가를 선택할 때 나를 중심으로 결정한다. 다른 회사에 들어가거나 일할 때 여러 가지 요소를 생각하고 결정한다. 강의주제를 선택할 때도 여러 가지 요소들이 있다. 강의주제를 결정할 때도 나를 중심으로 결정해야 한다. 내가 이 주제로 10년 이상 가능한지 생각해봐야 한다. 객관적인 관점으로 봐야 한다.

미래 변화에 적응하면서 끌고 갈 수 있는지 생각해야 한다. 오랫동안 일할 수 있는지, 시간이 지날수록 나의 지식과 경험이 가치가 있는지, 상품과 서비스의 가치가 높아질 수 있는지 생각해야 한다.

최소 10년간 강의할 주제 찾는 방법

1. 지식상품은 유행에 쫓지 않는 주제를 찾아야 한다.

2. 오랫동안 하기 위해서는 나의 핵심역량을 갖고 있어야 한다.

3. 일관성이 있는 주제와 맞는 지식상품과 서비스를 판매해야 한다.

4. 시간이 지날수록 전문성과 가치 있는 주제를 선정해야 한다.

5. 대체 하기 어렵고 자신의 고유의 가치를 만들어야 한다.

2장

브랜드 만드는 실력 쌓는 법

01

관련분야의
100권 독서를 통해서
실력을 극대화할 수 있다

성공한 부자들은 독서광이다. 마이크로 소프트 창업가 빌 게이츠(Bill Gates,), 주식투자 워런 버핏(Warren Buffett), 펩시콜라 회장 인드라 누이(Indra Nooyi), 등 다국적 기업 CEO들은 끊임없이 책을 읽고 학습한다. 독서의 중요성을 알고 있다. 한 연구에 따르면 독서가의 뇌를 촬영해 보았더니 뇌의 활성도가 높아져 정보연결과 집중력이 강화되었다. 숙련된 독서는 사고 능력이 높았다. 몰입해서 책을 읽게 되면 뇌에서 도파민이라는 물질이 뇌의 활동성을 커지게 한다. 독서는 지식을 제공하는 것뿐만 아니라 생각의 깊이를 파악한다. 경험을 증대화 시키는 역할을 하고 상상력을 향상한다. 독서는 실력을 향상하는 역할을 하고 있다.

관련분야의 책을 읽으면 그 분야의 전문가가 된다

책은 그 분야의 전문가가 쓴다. 책을 읽으면 그 분야의 전문가와 대화하는 느낌이 난다. 책 100권 읽으면 그 분야의 내용을 알 수 있게 된다. 100명의 전문가의 지식과 경험을 아는 것이다. 그래서 책을 읽으면 객관적이고 분석하는 사고 능력을 가진다. 그 분야에 대해 깊이 사고 할 수 있기 때문이다. 복잡한 문제를 객관화시켜 새로운 관점으로 연결하게 된다. 책은 지혜를 주고 착오를 줄일 수 있다. 나의 삶을 돌아보게 된다. 통찰하고 지혜를 얻게 되고 객관적으로 자신의 의견을 가질 수 있다. 새로운 관점과 논리적 사고를 바탕으로 자신만의 이론을 낼 수 있다.

박상현(가명) 씨는 취미로 전문가가 된 사람이다. 박상현 씨는 와인을 좋아한다. 퇴근 후 평일에는 와인을 시음하고 와인 공부한다. 주말에는 와인 관련 책을 본다. 와인 책이 집에 한가득 이다. 와인 역사까지 알고 블로그에 생각과 경험한 이론 등을 올렸다. 와인 역사, 와인 시음 방법, 와인과 짝을 이루는 음식 등을 올리면서 댓글과 후기의 반응이 뜨거웠다. 블로그에서의 네트워크 힘은 강했다. 어느새 와인 전문가로 불렸다. 잡지에 박상현 씨는 와인 전문가로 소개되었고 이제 연말에는 와인 추천하는 유명한 전문가가 되었다.

전문가들은 하나 같이 말한다. 관련분야의 책을 읽고 행동하면 전문가가 된다고 한다. 책은 전문가들의 지식과 비결이 있다. 실패와 경험이 있는 곳이다. 책을 통해 배우고 학습의 기회가 주어진다. 그 분야의 전문가가 되려면 그 분야의 책을 읽어야 한다. 전문가들도 많은 양의 책을 읽는다. 책은 나의 부족한 부분을 채워준다. 지식, 비결, 경험 등 다방면으로 깨닫게 해준다. 스스로 전문가로 만들어진다. 경험 축적과 정보들이 새로운 지식으로 탄생한다. 새로운 지식은 한순간에 만들어지지 않는다. 관련분야의 책을 많이 읽으면 남들과 다른 관점이 생긴다. 다양한 관점을 보게 되고 자신만의 이론을 낼 수 있는 경지가 된다.

전문가의 길은 경험을 통해서 얻는 지혜와 정보다. 책에는 전문가의 경험이 있다. 내가 보지 못한 관점이 보인다. 시야도 넓어진다. 내 삶과 연결되는 고리를 생각한다. 더 나은 방향으로 갈 수 있는 길을 찾고 만든다. 이러한 과정들은 스스로 전문가가 되는 길을 걷게 된다. 한 분야의 책을 많이 읽고 습득해야 가능한 일이다. 한 분야의 책을 100권 이상 보면 실력이 극대화된다. 깊게 사색하고 새로운 이론을 낼 수 있다. 한 분야의 책을 많이 읽으면 전문가에게 배우는 것과 같다. 정보, 경험, 지식을 통해 깨닫고 실천한다.

집중 독서, 몰입 독서를 해야 한다

어떤 분야를 시작하든 몰입과 집중은 중요하다. 독서도 집중 독서, 몰입 독서를 해야 한다. 독서를 통해 무엇을 깨닫고 배울지 중요하다. 독서를 하는 이유는 지혜를 얻기 위해서이다. 지혜를 얻기 위해서는 정보와 경험을 습득해야 한다. 정보와 경험은 책을 통해 배울 수 있다. 반면, 책을 통해 단순히 필요한 정보만 얻거나 의미 없는 독서를 하기도 한다. 사색하지 않는 독서는 단순한 글 읽기이다. 단순히 텍스트에 멈추지 않고 사색해야 한다. 다양한 관점에서 볼 수 있어야 한다. 그래야 그 책을 깊게 이해할 수 있게 된다. 독서도 몰입해서 읽는 것이 중요하다.

미적분 창시자인 고트프리트 빌헬름 라이프니츠(Gottfried Wilhelm von Leibniz)는 재능이 뛰어났다. 그의 재능이 뛰어난 이유는 독서법이 독특했다. 라이프니츠는 반복 독서를 했다. 이해가 가지 않는 부분은 집중적으로 다시 읽었다. 어려운 부분은 몰입해서 다시 읽었다. 지식 양을 목적으로 하는 독서와는 다르다. 양보다 질을 우선시했다. 몰입 독서는 한 분야에 관한 책을 몇십 권 이상 읽는 것이다. 한 분야에 전문가로 간다면 몰입 독서를 해야 한다. 몰입 독서법은 중요한 부분을 펜을 이용해 밑줄을 긋는다.

한 분야에 전문가는 몰입 독서를 한다. 한 분야에 관한 책을 집중적으로 읽는다. 책의 중요한 부분은 밑줄을 긋는다. 내 생각과 아이디어를 메모한다. 집중적으로 읽은 책은 필사한다. 깊은 사색을 하게 된다. 사고 능력이 커진다. 필사하면 자신과 연결할 수 있는 부분을 찾고 생각하게 된다. 독서는 습득과 실천을 통해 자신의 실력이 향상된다. 집중적으로 하는 독서는 자연스럽게 습득의 과정을 배우고 실천으로 옮긴다. 지식과 실천을 통해 내 것으로 만들어야 한다. 완벽하게 내 것으로 만들려면 집중적으로 독서를 해야 한다.

인풋이 없으면 아웃풋이 나올 수가 없다. 인풋이 10이면 아웃풋은 10이 나오지 않는다. 인풋은 축적하고 확장해야 한다. 축적과 확장을 바탕으로 아웃풋이 나온다. 집중적으로 읽고 습득해야 한다. 집중은 창의력 향상과 최고의 성과를 낸다. 집중이 흐트러지지 않기 때문이다. 집중은 한 분야에 성공 요인이다. 집중 독서를 통해 한 분야에 지식과 경험을 집중적으로 배우고 습득하게 해준다. 무언가를 배우는 데 집중과 몰입은 고수의 경지다. 한 분야의 전문가가 되려면 몰입 독서를 꼭 해야 한다.

책을 보면 책을 쓸 수도 있다

성공한 사업가는 독서를 통해 사색하고 방법을 모색했다. 독서는 본질을 관찰하는 훈련을 시킨다. 그래서인지 성공한 사업가들은 독서 환경을 만들어서라도 독서를 했다. 독서는 선택이 아니라 필수였다. 성공한 사람들의 필수 항목이다. 독서는 일과 삶에 지혜를 준다. 더 나아가 독서는 한 분야의 전문가가 된다. 책을 많이 읽으면 내용이 좋은 책을 구분할 수 있다. 좋은 책은 스스로 깨닫게 하고 실행하게 해준다. 독서는 실행력을 만든다. 관련분야의 책을 집중적으로 보면 실행 계획이 생긴다. 책을 읽고 실행함으로써 나를 성장시키고 경력에 발전이 된다.

전문가는 많은 책을 읽고 책을 쓴다. 각 분야의 전문가는 책을 어떻게 쓰는 것일까? 많은 정보가 있어서일까? 아니면 글 쓰는 재주가 있는 것일까? 책 안에 답이 있다. '글쓰기를 배우는 가장 좋은 방법은 많이 읽고 많이 쓰는 것이다.' 미국을 대표하는 작가 스티븐 킹(Stephen Edwin King)이 한 말이다. 글을 잘 쓰려면 많이 읽고 많이 써야 한다. 우리도 책을 보면 책을 쓸 수 있다. 책을 많이 읽으면 문장구조, 어휘. 단어가 발견된다. 작가의 문체도 유심히 살피게 된다. 좋은 문장도 메모하게 된다. 책을 읽는 과정에서 스스로 깨닫게 된다.

책을 보면 같은 의미도 다르게 해석한다. 관점이 다르고 전문가의 지식과 경험이 다르기 때문이다. 책은 다양한 자료수집과 수정을 반복해 완성된다.

전문가도 책을 쓸 때 이러한 과정을 했다. 전문가들은 관련분야의 책을 몰입 독서 했다. 자료를 수집하고 전문가도 지식을 정리하기 위해서 책을 다시 읽는다. 수정과 반복을 통해 책을 완성한다. 전문가는 그 분야의 모르는 정보가 없어야 책을 쓰기 수월하다. 관련분야의 책을 모두 읽어야 가능하다. 자신의 지식과 경험을 재구성하면 된다. 책이 완성되기까지의 과정들이다.

책을 많이 읽고 필사해야 한다. 필사는 자신이 알고 있는 내용을 다른 책에서는 표현 방법이 어떻게 되었는지 확인할 수 있다. 책은 스스로 혼자서 알아가는 힘이 생긴다. 책을 쓸 때 자신의 표현 방법으로 구사할 수 있다. 책을 보면 혼자 설 수 있는 힘이 생긴다. 지식을 자신의 것으로 만들 수 있다. 책을 꾸준히 많이 보고 필사하면 책을 쓸 수 있다. 책을 보면 나의 이론이 생긴다. 이론이 나올 정도면 실력과 지식이 전문가이다. 그래서 책을 쓸 수 있다.

실제로 일을 성공하게 하는 힘은 실력이다. 지식창업은 실력이다. 실력은 단단한 기초를 기반으로 생긴다. 실력을 쌓는 과정은 험난하다. 고된 학습과 경험을 가져야 한다. 학습은 독서를 함으로써 지식과 실력을 만든다. 지식창업자가 독서를 하지 않는다면 실패하는 것이다. 성공하지 못한다.

지식창업자는 가치 있는 정보를 가져와야 한다. 가치 있는 정보를 분별할 수 있는 능력과 스스로 성장할 수 있는 정보를 알아야 한다. 깊이 사색할 줄 알아야 한다. 지식을 깊게 알아야 결과물도 높게 만들 수 있다. 실력을 기반으로 성공하게 된다. 실력을 향상하고 새로운 관점을 보는 눈을 키워야 한다. 독서를 통해 실력을 극대화하면 성공한다.

관련분야 실력 쌓는 방법

1. 몰입 독서 해야 한다.

2. 독서를 통해 사색하고 필사해야 한다.

3. 독서를 통해 가치 있는 정보를 구별할 수 있어야 한다.

4. 책을 읽고 책을 써야 한다.

02
업계 최고의 전문가에게 배우는 법

업계 최고의 전문가를 만나기 위해서는 책, 세미나를 이용한다. 무언가를 배울 때 최고의 전문가에게 배우고 싶어 한다. 실패를 줄일 수 있고 성공하는 삶을 살 수 있다고 생각한다. 우리는 시간과 돈을 투자해서 업계 최고의 전문가를 만나기 위해 노력한다. 전문가를 만나면 나를 되돌아보는 계기가 된다. 불분명했던 방향이 다시 생긴다. 전문가를 만나서 배우면 나도 변화가 온다. 전문가의 조언이 남다르다. 전문가의 조언이 남다른 이유는 수많은 데이터를 분석하고 결과에 도달하는 과정을 수없이 해왔다. 최고의 전문가에게 배우면 프로의 자세까지 배우게 된다.

전문가 만나는 법

전문가를 만나는 것은 쉽지 않다. 업계 최고의 전문가는 극소수이다. 한 분야 최고의 전문가는 1등이다. 일반인은 최고의 전문가를 못 만난다. 투자의 대가 워런 버핏(Warren Buffett), 해리포터 작가 조앤 롤링(Joan K. Rowling), 최고의 경영학자 피터 드러커(Peter Ferdinand Drucker) 등 한 분야의 최고의 전문가는 만나질 못한다. 하지만 다양한 미디어 매체 등을 통해 만날 수 있다. 책, 세미나, 온라인 강좌는 업계 최고의 전문가를 만나게 해준다. 업계 최고의 전문가를 만나는 방법이 쉬워졌다. 열정과 노력만 있으면 만날 수 있다. 다양한 매체를 이용해 업계 최고의 전문가를 만나자.

2017년 투자의 전문가로 알려진 워런 버핏(Warren Buffett) 회장과의 점심 식사는 267만 9,001달러(약 30억 원)이다. 투자 업계 최고의 전문가 워런 버핏 회장과의 만남이다. 업계 최고의 전문가를 만나야 하는 돈 이다. 일반인은 세계적인 최고의 투자 전문가 워런 버핏을 어떻게 만날 수 있을까? 워런 버핏이 이끄는 버크셔해서웨이 투자회사가 있다. 버크셔해서웨이는 미국 증권거래위원회에 보고서를 낸다. 언론은 보고서 내용을 보도한다. 투자자들은 버크셔해서웨이 투자 종목에 관심을 가진다. 워런 버핏을 만날 수 없지만, 매체를 통해 만난다. 매체를 통해 워런 버핏의 생각을 예측하고 정보를 얻는다.

우리가 업계 최고의 전문가를 만나기 위해서는 전달하는 매체와 메시지를 주의 깊게 관찰해야 한다. 우리는 전문가를 만나서 실력을 향상하고 성공하는 방법을 배우려고 한다. 실패를 줄이기 위해서 모방하려고 한다. 벤치마킹하는 이유도 이와 같다. 우수한 사례와 성공한 방법 등을 배우기 위해서이다. 이러한 이유로 최고의 전문가를 찾으러 가야 한다. 최고의 전문가가 있는 곳을 확인해야 한다. 전문가가 전달하는 정보가 어디 있는지 확인하면 된다. 책이 주력인지, 칼럼이 주력인지, 강의가 주력인지 전문가를 만날 수 있는 공간이 어디에 있는지 확인해야 한다.

정보를 전달하는 공간이 전문가를 만날 수 있는 공간이다. 우리는 다양한 매체를 통해 전문가의 지식과 경험을 배우고 있다. 일반적으로 정보를 공유하는 곳에 사람들이 많이 모인다. 다양한 분야의 최고 전문가들도 모인다. 정보를 공유하는 곳에서 자료를 수집하고, 전문가의 방향 등을 알 수 있다. 전문가를 여러 공간에서 만날 수 있다. 우리는 만날 수 있는 시간과 노력만 있으면 된다. 시간과 노력만 있으면 업계 최고의 전문가를 만날 수 있는 세상이다. 최고의 전문가를 만나기 위해 기회를 만드는 것은 자기 자신이다.

전문가에게 태도를 배워야 한다

자본주의 사회에서 성공하려면 학력, 집안 내력 등이 중요한 요소라고 말한다. 하지만 사회에 성공하는 사람들의 특징 중 학력과 집안 내력 등은 크지 않았다. 자산을 물려받지 않은 자수성가들 어떻게 성공했을까? 연구에 의하면 성공한 사람들은 업무 기술이나 지식의 차이는 15%인데, 나머지 85%는 태도에 있었다고 한다. 능력을 중요시하는 사회에서 태도가 85%를 차지 한 연구는 믿어지지 않는다. 하지만 태도의 중요성을 확실하게 보여주는 연구였다. 현실에서도 능력은 있지만 태도가 좋지 않아서 한순간에 자리를 잃는 때도 있다. 소위 성공한 사람들은 능력 안에 태도가 잠재되어 있었다.

아파트 단지에 어머니와 아들이 운영하는 초밥집이 있었다. 초밥집을 운영하는 아들(37세)은 일식 경력과 일본 장인에게 배운 기술을 가지고 있었다. 전문가의 기술이 특출했다. 초밥집은 한순간에 입소문으로 아파트 단지뿐만 아니라 외부에서도 오는 고객이 많았다. 홍보하지도 않았지만 블로그 포스팅과 후기까지 좋은 평을 받았다. 그날도 주방에서 바쁜 하루를 보내고 있었다. 그날도 어머니가 주방에서 재료 손질했다. 그런데 그날은 어머니가 재료 손질을 잘못했다. 그 모습을 본 아들은 어머니에게 짜증과 험한 말을 했다.

식사하는 단골손님은 충격적이었다. 사장의 친절한 모습과 달리 태도에 이중성을 알게 되었다. 사장의 태도 문제는 일파만파 커졌다. 고객들은 사장의 태도 문제를 가지고 가게를 평가했다. 결국 태도 문제는 능력까지 평가하게 되었다. 결국 식당은 얼마 가지 못해 문을 닫았다. 태도는 행동으로 나타나게 된다. 우리는 행동을 평가받는다. 행동은 능력을 평가하는 기준이 된다. 기술은 전문가였지만 한순간에 평가받는 것이 태도이다. 태도 보다 능력을 우선시하는 사람들은 오래가지 못한다. 최고의 자리에는 태도가 내재하여 있다.

성공의 중요 요소 중 하나는 태도이다. 자만하지 않고 꾸준한 노력이 있어야 한다. 태도는 결정적인 순간에 차이를 만든다. 업계 최고의 전문가를 보면 긍정적이고 적극적이다. 긍정적이고 적극적인 태도는 배움과 끊임없는 노력을 한다. 태도에서 오는 가르침이다. 불만이 많은 태도는 어떠한 배움도 없다. 부정적인 태도는 자신을 한계에 가둔다. 부정적인 태도는 능력을 키울 수 없고 기회도 오지 않는다. 전문가의 태도는 초심을 잃지 않게 하고 자만하지 않게 한다. 그래서 결국은 새로운 기회를 가져다준다.

전문가에게 배우는 시간 관리 비법 배우기

네덜란드 마스트리히 대학의 폴 스미츠 교수 연구팀이 순자산 31억 원 이상 백만장자들의 시간을 어떻게 보내는지 연구했다. 결과는 일반인과 유사한 시간을 보냈다. 다만 시간 보내는 방식의 차이가 있었다. 무슨 일을 어떻게 할 것인지에 대한 결정권을 가지는 자율성의 차이였다. 일하는 시간을 자율적으로 보냄으로써 직업의 행복과 삶의 행복 수준의 차이가 발생했다. '하버드 첫 강의 시간 관리 수업'은 시간의 중요성을 보여주는 책이다. 시간을 효율적으로 사용하는 방법이 매우 중요하다고 강조한다.

부자들과 전문가는 시간을 주도적으로 사용하는 시간 관리 기술자이다. 목표를 달성하기 위해 최대의 시간을 갖고 집중했다. 시간을 체계적으로 관리했다. 업계 최고의 전문가는 계획을 세우고 우선순위를 정한다. 시간을 효율적으로 사용한다. 주체적으로 시간을 사용함으로써 시간의 가치가 높은 순서대로 해나갔다. 전문가들은 특별한 재능보다 시간 관리 방식에 있었다. 전문가는 시간 관리가 깔려 있다. 시간을 중요하게 아는 순간부터 성공으로 가는 지름길이다.

시간의 가치는 어떻게 시간을 보내느냐에 따라 다르다. 전문가는 시간을 효율적으로 사용했다. 우선순위를 정하고 순서대로 일을 처리했다. 당연히 일의 속도가 빠르다. 효율이 높고 우수한 결과를 낸다. 반복되는 과정에서 전문가는 경험과 실적의 데이터를 통해 감각이 쌓인다. 예측 능력이 높아지면서 가치 낮은 업무를 판단하는 능력이 생긴다. 전문가는 시행착오를 줄이는 시간을 갖는다. 시간의 가치를 최대한 낭비하지 않는다. 전문가는 시간의 분배를 어떻게 하느냐에 따라 나의 미래가 결정된다고 아는 사람들이다.

전문가는 꾸준하게 좋은 모습을 유지한다. 그 자리에 오래도록 유지하는 그만한 이유가 있다. 그들의 공통점은 고독의 길을 걸었다. 자신의 구체적인 목표를 세웠다. 긍정적인 태도를 보이고 노력했다. 자신만의 시간 루틴을 지켜왔다. 끊임없이 배우려는 태도와 자만하지 않는 태도는 전문가의 자리에 계속 머무르게 했다. 전문가는 주도적인 시간 관리를 통해 더 나은 미래를 준비하고 자리를 지켰다. 결국 프로의 기본자세는 태도와 시간 관리에서 나왔다. 각 분야의 전문가들이 가지고 있는 요소 모두 배워서 스스로 깨달아야 한다.

전문가를 만나서 자극받고 에너지를 받는다. 각 분야의 전문가를 만나면 긍정적이고 밝은 에너지가 있다. 잠재의식에 열정과 끊임없는 노력이 존재하기 때문이다. 반면 대다수는 안주하는 삶을 원한다. 주변에 자극받는 곳이 없다. 자극받는 것조차 쉬운 일이 아니다. 주변에 긍정적인 생각, 생산성 있는 대화는 찾기 어렵다. 전문가를 만나야 한다. 만나서 지식과 경험뿐만 아니라 모든 것을 배워서 적용해야 한다. 모방 함으로써 자신을 나답게 만들어야 한다. 전문가에게 배우는 시간도 자신을 성장시키는 발판이 된다.

업계 최고의 전문가에게 배우는 법

1. 세계 최고의 전문가를 만나야 한다.

2. 최고의 전문가에게 태도를 배워야 한다.

   → 태도가 실력을 결정한다.

3. 나를 성장시키는 것은 시간 관리이다.

   시간 관리는 실천해야 한다.

   → 습관이 곧 나의 미래이다.

   ❶ 우선순위를 정한다. (시간분배의 중요성이다.)

   ❷ 집중되는 시간에 제일 중요한 일한다. (가치 있는 일을 판단하는 능력이다.)

   ❸ 시간을 비워라. (집중하는 능력이다.)

   ❹ 자신의 시간을 주체적으로 사용하자. (시간의 주인은 자신이다. 주도적인 삶을 살자.)

03

내가 모르는 분야라도
3년만 미치면
최고 전문가가 될 수 있다

'불광불급(不狂不及)'은 어떤 일을 하는 데 있어서 미치광이처럼 그 일에 미쳐야 목표에 도달할 수 있다는 말이다. 어떤 분야든 미치지 않으면 이룰 수 없다. 즐기면서 하는 것과 절실하게 하는 것은 다르다. 타협하지 않고 절실하게 해야 한다. 자신과의 타협은 자신을 몰입시키기 어렵다. 끝없는 타협은 성과를 이루지 못하기 때문이다. 타협이 아니라 절실하게 몰입해야 한다. 고수들은 몰입한다. 목표를 이루고자 하는 마음이 절실하다. 목표를 이루고자 하는 과정이 절실하다. 한계를 뛰어넘는다. 그러면 남들보다 자신의 성과가 빠르게 나온다. 장르 불문, 종류 불문 내가 모르는 분야에서 절실함으로 몰입하면 최고의 전문가가 된다.

어떤 분야든 3년간 미치면 도사가 된다

전환점은 일이나 직업이 바뀌는 순간이다. 전환점은 성공으로 가는 시작을 알리기도 한다. 인생의 전체가 바뀌는 중요한 순간이다. 직장인은 퇴사 후 전환하는 순간을 준비한다. 성공을 위해 준비한다. 성공의 준비는 피를 깎는 노력이 있어야 한다. 어떠한 일을 대충 해서 되는 건 없다. 한 분야에 성공하는 사람들은 고독의 길을 지나야 한다. 내가 이 일이 아니면 죽는다는 각오를 하고 한다. 고독의 길은 결단해야 하는 길이다. 결단은 몰입해야지 가능한 일이다. 몰입하면 대상이 더 뚜렷하게 보인다. 고도의 몰입은 절실하게 실행할 수 있다.

이탈리아의 사회학자 빌프레도 파레토(Vilfredo Pareto)가 발견한 법칙이 있다. '파레토의 법칙'이다. 몰입하면 20%의 시간으로 80%의 성과를 낸다. 즉, 원인이 20%이고 결과가 80%를 말한다. '20:80 법칙'은 몰입 중요성을 강조한다. 어떤 분야든 몰입만 하면 전문가가 될 수 있다. 몰입은 최고의 경지에 올라가는 고수다. 미쳤다고 표현한다. 모든 잡념을 없애고 한 가지에만 집중하면 미친다. 방해물이 보이지 않는다. 강박증처럼 한 분야에 몰두해야 한다. 그래야 성공할 수 있다. 고통스럽게 해나가야 가능한 길이다.

한 분야에서 최고가 되려면 몰입해야 한다. 미쳐야 한다. 미치지 않으면 전문가의 길을 갈 수 없다. 장르 불문, 종류 불문, 고도의 몰입만 하면 전문가가 된다. 몰입하지 않고 무언가를 해낸 사람을 본 적이 없다. 전문가는 과거에 몰입과 절실함으로 한 가지 일에 집중했다. 전력을 다해 몰입이 필요하다. 절실하게 배워야 한다. 절실하지 않으면 쉽게 포기하게 된다. 대부분 절실하지 않아서 한계를 넘지 못하고 포기했다. 절실하게 배우면 내재 되었던 잠재력이 나온다.

내재 되었던 잠재력이 몰입과 함께 가능성을 만들어준다.

대부분의 성공 신화를 들으면 비밀 비결이나 기술이 아니었다. 성공 신화 내면에는 고통이 있었다. 성공 신화의 주인공들은 고통을 이겨냈다. 남들이 미쳤다고 할 정도로 집요하게 한 분야를 몰입했다. 미쳐야 전문가로 도달할 수 있다. 전문가도 처음에 아무것도 모르고 시작했다. 어떤 분야든 몰입해야 한다. 장인도 자리에 올라오기까지 몰입했다. 결국 몰입해야 전문가가 된다. 쉽지 않다.

타협하지 말고 절실하게 해야 한다

우리는 자신과 싸움하면서 인생을 살아온다. 살을 뺄 때, 공부할 때 등 목표를 향해 나아간다. 도중에 방해물이 생긴다. 방해물은 난간이 높을수록 스스로 자신을 타협한다. 한번 타협은 자신을 나태

하게 만든다. 타협이 지속되면 설정한 목표에서 멀어진다. 끊임없이 배우고 연구하는 전문가가 타협한다면 스스로가 최고의 전문가를 포기한 것이다. 타협은 매일 자신과의 싸움이다. 이미 경쟁자는 많고 새로운 경쟁자들이 나타나고 있다. 끝없는 타협은 나를 실패하게 만든다. 한 분야의 전문가가 되기 위해서 절실하게 배우고 해내야 하겠다는 믿음이 강해야 한다.

대구에서 사는 박태형(28, 가명) 씨는 초등학교 때 아버지가 돌아가셨다. 어머니랑 둘이 살게 되었다. 형편이 매우 어려워졌다. 박태형 씨는 고등학교 졸업하자마자 20살에 일을 미친 듯이 했다. 공장 주야로 근무했다. 주말에는 영업을 배우러 다녔다. 빨리 성공해서 어머님을 편하게 해드리고 싶었다. 주말에 쉬는 날 없이 3년 동안 절실하게 배웠다. 힘들어도 타협하지 않았다. 성과를 내기 위해 목표에 집중했다. 목표에 집중하다 보니 밤낮으로 영업했다. 결국 억대 연봉이 이미 되었다. 절실하게 매진한 결과이다. 현재 영업의 신으로 불린다. 그는 강의와 컨설팅을 진행하고 있다.

록펠러(Rockefeller)의 유명한 명언이 하나 있다. "절실함이 더욱 애절할수록 성공 가능성도 크다. 따라서 지금 현 상황이 절실한 사람이면 어쩌면 앞으로 성공할 가능성이 큰 사람인 것이다." 절실하면 이루어진다는 것이다. 박태형 씨는 3년 동안 타협하지 않고 목표에 몰입했다. 영업을 절실하게 배웠다. 원하는 것을 얻기 위해 온통 영업만 생각했다. 절실하게 몰입한 결과이다. 직장인이라면 3년 후에 나의 모습을 생각해보라. 3년 후 퇴사한다면 자신과 타협하지 않을 것이다. 3년 동안 절실하게 몰입하게 된다.

각 분야의 전문가들도 끊임없이 노력한다. 경쟁이 심하고 정보가 많은 시대에 살고 있기 때문이다. 절실하게 배우고 실행해야 한다. 그래야 상황이 바뀐다는 것을 안다. 그래서 자신이 한 번이라도 성공이나 목표를 이룬 사람들은 성공이나 목표를 이룰 가능성이 크다. 몰입 경험이 쌓여서 성장도 빠르다. 절실하게 하다 보면 기회가 오게 된다. 원하는 삶을 원한다면 기회를 만들어야 한다. 목표를 향해 절실하게 공부하고 배워야 기회를 만들 수 있다. 결국 최대의 몰입으로 본인의 에너지를 한 분야에 넣어야 한다. 에너지를 분산시키면 안 된다.

속도를 빠르게 하자

현대사회는 속도에 민감하다. 1년 안에 1억 모으기, 3년 안에 억대연봉자, 단기간에 배우는 영어 회화 등 빠른 속도로 결과를 내고 싶어 한다. 왜 빠른 속도로 결과를 내고 싶어 하는 것일까? 결과가 빠르게 나와서 변화되는 삶을 살고 싶어 한다. 세상이 급속하게 변해서 빠르게 변하지 못하면 일정 기간 동조하기 어렵기 때문이다. 그래서 자신이 어떻게 차별화할지 생각해야 한다. 그다음 속도를 내야 한다. 남들보다 한발 앞서기 위해서 새로운 변화에 빠르게 적응해야 한다. 생존의 비결은 빠른 속도이다. 출발점에서 점검하고 초고속으로 상품을 탄생시켜야 한다.

'샤오미'는 가성비로 전 세계에 명성을 얻었다. 레이쥔 샤오미(Lei Jun) 회장은 "빠른 것은 절대 당해낼 수 없다. 느리다는 것은 곧 죽음을 뜻한다."라고 말했다. 세계 시장에서 주목받는 레이쥔 샤오미 회장의 말이다. 치열한 경쟁 속에서 살아남기 위한 말이다. 속도의 중요성은 기업뿐만 아니라 개인에게는 더욱 중요한 요소이다. 개인은 속도에 민감하게 반응해야 한다. 더 멀리 가려면 더 빨리 시작해야 한다. 추월하는 자세가 시간을 단축하고 예측 능력은 높게 만들어준다.

그러나 방향을 잡은 후 속도를 내야 한다. 샤오미는 속도에 중요성을 정확하게 아는 기업이다. 최신 모델의 전자제품을 빠르게 생산해서 가격을 저렴하게 내놓았다. 다른 경쟁사보다 빠르게 만들었다. 그리고 저렴한 가격으로 경쟁력을 확보했다. 그렇게 시장 점유율까지 높였다. 빠르게 성장해서 다양한 실험과 도전을 하고 기회를 포착한다는 것이다. 1위 기업의 빈틈을 노리겠다는 전략이다. 속도는 자신의 전문성을 강화한다. 강화된 전문성은 생존능력을 높여준다. 결국 추월하고 있는 사람은 자신의 분야에 요점을 아는 것이다.

세상이 빠르게 변하기 때문에 배워야 할 것이 많아진다. 결과를 빨리 도출해야 한다.

세상은 빠르게 변하는데 속도를 내지 못하면 변화되는 상황에서 결과를 내는 것이 더욱 힘들어진다. 최고의 경지에 올라갈 때까지 속도를 내야 한다. 장기간으로 속도를 내면 지치게 되어서 탈진된다. 운동에서도 초반의 속도와 막판에 속도를 낸다. 처음에 선두로 올라가기 위한 속도이다. 그리고 목적지에 도달하기 위한 마지막 속도를 내는 것이다. 최고의 경지에 올라올 때까지 속도를 내야 한다. 한 분야에서 최고가 되기 위해서는 속도를 내야 한다.

업적을 이룬 사람 모두 처음부터 전문가가 아니었다. 그들도 숙련된 경험과 고독한 길을 걸어왔다. 남들보다 뛰어나게 하려고 두 배, 세 배 몰입했다. 실패해도 다시 시작했다. 절실함이 있었다. 결과를 얻겠다는 의지가 강했다. 장르 불문, 종류 불문하고 무언가를 하기 위해서는 각오해야 한다. 자기 분야에서 부단한 노력을 한 사람이 전문가이다. 빠르게 전문가가 되고 싶다면 미쳐야 한다. 이제 당신 차례다. 너무 많은 생각을 할 필요가 없다. 진심으로 행동하면 된다.

3년 안에 전문가 되는 방법

1. 한 분야에 몰입해야 한다. (자신의 분야에 미쳐야 한다.)

2. 타협하지 말고 절실하게 배워야 한다. (돌아갈 곳이 있다면 절실하지 않다. 돌아갈 곳이 없다고 생각해라.)

3. 속도를 빠르게 내야 한다. (한 분야의 전문가로 인식되기 위해서는 그 시장에 들어가서 두각을 나타내야 한다.)

04

실제 현장경험(강의,컨설팅)을 통해서 실력을 쌓을 수 있다

처음 창업하는 사람들 모두 잘 될 거라는 생각을 가지고 창업한다. 망한다고 생각하고 창업하는 사람은 없다. 그런데 생각과 현실은 너무나 다르다. 이론과 실전은 다르다. 변수에 의해 결정되는 것도 많다. 진짜 경험해야 알게 되는 것이 많다. 현실 세계는 배우고 이해하는 것으로 끝나지 않는다. 예상과 달리 현장경험은 다른 방향으로 가게 된다. 그래서 경험 축적이 중요하다. 실패는 중요한 밑거름이 되고 더 성장시켜준다. 실제 경험은 실력을 극대화하는 방법이다. 이론에만 갇혀 있지 말고 실력을 현장에서 느껴야 한다.

이론만으로는 한계가 있다

경영학을 배우면 이론을 배운다. 이론과 함께 실패한 사연과 성공한 사연은 위기 극복과 자신의 목표에 도움이 된다. 하지만 이론을 배운다고 이론대로 되지 않는다. 이론만으로는 한계가 있다. 대표적으로 회사들이 이론 한계에 대해 알고 있다. 실제로 신입 직원을 현장에서 일정 기간 근무시킨다. 신입 직원은 현장에서 다양한 경험을 하고 과정들을 배운다. 현장 근무는 몸으로 체험하면서 제대로 배우게 된다. 현장은 정확한 정보와 한 분야의 내면을 깊이 있게 볼 수 있게 해 준다.

김혜인(가명) 씨는 카페에 대한 로망이 있다. 맛있는 스콘을 굽고 이쁜 케이크들이 진열장에 있는 생각을 한다. 커피를 내리는 꿈을 갖고 있다. 그녀는 카페에 대한 로망을 가지고 직접 디저트를 배우고 커피도 배웠다. 그리고 카페를 오픈했다. 열심히 준비했지만, 개업 당일에 현실을 알게 되었다. 화려한 디저트는 기술을 많이 요구하는 작업이 많았다. 스콘을 굽고 커피 내리는 일도 혼자 하기 벅찼다. 배운 대로 만들었지만, 손님들은 가격 대비 맛이 없다는 평을 받았다. 재료 인상으로 질과 가격을 맞히기는 더욱 힘들어졌다. 마감할 때는 설거지와 청소가 한가득 이다. 화려해 보이던 카페에 뒷모습을 발견하게 되었다.

"백문불여일견(百聞不如一見)이요, 백견불여일행(百見不如一行)이라.(백번 물어보는 것이 한번 보는 것보다 못하고, 백번 보는 것이 한번 행하는 것보다 못하다)"라는 말이 있다. 실제로 이론만으로 실력을 쌓을 수가 없다. 이론과 현실 사이에 갭이 있다. 이론에서 알지 못했던 현장 모습이 보인다. 이론은 실제 관련 일에 대해 확실히 파악하지 못한다. 남이 하는 것은 쉬워 보인다. 깊게 들어가지 못했기 때문이다. 이론은 지식을 이해하는 한 요소일 뿐이다. 직접 해봐야 알 수 있다. 현장은 이론으로만 할 수 있는 일이 아니다. 현장경험은 나의 강점, 취약점이 보인다.

그리고 한계에 부딪혔을 때 나와 맞는지도 정확하게 알 수 있다.

실행하지 않으면 지식은 '쓰레기'라고 했다. 실행은 중요하다. 이론을 100%로 안다고 현장에서 100%로 아는 게 아니다. 우리가 배워서 현장경험으로 확실히 익혀야 한다. 이론에 의지하면 안 된다. 나를 성장시키는 것은 현장경험이다. 현장경험이 실력을 키우게 한다. 현장경험을 함으로써 자신을 개선하게 되고 자신을 다시 설계한다. 이론으로 성립되지 않은 실제 현장경험이 당신을 발전시킨다. 결국 실력을 쌓는 방법은 이론이 아니라 현장경험에서 온다. 실력은 경험 축적으로 나온다.

직접 해봐야 실력이 는다

지식창업은 자신의 콘텐츠를 결과물로 내야 한다. 결과물은 누가 만들어주지 않는다. 결과를 만들기 위해서 직접 해야 한다. 책을 읽고 정보만 많이 알고 있으면 안 된다. 실전에 참여해야 한다. 기회를 만들고 기회가 올 때마다 실행해야 한다. 하면 할수록 는다. 지식창업자는 강의와 상담이 주 수입원이다. 강의해야 결과에 대한 피드백을 받을 수 있다. 결국 조건 없이 해야 한다. 강의해보면 또 다르다. 사람과의 관계, 남을 가르치는 방법, 등록시키는 방법 등, 다양한 요소가 자리 잡고 있다는 것을 안다.

고소희(가명) 씨는 지식창업자이다. 고소희 씨의 지식상품은 매력적이었다. 전문성을 가진 지식과 비결에 자신감이 있었다. 강의 기회가 생겨 도전하게 되었다. 그런데 남을 가르치는 건 또 다른 문제였다. 연설 실력과 무대 경험 등 모든 것이 낯설고, 긴장되었다. 실제로 현장경험은 자신이 해봐야 느낄 수 있다. 누군가의 조언과 경험담은 자신의 실력을 확대해주는 게 아니었다. 고소희 씨는 직접 해봄으로써 자신의 역량이 보였다. 직접 실행 함으로써 부족한 부분을 알게 되었고 채우기 위해 노력했다. 그녀는 자연스럽게 실력이 늘었다.

누군가의 조언과 경험담은 이야기일 뿐이다. 직접 실행하면서 부딪혀야 한다. 실행하면 할수록 감각과 경험이 생긴다. 직접 책, 강의, 유튜브, 블로그, 칼럼 등 자신의 지식상품을 내놓아야 한다. 직접 책 쓰고, 강의하고, 유튜브를 해야 한다. 자신이 해야 하는 일이다. 지식을 알리기 위해 강의해야 한다. 자신의 지식과 경험을 정리해야 한다. 그러면서 사람을 가르치면 실력이 는다. 강의도 많이 하면 할수록 는다. 처음에는 어렵고 준비하는 시간이 오래 걸린다. 성과가 안 나온다고 포기하면 안 된다. 매체의 선택이나 광고문구 등 수정하면서 실력을 늘려가야 한다. 직접 해야 그다음 단계로 넘어간다.

책을 읽고 실행하지 않으면 머릿속의 지식이다. 아무도 모른다. 실행해야 한다. 우리의 목표는 책을 읽고 실행해야 한다. 자신이 직접 경험하고 느끼고 깨달아야 한다. 강의와 컨설팅은 하면서 터득해야 한다. 어떤 프로그램으로 고객을 모을지, 자료 준비 과정, 세미나는 언제 할 것인지, 등 이 모든 것을 직접 해결해야 한다. 모든 것이 나의 몫이다. 항상 완벽하게 준비해도 다양한 변수들로 인해 뜻대로 되지 않는다. 그래서 실제로 해보면서 스스로 해결하는 실력을 키워야 한다. 처음에 두렵다. 하지만 작게 시작해서 감각을 키우고 만들면 된다.

해보면 나의 색이 보인다

전문가들도 처음에 강의 할 때 긴장되고 떨렸다. 스스로 부자연스러운 행동과 말을 한다. 처음에는 모두가 그랬을 것이다. 전문가들도 최고의 방법은 경험이었다. 경험을 많이 해야 한다. 곧 양이 질로 전환된다. 경험이 많아지면 스스로 힘이 생긴다. 자기 기법도 생긴다. 스스로 터득하고 습득하기 때문이다. 그래서 경험을 무시하면 안 된다. 경험이 많은 유명한 전문 강사들을 보면 자신만의 색이 있다. 처음에는 연습과 모방, 훈련으로 했기에 자신의 색이 없었다. 경험이 쌓이면서 생겼다. 머지않아 자신만의 언어, 표현, 목소리 크기, 표정 등이 생겼다.

오스트리아 유전학자 헹스트슐레거(Hengstschläer)의 《개성의 힘》에서는 성공의 열쇠는 개성이라고 말한다. 미래에는 개성이 강력한 힘을 발휘한다고 한다. 오늘날 개성의 힘이 크다는 것을 보여준다. 유튜브에 많은 부동산 분야가 있다. 한 분야를 놓고 크리에이터의 개성 차이가 크다. 분야가 같아도 누가 어떻게 만드냐에 다르다. 자신만의 언어로 표현한다. 자신의 색은 쉽게 나온다. 시작하기 전부터 어떻게 접근할 것인가? 여기서부터 자신의 색은 묻어 나온다. 억지로 만들어지는 것이 아니다. 실제로 현장경험을 하면 나오게 된다.

같은 말을 해도 우아한 사람, 기운이 있는 사람, 무서운 사람이 있다. 자신의 개성과 성향이 나온다. 지식상품은 자신의 색이 더욱 뚜렷하게 보이는 업이다. 자신의 강의와 컨설팅은 자신의 개성과 비슷한 사람의 성향이 있는 사람들이 대부분 온다. 자신의 강의는 나답게 소화할 수 있는 사람이 없다. 경쟁자가 똑같이 만들 수 없다. 이 말은 직접 하면서 자신의 색이 나온다는 것이다. 자신의 색이 나오려면 실제 현장경험을 꾸준하게 해야 한다. 자신의 자세를 유지하면서 가치를 인식시켜야 한다. 그러니 경험과 노력을 꾸준히 닦아야 한다. 자신의 색을 잘 가꿔야 한다.

강의를 시작하기에 앞서 프로그램을 계획하고 광고 문구를 제작한다. 주제를 선언할 때도 자신의 개성이 돋보이는 주제를 만든다. 카피 문구는 강의를 더욱 돋보이게 한다. 직접 함으로써 수강생 모집하는 방법을 배운다. 모두 나의 몫이다. 곳곳에 나의 색이 묻어난다. 자신이 모든 일을 다 해봐야 한다. 지식창업은 모방할 수는 있어도 똑같이 만들 수 없다. 자연스럽게 자신의 색이 묻어나는 순간이 온다. 실제 현장경험이 여러 방면에서 실력을 늘게 해준다.

실제 현장경험은 자신감, 자존감, 자기 확신 모든 걸 불러일으킨다. 간혹 트라우마가 생기는 때도 있다. 실제로 현장경험은 자신을 한계에 내몰게 하는 일도 있다. 실제 현장경험은 변수들이 많다. 타인으로 오는 일도 있고, 환경에서 오는 경우들도 있다. 이 모든 것도 성장하는 발판이고 지름길이다. 자신이 하는 일이 가치가 있고 열정이 있다면 현장경험은 자신의 경력에 엄청난 변화를 만든다. 실제 현장경험에 들어가기 전에 과정들을 적어보고 결과를 재검토해야 한다. 천천히 시도하면 된다.

자신의 실력을 극대화하는 방법

1. 실제 현장경험을 해야 한다. (강의, 컨설팅 등 스스로 설 힘을 가져야 한다.)

2. 실행하면서 자신의 실력을 키워야 한다. (하면서 터득된다.)

3. 남 쫓아가지 말고 자신과 맞는 강의와 컨설팅을 해야 한다. (자신의 가치를 높여야 한다.)

05
책을 쓰면 최고의 전문가로 도약할 수 있다

기업과 개인은 브랜딩에 집중하고 있다. 기술력과 품질 등 모두 브랜딩을 기획하고 있다. 브랜딩은 중요한 역할이다. 브랜딩은 전문성의 이미지를 보여준다. 해당 분야에 전문성을 강조하고 지속적인 관계를 하기 위해서 조합한다. 브랜드를 만들기 위해서 전문성을 알려야 한다. 개인의 전문성을 알리기 위한 도구는 책이다. 전문성 확장에 강력한 역할을 한다. 책은 한 분야의 전문성을 보여주고 신뢰까지 얻게 한다. 전문성과 신뢰 두 가지를 만드는 중요한 역할이 책이다.

책 쓰기는 최고의 개별화된 브랜딩법이다

　퍼스널브랜딩은 이제 성공한 사람만 하는 것이 아니다. 퍼스널브랜딩은 누구든지 해야 하는 세상에 살고 있다. 예전에는 성공한 CEO, 수십억 자산가, 유명 인사들이 자신들의 이야기를 책으로 내서 주목받았다. 대중들은 그들의 이름을 책으로 알게 되었다. 그들의 전문성과 강점이 대중들은 책을 통해 알게 되었다. 책은 전문가로서 인식되고 자신의 정체성이 확고하게 표현된다. 책은 한 분야의 전문가로서 확고한 경쟁력을 갖게 한다. 책은 자신을 조합하기 최고의 수단이다. 자신을 조합하는 데 책을 활용해야 한다. 당신이 어떠한 전문가인지 알려야 한다.

　《필립 코틀러(Philip Kotler)의 퍼스널마케팅》은 세계적으로 퍼스널브랜딩 영역을 구축한 책이다. 필립 코틀러는 미국 경영학자이다. 필립 코틀러는 퍼스널브랜딩을 한 문장으로 표현했다. '대중이 자신을 아는 것이다'라고 했다. 이제 자신의 이미지가 대중에게 중요하다. 중요한 만큼 대중에게 자신을 알리는 매체가 많다. 다양한 매체들이 개인들을 새로운 유행으로 자리를 만들게 해준다. 가장 쉽게 할 수 있는 블로그, 인스타그램 등이다. SNS는 휘발성이 강한 매체이다. 깊게 사고 하는 글이 아니다. 전문성을 깊게 알릴 수 없다. 하지만 자신의 전문성을 극대화하고 확실하게 알리는 방법은 책이 있다. 자신의 이름으로 책을 남겨야 한다.

브랜딩은 한 번에 만들어지지 않는다. 브랜딩은 확실하게 자신을 알리는 수단이 있어야 한다. 자신의 이름으로 책을 남기면 확실한 퍼스널브랜딩이 된다. 자신의 전문성 지식과 줄거리를 글로 만든다. 깊은 사고를 갖고 수많은 자료를 보면서 공부하고 자신의 언어로 만드는 작업까지 한다. 자신의 정체성과 전문성이 확실하게 대중들에게 보인다. 책은 대중들에게 자신을 전문가로 각인시키고 강력한 이미지를 남긴다. 책에는 자신의 메시지까지 전달하니 퍼스널브랜딩으로 최고의 방법이다.

성공적인 퍼스널브랜딩을 하기 위해서는 신뢰와 전문성이 있는 매체가 필요하다. 대중은 책에 대한 신뢰가 높다. 대중은 책을 통해 필자가 어떤 사람인지 알고 싶어 한다. 책은 신뢰와 전문성을 확실하게 보여주는 도구이다. 자신의 지식과 생각, 이념, 기법, 메시지 등 모든 창작물이 있는 곳이다. 이점을 증명하기 위해 자료수집과 증거를 갖고 풀어서 출간한 게 책이다. 긴 시간과 노력을 통해 책이 만들어진다. 깊이 있는 지식이 책에 담겨있다. 자신의 인지도가 전문가로 평가되고 지속적인 마케팅으로 남는다.

무조건 책을 써야 한다 그래야 신뢰를 얻는다

퍼스널브랜딩은 신뢰를 바탕으로 만들어진다. 천천히 신뢰를 쌓아야 한다. 신뢰를 바탕으로 당신을 인정하고 믿는다. 청중은 당신을 신뢰하는 순간 당신의 모든 경쟁력이 형성된다. 신뢰는 권력만큼 무서운 힘이 있다. 신뢰가 없으면 언제든 당신을 떠날 것이다. 신뢰는 가장 먼저 쌓아야 하고 마지막까지 지켜야 한다. 가장 먼저 신뢰를 쌓기 좋은 방법이 책이다. 책을 출간하면 청중은 필자의 지식을 신뢰하고 필자도 신뢰한다. 책을 쓰기 때문에 전문가로서 신뢰한다.

김세영(가명) 씨는 비건주의자이다. 남들은 비건(Vegan)에 대해 알지도 못한다. 대다수 사람은 까다로운 사람들이라고 말한다. 그녀는 비건에 관한 서적과 책을 오랫동안 공부했지만, 매번 설명할 수 없었다. 그녀는 비건에 대한 가치관과 철학이 확고했다. 결국 김세영 씨는 확고한 가치관을 가지고 비건 수필을 출간했다. 수필을 접한 주변 지인들은 김세영 씨를 신뢰하기 시작했다. 주변 지인들은 신뢰를 바탕으로 공감대 형성까지 되었다. 이제 대다수 사람은 김세영 씨를 전문가로서 신뢰하게 되었다. 김세영 씨는 비건에 관한 칼럼도 쓰고 있다. 지금은 비건을 지향하는 독자층도 생겼다.

책은 새로운 영역에서 전문가로 인정받는 핵심 도구이다. 전문가로 인정받기 위해서는 신뢰를 쌓아야 한다. 신뢰는 한순간에 만들어지지 않는다. 신뢰를 얻기 위해서는 큰 노력이 필요하다. 청중이 자신을 신뢰하기 위해서는 거짓 없는 정보와 공감을 만들어야 한다. 신뢰한다고 믿기까지 시간은 오래 걸린다. 하지만 신뢰는 한 번 쌓이면 관계를 지속해서 유지할 수 있고 더 많은 기회를 얻는다. 책을 통해 더 많은 기회가 오는데 그중 강의, 칼럼, 인터뷰, 콜라보레이션(협업) 등이 온다. 순조롭게 자신의 분야를 발휘할 수 있는 기회이다.

자신의 영역에서 활동하는 전문가는 책을 계속 출판한다. 한번 쓰고 끝나는 게 아니다. 책은 신뢰를 형성하기 때문에 지속해서 책을 출간해야 한다. 자신의 영역에서 시너지를 만들고 일을 수주받을 때도 확장이 빠르다. 신뢰를 기본으로 자신의 가치를 분명히 했기 때문이다. 전문가로 인정받고 있는 책은 자신의 생각과 개념들이 잘 정리되어있다. 분명한 가치를 가지고 있다.

분명한 가치를 가진 책은 청중들에게 신뢰를 얻게 된다. 책을 쓰면 반드시 신뢰를 얻는다.

책은 잠재고객을 만나게 한다

전문가의 모임은 필자들의 모임과 같다. 전문가 모임에는 기회가 많다. 공동으로 시작하는 사업과 잠재고객을 구축해 놓은 사업들이 있다. 책을 출판하면 상담 문의와 광고의 역할을 하게 되는데 잠재고객을 이미 전제로 사업을 개최하는 것이다. 잠재고객은 전문가를 신뢰하고 비교하지 않고 결정하게 된다. 신뢰가 있는 전문가는 사업이 가속화될 수밖에 없다. 전문가들은 자신을 홍보할 때 강력한 도구는 메시지 전달이라는 것을 알고 있다. 책이 정확하게 메시지 전달을 하기 때문이다. 메시지 받은 잠재고객은 당신을 만날 수 있는 기회를 만들게 된다.

치과의사 김태호(37살, 가명) 씨는 젊은 나이에 병원을 운영하고 있다. 평일에는 진료하고 주말에는 의료 봉사활동을 한다. 김태호 씨는 지인 소개로 책을 써보라고 권유받았다. 김태호 씨도 자신의 사연을 담은 책을 출간하고 싶었다. 정보성 책이 아닌 자신의 사연을 담은 내용의 책을 썼다. 오랜 시간 노력 끝에 원고가 완성되었다. 책을 출판하게 되었고 김태호 씨는 평일과 다름없이 진료하던 중 뜻밖의 연락이 왔다. 방송 작가가 자신의 책을 보고 감동하게 되었고 자신의 사연을 방송하고 싶다고 했다. 너무 뜻밖이었지만 김태호 씨는 신기했다. 좋은 제안이었다. 거절할 이유가 없었다.

김태호 씨는 방송 출연했다. 청중은 김태호 씨의 삶에 공감을 얻었고 감동하였다. 청중과 독자들은 김태호 씨의 이미지가 병원 이미지로 연결이 되었다. 단골 환자가 생기고 김태호 씨의 의료 봉사 활동 삶을 지지하고 공감하는 독자들이 늘어나면서 다양한 활동도 하게 되었다. 강연자로도 활동하며 바쁘게 지내고 있다. 독자는 공감과 신뢰를 얻었다. 김태호 씨는 광고비용 없이 병원 이미지도 좋아지고 매출에도 영향을 받았다. 치과의사 김태호 씨는 책으로 확실한 퍼스널브랜딩을 했다.

김태호 씨는 치과의사로 전문성이 확고하게 각인 된 책이었다. 더불어 가치와 신념이 돋보이는 의료 봉사활동은 신뢰까지 얻게 되었다. 책은 김태호 씨의 개인 이미지뿐만 아니라 병원 이미지로 연결이 되었다. 책을 읽은 다양한 독자들은 잠재고객으로 바뀌었다. 책은 전문가의 이미지를 각인시키고 신뢰성 있는 광고가 되었다. 자연스러운 광고는 독자를 잠재고객으로 변화시켰다. 경쟁력 있는 개인 광고는 책이다. 책은 완벽한 퍼스널브랜딩을 만드는 도구이자 광고이다.

우리는 메시지 전달에 민감하다. 직설적인 말 보다 우연히 들어오는 전달 메시지가 강한 힘을 낸다. 메시지 전달하는 공간이 책이다. 책은 조용히 메시지를 전달한다. 스스로 해답을 찾게 하고 강제성 없는 조언을 한다. 그런데 힘은 강하다. 독자의 행동을 스스로 돌아보게까지 한다. 우리는 메시지 전달하는 필자를 알고 싶어 한다. 자신을 가장 효과적으로 알리는 홍보가 된다. 독자는 적극적으로 당신을 알려고 한다. 무명이던 필자는 일거양득으로 마케팅이 된다. 자연스럽게 홍보와 잠재고객이 형성된다. 책을 잘 활용하면 강력한 도구가 된다.

한 분야의 전문가로 퍼스널브랜딩 하는 방법

1. 한 분야의 책을 쓰고 전문가의 이미지를 각인시켜라.

2. 퍼스널브랜딩의 핵심은 신뢰다. 책을 써서 자신을 신뢰하게 만들어야 한다.

3. 청중이 공감할 수 있는 메시지 전달을 해야 한다.

3장

지식창업 브랜딩 방법

01

유튜브를 해서
구독자 10만 명이 넘으면
영향력이 생긴다

유튜브의 영향력은 대단하다. 크리에이터의 말 한마디에 가게가 흥하기도 하고 망하기도 한다. 소위 유명한 크리에이터는 기업의 상품과 협업을 하고 자신의 사업을 확장하기도 한다. 유튜브의 인기는 개인에게만 국한되지 않는다. 기업은 유튜브에 광고한다. 구독자, 크리에이터, 기업, 모두가 유튜브 플랫폼이라는 한 공간에 모인다. 유튜브는 다양한 콘텐츠의 집합체이며, 자신의 정체성과 모든 것을 보여주는 공간이다. 지식창업자에게는 기회가 무궁무진한 곳이다. 지금 유튜브는 모든 영역에서 탑이다.

유튜브 구독자가 많으면 영향력이 커진다

구독자가 많으면 톱스타 같은 영향력이 생긴다. 단순한 인기가 아니다. 구독자의 수는 크리에이터의 자존심과 같다. 구독자가 많은 채널은 정체성이 뚜렷한 채널이다. 정체성이 뚜렷한 채널은 구독자의 마니아층이 형성되고 구독자의 단결력이 높아진다. 또한, 유튜브는 자신의 지명을 높이기 쉽다. 이제 채널은 더욱 강력한 힘을 갖게 된다. 채널의 영향력은 자신의 수익사업에 확장된다. 유튜브는 자신의 목표와 가치에 초점을 맞추고 영상을 만들어야 한다. 그 분야의 관심 있는 대중이 오고 자신의 분야를 적극적으로 혼합하게 된다.

조하나(가명) 씨는 메이크업 크리에이터이다. 다양한 화장 법을 알려주는 콘텐츠다. 그녀는 꾸준하게 영상을 올리면서 구독자의 수가 벌써 17만 명이 넘었다. 대부분 여성 구독자이다. 화장품에 장단점을 소개하고 화장품 사용 방법을 알려준다. 객관적인 리뷰로 구독자는 조하나 씨를 신뢰했다. 그녀가 소개하는 제품은 최고 상품이 되면서 조하나 씨의 영향력은 커졌다. 화장품 업계와 협업을 하고 광고 협찬까지 하게 되었다. 콘텐츠 광고 수익도 영향력만큼 커졌다. 두꺼운 팬층이 형성되면서 그녀는 곧 화장품 제작 사업 계획이다.

그녀의 영향력은 대단했다. 연예인과 협업하면서 자신의 이미지는 더 빠르게 알려졌다. 꾸준히 올리면서 자신의 정체성을 뚜렷하게 나타냈다. 더불어 지속해서 구독자의 수는 늘어났다. 이제 미디어로 자신을 알릴 수 있는 기회는 많아졌다.

영상은 대중에게 빠르게 알리는 방법이고 자신의 전문성을 확실하게 드러낼 수 있다. 그리고 지명도를 높여 자연스럽게 활동 무대를 오프라인과 전략적인 수익사업으로 바꿀 수 있다. 시도하기 좋은 플랫폼이 유튜브이다. 유튜브는 자신을 알리고 브랜딩하기 좋다. 이점은 구독자가 자신을 선택하도록 자리 잡고 있다.

유튜브 콘텐츠는 자신을 확실하게 드러내는 도구다. 자신의 이미지를 대중에게 빠르게 알릴 수 있다. 그러면서 마니아층이 형성되고 당신을 믿고 신뢰한다. 한 분야의 지식으로 구독자를 만든 것은 자신의 전문성을 믿고 정체성이 뚜렷하기 때문이다. 전문가의 실력으로 인정되면서 의견도 신뢰한다. 자신의 가치는 높아지고 수익을 올리게 된다. 결국 영향력은 수익사업으로 변화된다. 영향력은 지속해서 수익을 발생시킨다. 당신의 영상이 영향력이 생기면 잠재고객을 모집하는 수단이 된다.

유튜브 구독자 숫자가 적어도 수익을 발생시킬 수 있는 법이 있다

유튜브 시장은 다양한 크리에이터가 있다. 그래서 진입 후 수익을 크게 발생하기 어려울 것 같은 생각도 있다. 하지만 절대 그렇지 않다. 늦게 시작해도 공감 가는 영상으로 구독자가 급격하게 늘어날 때도 있다. 반면 구독자가 많은 크리에이터도 다양한 문제들로 사라진다. 구독자의 수에 연연하지 않는 크리에이터도 있다. 다른 수익사업으로 전환하는 크리에이터가 있다. 구독자 수가 적은 크리에이터 영상은 홍보영상 역할을 하기도 하고 자신의 브랜딩 역할을 한다. 구독자의 수가 적어도 수익 연계시키는 방법은 많다.

김용후(가명) 씨는 10평 남짓의 카페를 운영하는 1인 카페 사장님이다. 자신의 일상을 영상으로 만들어서 유튜브에 올린다. 대단하게 준비하는 콘텐츠가 아니다. 김용후 씨가 카페에 출근하면 커피를 만들고 퇴근 후 청소하는 영상이다. 구독자는 많지 않다. 평범한 일상의 삶이 보여지는 영상이다. 커피로 하루를 시작하는 영상이다. 구독자 대부분 공감 가는 영상이다. 구독자 대부분 평범한 일상을 보내고 커피를 마시며 다시 일한다. 구독자는 영상을 보며 공감과 위로가 된다. 원두 볶는 영상을 보면서 김용후 씨 카페에서 커피를 마시고 싶다는 생각이 든다. 종종 구독자들은 김용후 씨 카페에 와서 커피를 마신다.

유튜브는 마케팅을 역할을 갖고 있다. 김용후 씨가 만든 영상은 쌍방향 마케팅이다. 김용후 씨의 영상은 자신이 바리스타라는 전문성을 보여주었다. 전문성을 바탕으로 자신의 콘텐츠를 자연스럽게 드러냈다. 정보 보다는 일상을 공감할 수 있는 영상을 만들었다. 피곤한 아침에 커피로 시작하는 현대인들에게 전하는 영상이었다.

자신이 제공하는 커피가 힐링과 공감의 메시지를 전달했다. 구독자에게 직접 참여할 수 있도록 카페라는 공간을 어필했다. 자신의 구독자가 카페에 왔다며 다른 구독자도 참여하고 싶게 만들었다.

영상에 구독자가 주인공처럼 참여할 수 있게 만들었다. 크리에이터의 표정, 제스처, 눈빛 등 모든 것이 구독자에게 영향을 미친다. 유튜브는 영상이다. 있는 그대로 믿고 크리에이터의 매력에 공감 가는 구독자들이다. 김용후 씨는 단순히 커피를 판매하는 카페가 아니었다. 자신의 카페 공간은 힐링이었다. 힐링의 메시지를 구독자에게 알린 것이다. 카페 사업을 힐링 공간으로 만들고 사업을 확장하는 방법을 하고 있었다. 자신의 카페를 자연스럽게 브랜딩하는 작업을 하고 있었다. 비싼 광고와 로고도 필요 없이 홍보하고 영상으로 브랜딩 작업을 만들었다.

내 관련 주제만 올리면 된다

　영상은 비대면 시대에 가장 효과적으로 메시지를 전달하기 좋은 매체이다. 방송만 큰 힘을 발휘하던 시대는 지났다. 방송의 역할이 다양한 영상 플랫폼으로 분산되었다. 영상 플랫폼 중에서 유튜브가 영향력이 크다. 유튜브는 알고리즘으로 자신에게 추천 영상이 뜬다. 알고리즘 영상은 기업들이 타깃을 맞추고 수익사업을 세분화시키는 데 중요한 역할을 한다. 세분화로 기업과 개인의 참여도 높아진다. 즉, 자신의 전문성은 세분화에 맞는 브랜딩이 되어야 한다. 퍼스널브랜딩도 타깃이 누구인지 알고 시작해야 한다.

　유명한 크리에이터의 이름만 들으면 그 사람이 누구인지 한 번에 알게 된다. 크리에이터의 주제가 명확하므로 알게 된다. 분야별로 주제가 다 다르지만, 정체성은 확실하다. 관련 주제에 따라 크리에이터의 이미지가 달라진다. 관련 주제만 올리는 크리에이터는 앞으로의 방향을 이끌고 확장할 때 도움이 된다. 자신을 정확하게 브랜딩해서 전문가의 인식을 남겨야 한다. 관련 주제를 보는 타깃이 누구인지 알아야 영향력을 갖게 된다.

　전홍아(가명) 씨는 세무사이다. 세무사 경쟁은 치열하다. 일의 반을 영업으로 보내다 보니 지친 상태였다. 자신을 알려야겠다고 생각했다. 영상을 올리기로 했다. 결국 그 시간을 퍼스널브랜딩으로 하기로 했다. 유튜브에 세무 관련된 정보들을 꾸준히 올렸다. 세금을 줄이는 방법 등 개인과 회사에 유용한 정보를 공유했다. 대부분 구독자는 정보에 상당한 도움을 받고 있었다. 세금에 관련된 정보를 올리다 보니 대부분 주 타깃은 사업체를 가지고 있는 사장님이었다.

그래서 문제가 있을 때 전홍아 씨를 찾았다. 관련 주제로 올린 영상들이 결국 미팅 건으로 들어오게 되었다.

내 관련 주제를 시청하는 타깃이 누구인지 정확히 알아야 한다. 꾸준한 업로드 영상과 정보량이 많아지면서 분별하기 어려운 영상들이 많다. 자신을 전문가의 인식으로 남게 해야 한다. 필요하고 유용한 정보를 무료로 주면서 공짜처럼 마케팅해야 한다. 유용한 정보는 전달력이 강하므로 자신의 가치를 알게 된다. 영상은 결정적인 기회에 자신의 가치를 아는 잠재고객을 잡는 역할이 된다. 중요한 것은 그 분야의 주제로 영상을 만들어야 한다. 그 분야의 주제를 시청하는 타깃으로 자연스럽게 영업이 되어야 한다. 결정적인 기회에 당신을 만날 수 있게 해야 한다.

다양한 플랫폼은 자신을 알릴 수 있는 공간이 많아지는 것이다. 자신의 이미지를 정확하게 인식시켜야 한다. 결정적인 기회에 나타날 수 있도록 확률을 높여야 하는 것이다. 유튜브는 그 분야의 콘텐츠를 근거로 하고 잠재고객을 갖게 한다. 내가 홍보하지 않아도 영상이 홍보하고 구독자가 대신 홍보하게 된다. 구독자의 수는 자신을 많이 아는 것이다. 영향력이 높아질 수밖에 없다. 결론은 자신의 지명이 높아지면 굉장히 모든 것이 쉬워진다. 어떤 사람인지 확인할 필요가 없어진다. 이력서조차 없이 유튜브 콘텐츠로 증명되고 그 분야의 전문가로 영향력을 갖게 된다.

지식창업자가 유튜브로 브랜딩하는 방법

1. 한 분야로 꾸준하게 영상을 올려야 한다.

▶ 유튜브 구독자는 수익사업으로 전환되는 잠재고객이 있다.

2. 가치 있는 정보를 올려야 한다.

▶ 유튜브 콘텐츠는 전문가의 영향력을 갖고 있다.

3. 자신의 정체성을 나타내야 한다.

▶ 자신의 정체성과 매력은 팬층을 형성한다.

02

블로그를 해서 내가 쓰는 글마다
네이버 메인에 올라가면
영향력이 생긴다

블로그는 네이버가 운영하는 최대 포털 사이트다. 검색 엔진 중심으로 시장을 장악한 사이트다. 우리나라 검색 시장 1위는 네이버이다. 구글이 정복하지 못한 포털 사이트가 우리나라 네이버이다. 네이버는 우리나라 검색 엔진을 차지하고 있다. 우리나라 사람이라면 네이버를 이용 안 하는 사람이 거의 없을 것이다. 검색 장악력이 높다. 네이버는 검색 엔진 기반으로 만들어지는 회사인 만큼 검색 노출 효과가 엄청나다. 이제 네이버는 마케팅과 유통까지 장악할 정도로 데이터가 많다. 블로그는 네이버 검색 엔진에 올라가면서 엄청난 광고효과를 보고 있다. 막강한 검색 기능이 유명블로그까지 키웠다.

블로그를 잘하면 나를 무료로 광고하게 된다

다양한 플랫폼이 나오기 전에는 유명블로그는 엄청난 권력이었다. 그러나 현재도 유명블로그는 힘이 대단하다. 회사들은 상품을 유명블로그에 주고 광고 금액을 주었다. 리뷰의 목적은 광고다. 일반 소비자는 상품의 정보를 알기 위해 네이버에 검색한다. 그 상품이 나온다. 우리는 블로그 리뷰를 보고 결정하고 구매한다. 검색 기능 하나로 상품이 구매된다. 유명블로그의 글이 상품을 결정할 때 영향을 미친다. 영향력이 엄청나다. 블로그의 글이 구매 결정에 영향을 끼친다. 이제 개인의 블로그로 자신을 알리는 사람이 많아졌다. 자신을 스스로 광고하고 일상을 공유한다.

국내 검색 엔진 시장 점유율은 네이버가 57%로 1등이다. 네이버에 검색해서 나의 콘텐츠가 상위에 올라간다면 자연스럽게 자신을 광고하는 것이다. 1인 기업, 개인사업자, 병원 등 모두 블로그를 하는 이유이다. 블로그 마케팅은 자연스럽게 광고한다는 데 의의가 있다. 즉, 콘텐츠의 핵심으로 고객을 유입해야 한다. 온라인 공간에서 자신의 가치를 알려야 고객이 유입된다. 주야장천 광고는 블로그의 역할이 아니다. 필요 없는 정보이므로 상위에 노출되지 않는다. 대중들이 광고를 찾지 않는다. 중요한 정보를 찾기 위한 검색 엔진이라는 것을 알아야 한다. 한 번에 끝나는 휘발성 정보가 아니라 지속적인 정보로 일관성을 유지해야 한다.

우리가 검색하는 이유는 정보를 찾기 위해서이다. 이전에 개인 블로그가 활발하지 않을 때는 유명블로그의 힘이 강력했다. 하지만 이제 사용자들이 인터넷 시간이 길어지고 다양한 정보로 인해 정보를 판별하게 되었다. 이제 블로그는 신뢰성이 필요하다. 신뢰성 있는 콘텐츠가 되어야 한다. 결론은 개인 브랜딩하기에 좋은 형태로 만들어졌다.

자신이 직접 블로그를 하면서 고객과 소통하는 창구가 되고 마케팅에 돈이 들지 않는다. 그 분야의 전문가로 신뢰를 쌓고 자신을 알릴 수 있다. 소개처럼 홍보성 글이 아닌 전문성 있는 글을 올리면 된다. 블로그 매력은 높아지고 검색 기능은 세분되고 더욱 강력해져서 본인의 글이 상위 노출된다.

그 분야의 전문성 있는 글을 꾸준히 올리면 네이버 메인에 올라간다. 여기서 전문성과 꾸준하게 하는 것이 중요하다. 지식창업은 지식기반이므로 그 분야의 전문성 글을 올리면서 자신을 제대로 알릴 수 있다. 그 분야의 전문성 글은 무료로 올리는 것처럼 보이지만, 무료가 아니다. 자신의 정보성 글이 상위에 노출되면 자신을 네이버에 광고한 것이다. 자신이 쓴 정보성 글이 꾸준히 상위에 노출되면 그 분야의 전문가로 광고가 된다. 무료 광고이지만 노출 효과가 엄청난 네이버에 광고가 된 거다.

블로그는 지식창업자에게 완벽한 마케팅 역할을 한다

자신의 글이 상위에 노출되면 무료로 광고를 한 거다. 블로그는 광고로만 끝나지 않는다. 네이버는 정보를 검색하기 위해 도와주는 검색 창이 있다. 소비자는 검색 창에 필요한 상품과 서비스 등을 받기 위해서 검색한다. 생산자와 소비자가 만날 수 있는 기회를 제공하는 공간이다. 결국 기회를 제공하는 공간에서 마케팅 역할이 된다. 블로그는 정보성의 글로 자신을 광고하고 관심을 끌어낸 다음 자신의 상품과 서비스를 전달한다. 곧 이익을 창출하는 공간이 된다. 바로 판매로 연결된다. 그래서 블로그로 마케팅하는 것이다. 관심과 설득 공간이 블로그이다.

차희련(가명) 씨는 입시 전문가다. 블로그에 입시정보를 올리고 자신이 해온 입시컨설팅의 결과들을 올렸다. 입시에 관한 조언과 결과 기록을 포스팅으로 남겼다. 결과의 기록을 쉽게 볼 수 있게 글과 사진으로 포스팅했다. 그리고 입시에 관한 분석 능력과 다양한 변수에 따른 예측 능력도 중요한 이유를 포스팅에 적었다. 고객이 당신을 선택해야만 하는 이유를 간접적으로 적었다. 대신 스스로 결정할 수 있도록 만들었다. 고객 중심의 마케팅이다. 블로그는 그 분야의 정보를 바탕으로 상대방의 마음을 움직이게 하는 공간이다.

그녀는 마케팅을 블로그에서 하고 있었다. 고객에게 판매를 권유하지 않았다. 고객이 스스로 결정할 수 있도록 했다. 주 타깃에 맞춰서 가치 있는 서비스를 전달하고 설득하고 있었다. 지식 창업가는 정보와 메시지를 전달해야 한다. 다른 경쟁 업체와 다른 점을 메시지로 전달해야 한다.

그녀는 '능력 있는 입시 컨설턴트'라는 메시지로 자신을 전달했다. 그리고 입증되었다고 전달하고 있다. 차희련(가명) 씨는 판매로 이어질 수 있도록 자신의 상품에 줄거리를 입히고 고객에게 간접적으로 설득하고 있었다. 구매로 유도 하게 한 것이다.

이제 광고는 사람들이 많이 신뢰하지 않는다. 상업적인 느낌은 고객에 다가갈 수 없다. 말로만 듣던 블로그 마케팅을 활용해야 한다. 블로그에 강요하는 글이나 상업적인 느낌이 강하면 몰려들던 사람들은 점점 떨어진다. 블로그에는 당신의 전문성을 전달해야 한다. 전문성을 기반으로 신뢰를 쌓아야 한다. 인간적으로 솔직히 이야기해야 한다. 줄거리는 고객을 행동으로 연결해준다. 상품으로 자연스럽게 접촉할 수 있게 해야 한다. 판매하지 말고 확신과 신뢰를 바탕으로 설득하는 글을 작성해야 한다.

그 분야의 전문성 글은 잠재고객의 전환율이 높다

일상 블로그도 있지만 대부분 홍보하는 블로그다. 블로그는 궁극적으로 자신을 알리는 글이 되어야 한다. 전문성 글이 블로그 운영자의 전문성을 평가하게 된다. 운영자는 상대방에게 신뢰할 수 있는 정보를 주어야 한다. 그러면 자연스럽게 방문자는 그 분야의 전문 지식을 갖춘 운영자를 신뢰한다. 지식창업자를 알릴 수 있는 가장 좋은 방법이다. 블로그 글 하나로 광고와 마케팅이 된다. 그러면 잠재고객이 모인다. 잠재고객은 전환율이 높아서 판매까지 되는 블로그 형태가 된다.

그 분야의 전문성 글을 매일 하나씩 1년만 올리면 수업 문의가 들어온다. 글만 올려도 고객이 알아서 찾아온다. 절대 판매할 상품과 서비스를 강요하면 안 된다. 그 분야의 전문성 글만 올려야 한다. 인내심이 필요하다. 홍보가 자연스럽게 이루어질 때까지 포기하지 말고 기다려야 한다. 정보 공유는 자신의 콘텐츠가 확실해야지만 된다. 확실한 콘텐츠의 전문성 글은 잠재고객들이 모이는 공간이다. 유용한 정보를 제공하면 정보를 원하는 방문자가 반드시 온다. 필요한 정보는 고객들이 알아서 찾아온다. 결국 자신을 찾는 사람들이 온다.

김다혜(가명) 씨는 아버지와 함께 제주도에서 과일 농사를 짓는다. 김다혜 씨는 제주도의 일상과 농사 과정을 블로그에 올리면서 이웃들이 늘어났다. 과일 효능들을 하나둘씩 올리면서 김다혜 씨의 과일 사랑이 돋보이는 글을 많이 올렸다. 자신이 아버지랑 함께 과일 농사를 하는 이유, 자신이 열심히 사는 이유, 과일을 사랑하는 마음, 등 솔직한 이야기를 올렸다. 과일에 관심 많은 이웃이 늘어나고 소통하며 지내고 있었다.

이웃 블로거들은 과일 선물이나 과일이 필요할 할 때 김다혜 씨가 생각났다. 바로 주문으로 이루어졌다. 이웃 블로거들은 과일 맛이 좋다는 후기 글을 올리면서 홍보 효과까지 커졌다.

김다혜 씨의 블로그는 과일 효능 정보를 올리면서 과일에 관심 많은 이웃이 왔다. 잠재고객이 모였고 김다혜 씨의 과일은 정성과 진심이 담겨있다는 메시지를 주었다. 진정성은 이웃 블로거들에게 전달되면서 이왕 사는 과일 믿고 신뢰가 있는 곳에 주문했다. 상대방의 마음을 사로잡는 것은 진심이다. 마음을 다하면 필요할 때 생각난다. 글도 진정성 있는 글과 정확한 정보를 전달해야 한다. 잠재고객은 전문성 글에 신뢰를 얻는다. 신뢰를 바탕으로 진심으로 소통하면 잠재고객은 바로 구매 전환율로 이어진다.

블로그는 광고효과가 좋다. 자신을 자연스럽게 드러낼 수 있다. 자신이 쓰는 글은 누군가에게 영향력이 있는 글이다. 네이버 상위에 노출되면 당신의 글은 더 강화된다. 전문성 있는 글은 잠재고객에게 신뢰까지 준다. 이제 광고로 당신을 알리는 게 아니라 브랜딩으로 당신을 알리려야 한다. 결국 신뢰로 당신의 상품과 서비스를 믿고 구매하는 것이다. 상대방이 구매할 때 당신이 생각나야 한다. 그러면 잠재고객은 구매로 이어진다. 판매하지 말고 자신을 알려야 한다.

블로그로 지식창업 브랜딩하는 방법

1. 블로그에 자신의 전문성 글을 올려야 한다.

2. 판매하면 안 된다. 선택할 수 있도록 신뢰를 주어야 한다.

3. 전문가의 인식을 주면서 소통해야 한다.

03

책 쓰고 유튜브해서
TV 출연까지 하게 되면
저명인사가 된다

　　책은 미래를 바꾸게 하는 중요한 매체이다. 책을 읽기만 해도 당신의 삶이 바뀌는데 당신이 쓴 책은 상대방의 삶도 바뀌게 하는 힘이 있다. 그 힘은 당신에게 새로운 기회를 가져다준다. 자신감을 느끼게 하고 기회가 왔을 때 잡을 수 있는 능력까지 가져다준다. 책을 쓴 필자들은 책으로 많은 기회를 얻었다고 한다. 많은 전문가도 책으로 자신의 지식을 전달하고 유튜브로 자신을 드러냈다. 자신을 드러내고 지식을 전달하니 저명인사가 되었다. 방송 출연 기회까지 얻으면서 그 분야의 전문가로 확고한 입지도 갖게 되었다.

책을 쓴 후, 제안서를 돌려서 방송 출연 기회 얻으면 된다

지식창업은 당신의 이미지가 중요하다. 이미지는 억지로 바꿀 수가 없다. 자신의 성향, 가치관, 신념, 생각 등, 모든 것이 상대방이 당신의 이미지를 결정하게 된다. 그러면 상대방에게 당신의 이미지를 어떻게 알릴 수 있을까?

지식을 가볍게 전달하면 안 되고 그 분야의 전문성을 정확하게 전달해야 한다. 상대방에게 정확한 정보 전달을 어떻게 할까? 생각해보면 쉽다. 나의 삶을 바꾸게 해주는 매체를 찾아보면 된다. 바로 책이다. 책은 실제로 우리에게 많은 기회를 가져다준다. 평범한 직장인, 주부들도 책을 쓴 후 많은 변화가 있었다. 그들은 책을 쓴 후 제2의 인생을 산다. 방송 출연도 하고 저명인사가 되기도 한다.

조라희(가명) 씨는 평범한 주부이다. 그녀는 대학 졸업 후 바로 결혼하게 되었다. 직장생활 한 번도 하지 않은 주부이다. 그녀는 남편과 아이를 키우면서 살림에 전념했다. 그녀의 유일한 낙은 식물 키우는 거였다. 가정집에서 키우는 식물이 100가지나 된다. 자신만의 비법이 있고 식물의 정보도 전문가 수준이다. 남편의 권유로 책을 집필했다. 그녀는 식물에 관한 책을 출판했는데 인기가 매우 좋다. 《집에서도 쉽게 키울 수 있는 식물》은 가정주부에게 인기가 많았다. 주부들이 많이 보는 방송에 출연 제안도 들어왔다.

그녀는 방송 출연으로 자신을 알리게 되었다. TV 출연은 그녀에게 자신감을 얻게 해주었다. 그녀는 제안서를 만들어 주부들이 보는 아침방송국에 제안서를 돌렸다. 제안서는 다수의 방송 출연 기회를 얻었다. 결국 그녀는 전문가의 저명인사들과 함께 방송에 출연도 하게 되었다. 저명인사들과 함께 유튜브 방송까지 하게 되면서 제2의 새로운 인생을 보내고 있다. 평범한 주부라는 이미지는 그녀에게 이제 없다.

바로 책으로 자신을 소개했기 때문이다. 책이 당신의 이미지를 전문가로 만들었다.

제2의 인생을 원한다면 당신을 바꿔야 한다. 자신이 원하는 삶을 갖기 위해 기회를 얻어야 한다. 자신의 이름을 책으로 알리면 좋다. 책은 자신의 전문 분야를 알리는데 유용한 수단이다. 그리고 책은 방송 출연까지 하게 할 수 있다. 방송 출연은 출연 자체로 파급력과 자신의 인지도가 올라가는 좋은 기회다. 그러면 본인의 가치도 높아지고 영향력도 확대된다. 자신의 가치를 책으로 알리고 방송 출연으로 자신을 드러내서 이미지를 만들어야 한다. 공신력의 힘이 당신의 이미지를 확고하게 만들어준다.

최종적으로는 TV 출연해서 영향력을 확대해야 한다

　방송 출연은 정말 파급력이 대단하다. 신인 배우도 TV 출연으로 급 스타가 되는 경우가 많다. 다른 매체 보다 TV 출연 한 번으로 대단한 파급력을 행사한다. TV 출연은 전이 효과까지 있다. 노출과 검색까지 하게 되면서 영향력을 키우게 된다. 전파가 빠르게 확대된다. 이슈도 빠르게 만들 수 있다. 방송 출연은 모든 것을 홍보하는 것이다. TV 출연으로 전문가의 인식을 확실하게 주면서 인지도까지 올라간다. 출연 자체가 효과가 크다. 그러니 방송국의 힘을 빌려서라도 본인의 영향력을 확대해야 한다.

　2020년 평균 TV 시청 시간은 3시간 9분이라는 통계가 나왔다. 대중들이 일정부분 TV 시청에 시간을 사용한다. TV 시청으로 정보를 얻고 이슈를 빠르게 접한다. 몇 분 후, 정보와 이슈들은 인터넷에 올라와 있다. 방송의 힘이 이렇게 크다. 각 방송국과 인터넷이 공신력을 가지고 정보와 콘텐츠를 전달하면 파급력이 매우 높다. 신뢰를 쌓기도 전에 공신력을 가진 매체들이 전달하기 때문에 믿는다. TV 출연은 세상에 아주 빠르게 자신을 알리는 방법이다. TV 출연은 저명인사들이 지나가는 관문이다.

　지식창업자는 필요한 정보를 제공해주기 위해서 책과 다양한 매체로 전달한다. 지식창업자는 전달해야 하는 매체를 잘 선택해야 한다. 전문가의 품위를 유지하면서 정보와 메시지를 전달해야 한다. 단순히 가십거리와 이슈에 관한 내용을 전달하는 것이 아니다. 신뢰를 주어야 하고 가치 있는 상품과 서비스를 주어야 한다. 정보와 메시지를 빠르게 전달할 수 있는 매체가 TV 출연이다. 책을 쓴 후, 자신을 빠르게 알리는 매체가 TV 출연이다. TV 출연은 대중들이 당신을 쉽게 신뢰한다.

대중은 주변에 대한 인지도와 파급력으로 당신을 쉽게 신뢰한다. 그래서 전문직 종사자도 영향력을 확대하고 파급력을 갖기 위해 TV 출연에 나오고 싶어 한다.

저명인사가 되기 위해서 책, 칼럼, 강연, 광고, 방송 출연 등 꾸준히 활동한다. 최종적으로 자신을 알려서 그 분야의 전문가로 남고 싶어서이다. 전문가로서 남으려면 실력은 물론 자신의 영향력을 확대해야 한다. 지속적인 파급력을 가져야 한다. 물건처럼 판매하고 끝나는 것이 아니다. 전문가로서 그 자리를 지키면서 영향력을 확대하고 유지해야 한다. 먼저, 영향력을 확대하기 위해서 책, 유튜브, 방송 출연, 등 파급력 있는 매체를 이용해야 한다. 한 번의 파급력은 크게 자리 잡게 한다.

저명인사도 유튜브가 대세이기 때문에 해야 한다

　치열한 경쟁 속에서 살아남기 위해서 우리는 안간힘을 쓴다. 직장인은 직장에서, 기업은 기업끼리, 학생은 학생끼리, 결국 사람과의 관계 속에서 살아가기 때문이다. 지식창업자도 관계 속에서 살아간다. 관계에 따라가서 자신을 계속 알려야 한다. 저명인사도 흐름에 따라가지 못하면 잊히고 기회를 잃게 된다. 저명인사가 되어도 그 자리를 지키기 위해서 노력한다. 대중의 이목을 끌기 위해서 공부하고 배운다. 전문가도 유튜브를 한다. 유튜브의 영향력이 크고 대세이기 때문이다.

　유튜브에는 전문가들 천지다. 피부 전문가, 영업, 패션, 경영 등 홍보하고 대중 이목을 끌기 위해 성공 방법까지 설명해준다. 정말 실력 있는 전문가도 있지만 아닌 사람도 있다. 그런데 결국 전문가도 홍보해야 한다는 것이다. 대중에 알리지 않는 전문가는 인정되지 않는다. 그 자리는 새로운 경쟁자가 차지하게 된다. 대표적인 예로 연예인도 출연을 오랫동안 하지 않으면 잊히듯이 전문가는 더 빠르게 퇴출당한다. 수많은 정보는 이제 정보를 얻고자 하는 사람에게 알리는 순간부터 자신의 영향력을 지키기 위한 것이다.

　결혼정보회사 대표 이슬(가명) 씨는 업계에서 매우 유명하다. 미혼남녀 결혼 성사율이 높은 회사였다. 결혼정보회사의 유명세는 입소문으로만 가입할 수 있었다. 광고하지 않아도 실력을 인정받은 회사였기 때문이다. 그런데 현재는 결혼정보회사도 많아지고 경쟁업체의 광고로 회사의 인지도가 많이 떨어졌다. 결국 그녀는 광고보다는 유튜브로 자신의 인지도를 다시 높여야겠다고 생각했다. 유튜브가 대세인 만큼 젊은 미혼 남녀들이 영상을 많이 보게 되었다. 이슬 씨의 생각이 적중했다. 이슬 씨의 전문성을 보고 결혼 정보 회사로 문의가 들어왔다. 이슬 씨의 인지도는 다시 자리 잡게 되었다.

결혼정보회사 대표 이슬(가명) 씨는 업계에서까지 인정받았지만, 자신의 전문성을 대중에게 알리는 방법을 몰랐다. 인지도는 지속해서 유지하기 쉽지 않았다. 유튜브를 하기 전에 이슬(가명) 씨도 영향력이 큰 회사 대표지만 흐름에 따라가지 못했다. 이미 파급력을 가진 전문가도 유튜브로 지속해서 유지하고 있다. 유튜브가 대세인 만큼 유튜브 영향력은 더 확대된다. 저명인사도 유튜브로 자신을 성장시키고 확장하면서 전문가의 자리를 지켜야 한다. 각 분야의 전문가들도 그 자리에서 잊히지 않으려고 성장과 확장을 반복한다.

지식창업 브랜딩은 전문성으로 승부를 봐야 한다. 아무리 좋은 매체도 잠깐일 뿐이다. 전문성의 가치가 높아야 파급력이 높아진다. 책으로 자신의 전문성을 확보한 다음 방송 출연과 유튜브로 확실하게 입지를 다져서 저명인사로 남아야 한다. 그러면서 성장과 확장으로 브랜딩을 계속 키워야 한다. 다른 전문가도 배우고 터득하면서 지속해서 올라간다. 저명인사를 보면 한순간처럼 보이지만 저명인사의 전문가도 무명일 때 제안서를 보냈다. 그리고 현재 유명한 전문가도 꾸준히 책을 쓰고 방송 활동하면서 성장하고 영향력을 키우고 있다.

지식창업으로 저명인사 되는 방법

1. 그 분야의 책을 쓰고 방송국에 제안서를 보낸다.
2. TV 방송 출연은 좋은 기회이다. 기회가 되면 무조건 나가야 한다.
3. 유튜브로 꾸준히 자신을 알리고 다른 저명인사와 같이 출연하면 시너지 효과가 생긴다.

04

좋은 강의로
좋은 결과를 쌓으면
반드시 성공하게 된다

강의 결과가 좋으면 수강생이 모이고, 인지도도 반드시 올라간다. 강의 결과가 중요하다. 당신은 수강생에게 지식상품과 서비스를 성과로 이어질 수 있도록 돕는 역할을 하는 것이다. 당신이 성공하기 위해서는 수강생의 성과에 집중해야 한다. 수강생의 결과는 당신의 강의를 돋보이게 한다. 당신을 홍보할 때 탄탄한 기반이 될 가능성이 크고 등록 확률을 높인다. 수강생이 모이는 이유는 결과이다. 결과물을 보고 당신을 찾는다. 좋은 강의는 수강생의 결과물이다. 당신을 선택할 때 좋은 결과를 보고 선택한다.

좋은 강의를 한 후 수강생의 결과가 좋으면 입소문이 난다

좋은 강의는 어떤 것일까? 당신을 확신하고 얻는 것이 가치가 커야 한다. 고객이 강의를 듣고 강의에 의문이 들거나 신뢰가 가지 않는다면 당신은 시작할 때 어려움이 생긴다. 좋은 강의에 판단 기준은 고객이 결정한다. 고객이 당신을 선택한 이유는 당신의 좋은 강의와 결과물 때문이다. 당신이 좋은 강의를 하기 위해서 온 힘을 다해야 한다. 그리고 결과로 이어지도록 해야 한다. 좋은 결과로 이어지면 입소문이 저절로 난다. 결국 당신을 만나야 하는 이유를 만들어야 한다.

박소리(가명) 씨는 중소기업이나 자영업자 매출을 올리는 스마트스토어 강의를 진행한다. 그녀도 스마트스토어로 상품을 판매한 실전경험이 있는 강사였다. 현재는 스토어에 상품 올리는 방법부터 효과적으로 매출을 올리는 방법을 강의 한다. 그녀의 강의는 수강생이 스토어에 진입할 수 있도록 도와주고 좋은 결과를 내기 위해 노력했다. 그녀의 노력은 수강생들 모두 좋은 결과가 있었다. 결과의 차이는 조금씩 있었지만 수강한 이후에도 성과를 냈다. 배운 내용을 토대로 수강생들은 실천하고 좋은 결과를 계속 내고 있었다.

수강생의 좋은 결과물은 그녀의 인지도를 높게 만들었다. 입소문과 수강생들의 후기가 새로운 고객을 모집하는 데 중요한 역할을 했다. 그녀의 강의는 지속해서 할 수 있었다. 제대로 발돋움하는 역할을 했다. 고객은 박소리(가명) 씨의 수강생 결과를 보고 강의를 신청했다. 이 강의를 듣고 자신이 원하는 것을 정확하게 가져갈 수 있다고 생각했다. 박소리(가명) 씨를 신뢰했다. 좋은 강의와 좋은 결과물을 가진 그녀는 입소문이 자연스럽게 났다. 입소문은 웬만한 광고보다 효과가 강력했다. 입소문은 고객을 한 번에 늘릴 수 있는 효과까지 나타났다.

여러 강의를 추가하거나 새로운 광고로 현혹하는 강의는 결과가 없다. 고객은 좋은 강의가 아니라는 것을 단번에 알아버린다. 좋은 강의와 좋은 결과물이 있어야 한다. 결국 결과물이 확실해야 한다. 강의를 판단하는 기준은 결과물의 차이이다. 강의를 업데이트할 때도 중요한 것은 결과물이다. 가격경쟁, 비싼 광고비, 이벤트 등은 잠깐 수강생을 만들 수 있다. 하지만 당신의 수강생 결과물이 경쟁사와 차별성을 확실하게 벌리는 역할을 한다. 확실한 결과물 차이가 차별성을 명확하게 만든다. 진리는 변하지 않는다.

그때부터 계속 등록이 되는 선순환 구조가 나온다

지식창업은 결과물의 차이를 판매하는 사업이다. 지식창업은 고객이 당신의 결과물을 보고 선택한다. 결과물이 없으면 고객모집도 안 되고 오래 하지 못한다. 예를 들어 게임으로 봤을 때 이길 확률이 낮거나 없다면 게임을 시작하지 않는다. 당신의 강의는 성공할 확률을 높이기 위해 수강생의 결과물이 월등히 높아야 한다. 그러면 당신의 인지도, 사업 확장, 지속성, 상품의 가치가 같이 높아진다. 그때부터 당신은 홍보에 대한 어려움은 사라지고 가격경쟁에서도 가치가 있다. 수강생의 결과물은 중요하게 작용한다. 선순환 구조의 핵심은 결과물이다.

서효진(가명) 씨는 대치동에서 영어 과외 선생님이다. 과외 선생님으로 자리 잡기는 쉽지 않다. 학생의 결과물은 시험점수로 정확히 나온다. 그리고 결과는 입소문으로 바로 이어진다. 과외 특성상 시험성적이 좋지 못하면 바로 다음 달은 과외가 없다. 서효진(가명) 씨도 학생들의 시험 기간만 되면 극도로 예민하다. 결과가 좋지 못하면 다음 달 과외 여부는 불분명하다. 학생들의 시험 결과가 지속해서 좋지 못하면 결국 입소문으로 자리를 못 잡는다. 그래서일까 그녀는 계획이 없는 오전에는 시험유형 기출문제 분석에 매진한다. 그녀의 실력과 노력은 결국 좋은 결과를 가져왔다. 그녀가 가르치는 학생들은 전반적으로 시험성적 결과가 매우 좋았다.

그녀의 과외는 입소문으로 확대되었다. 좋은 결과는 곧 학부모 상담으로 이어졌다. 그녀의 인지도는 대치동에서 상위권 안에 들었다. 당연히 수강료도 올랐다. 수강료는 첫 과외를 시작할 때 비해

10배 이상 올랐다. 서효진(가명) 씨의 과외 등록은 끊임없다. 좋은 성과는 선순환 구조로 이어졌다. 그녀는 자신이 학생과 부모님에게 어떤 도움을 주어야 하는지 답을 찾았다. 과외를 모집하는 방법, 과외를 잘하는 방법 등 현혹되는 비법은 필요 없었다. 결국 과외를 계속 등록하는 방법은 좋은 결과를 만들면 된다. 그러면 선순환되는 시스템으로 된다.

수강생의 성과와 변화가 당신의 강의를 지속해서 만들게 한다. 지속성은 당신이 인정받고 좋은 결과물을 냈기 때문에 지속 할 수 있는 것이다. 지속은 모든 비즈니스에서 중요하다. 당신의 상품과 서비스도 비즈니스이다. 비즈니스를 확장하고 성장하려면 계속 등록이 되어야 한다. 계속 등록이 되는 것은 당신의 결과물 때문이다. 지속해서 좋은 결과물은 선순환 구조로 자리 잡는다. 결과물은 수강생의 후기가 당신을 인정한다. 좋은 결과물을 반드시 내야 한다. 그래야지만 지속해서 할 수 있고 다시 새로운 결과를 만들 수 있다.

대부분의 광고도 결과물로 광고한다

지식창업은 확실한 결과물이 있어야 한다. 지식창업도 사업이기 때문에 이윤이 있어야지 지식창업을 지속하고 확장한다. 상품 또는 서비스를 제공하고 이윤을 창출해야 한다. 성공한 기업들 모두 좋은 상품으로 인정받고 이윤을 만들었다. 지식창업도 같다. 상품과 서비스를 제공하고 이윤을 창출해야 한다. 상품과 서비스는 결국 당신의 지식을 판매하고 이윤을 창출하는 것이다. 당신의 상품과 서비스가 좋아야 한다. 결과물이 좋아야 판매할 수 있다. 당신의 상품과 서비스를 선택하는 이유는 하나다. 확실한 결과물 때문에 구매한다.

광고나 홍보는 좋은 이유를 설명한다. 그리고 상품을 사용한 후 당신이 변화할 수 있다고 한다. 그러면 고객들은 확인한다. 상품의 리뷰를 본다. 선택할 때 결정적인 이유가 된다. 광고는 당신을 현혹하기 위한 것이다. 당신이 광고를 보고 선택하는 이유는 한가지이다. 광고하는 상품에 대한 확실한 결과이다. 삼성, 애플 등 그 브랜드에 상품이 결과적으로 확실하게 좋았기 때문이다. 결국 다음 상품도 구매한다. 확실했기 때문에 다음 상품도 좋다는 결과에 대한 확신 있다. 그래서 광고도 결과가 있어야지 시너지 효과를 얻고 광고를 할 수 있다.

남호빈(가명) 씨는 리더십 강사이다. 대기업과 공공기관, 중소기업 강의를 진행하고 있다. 남호빈 씨는 출강 강의로 진행한다. 대부분 메일과 전화로 연락이 온다. 남호빈 씨의 수업 의뢰 문의는 입소문과 수강 후기로 온다. 수강생이 작성한 리뷰가 수업 의뢰 문의로 연결된다. 남호빈(가명) 씨는 수강 후기와 결과물로 광고한다. 의뢰 문의 80~90%는 수강 후기와 결과물을 보고 남호빈(가명) 씨에게 연락이 온다. 긍정적인 수강 후기는 남호빈(가명) 씨를 신뢰했다. 수강생의 결과물은 수업 등록으로 이어졌다.

광고를 낼 때도 결과물로 광고를 낸다. 그러면 광고 노출도 많이 된다. 결과물로 광고를 내면 신뢰성으로도 이어져서 잠재고객을 모집하기 유리하다. 좋은 광고는 잠재고객이 많이 모인다. 잠재고객이 많이 모이면 모일수록 강의 등록 확률이 높아진다. 결과물을 보고 당신에게 오기 때문이다. 광고하는 이유가 고객을 만나기 위한 접점이다. 당신이 낸 수강생의 결과물을 보고 왔으므로 신뢰와 정확성에 대해 확신하고 온다. 수강생의 결과물에 초점을 맞추어서 광고를 내는 것이 고객이 결정하는 중요한 요소가 된다.

강의를 신청할 때 수강 후기를 안 볼 수가 없다. 무언가를 선택할 때 자신의 선택이 맞는지 확인하고 싶어서이다. 더 나아가 다른 수강생의 결과물을 보고 자신의 선택이 맞았다는 것을 확신한다. 그리고 수강생 중에 성공한 사람이 나오면 확신과 신뢰로 당신을 선택한다. 수강생이 당신을 선택할 때 본인 스스로 깨닫고 등록해야 한다. 강요와 현혹되는 말은 결과물이 좋지 않다. 그리고 당신을 힘들게 한다. 서로 원하는 것이 같아야 한다. 서로의 접점을 맞추면 반드시 좋은 결과의 성과를 가져온다.

4장

지식창업 온라인 마케팅 방법

01

유튜브를 통해서
온라인 마케팅에서
성공하는 법

지식창업자에게 온라인 마케팅은 중요하다. 온라인은 콘텐츠를 생산하고 유통, 판매까지 할 수 있다. 유튜브가 종합적으로 가지고 있다. 유튜브 플랫폼 영상은 생동감이 있고 전달력이 높다. 유튜브 섬네일을 보면 정체성이 보이는 키워드와 이미지로 전달하는 메시지를 뚜렷하게 보여준다. 그래서 유튜브는 트렌드에 민감하다. 유튜버는 구독자의 마음을 사로잡아야 한다. 클릭을 유도하는 섬네일과 콘텐츠로 승부를 봐야 한다. 본인의 지식을 트렌드화 시켜야 한다. 시청자가 원하는 것이 내 영상을 키울 수 있는 주제이다. 꾸준하게 영상을 만들어서 자신의 영상으로 본인을 브랜딩해야 하고 마케팅해야 한다.

유튜브 구독자 높이는 법, '좋아요' 많이 나오는 법

유튜브의 구독자 수와 조회 수, '좋아요'가 영상을 만드는 크리에이터에 중요하다. 대다수의 크리에이터는 조회 수가 안 나오면 스트레스받는다고 한다. 그래서 섬네일로 영상을 클릭하도록 유혹한다. 어그로성 섬네일과 제목으로 영상을 만들기도 한다. 하지만 구독자와 조회 수를 올리기는 쉽지 않다. 특히 교육 콘텐츠는 정보와 전달력이 매우 중요해서 더욱 효과가 없다. 본인이 교육 콘텐츠일수록 정보와 전달력에 핵심을 갖고 영상을 만들어야 한다. 많은 구독자와 '좋아요'라는 영상의 콘텐츠 질로 결정된다. 질 좋은 영상은 오랫동안 영상을 시청한다. 구독자는 크리에이터의 다른 영상도 확인한다. 좋은 정보와 비슷한 결이면 자연스럽게 당신을 구독하게 된다.

《그래서 유튜브로 정말 돈 벌 수 있겠어?》에서 유튜브로 성공하려면 재미, 위로, 대리만족, 정보성 중 하나는 갖고 있어야 한다고 한다. 본인의 채널이 어디에 속하는지 먼저 생각해야 한다. 체인지 그라운드 채널이 있다. 유익한 정보와 동기부여를 제공하는 채널이다. 체인지 그라운드 채널을 보면 영상의 콘텐츠 질이 높다. 유용한 정보들이 있고 전달력도 매우 높다. 영상을 오랫동안 시청하게 된다. 그러면 유튜브에서 좋은 영상으로 인식한다. 알고리즘으로 추천 영상으로 뜨게 된다. 결론은 구독자를 늘릴 수 있는 영상들은 오랫동안 시청할 수 있는 영상이다.

즉, 자신의 콘텐츠는 정체성이 있어야 하고 같은 결이 있어야 한다. 그러면 구독자들은 다른 영상들도 확인한다. 필요하다고 생각하면 구독을 누른다. 체인지 그라운드는 정체성과 결은 같지만 여러 각도로 기획하고 영상을 만든다. 잘되는 유튜버를 보면 영상을 만들 때 철저히 분석하고 조사한다. 영상의 질을 높여야만 영상 노출된다는 것을 알고 있다. 영향력 있는 인물들이 나와서 영상의 질을 한층 더 높인다. 신뢰성 있는 영상은 구독을 누른다. 그리고 '좋아요' 클릭 영상을 보면 공감과 진정성을 가진 영상들이다. 결국 양질의 영상과 진정성이다. 시청자를 공감시켜야 구독과 '좋아요'가 눌린다.

유튜브 알고리즘으로 우리가 추천 영상을 클릭한다. 추천 영상의 기준은 시청 지속시간이 40% 이상이면 좋은 '영상이다'라고 인식한다. 좋은 영상은 시청자의 만족도가 높아야 한다. 오랫동안 영상을 시청하는 거다. 영상의 질이 높으면 영상을 공유하기도 한다. 외부에서 공유된 유튜브는 결국 공유할 만큼 좋은 영상이라고 알고리즘이 판단한다. 그러면 당신의 유튜브는 영상을 선별하는 조건에서 좋은 점수를 받게 된다. 좋은 영상을 만들어야 한다. 유튜브의 온라인 마케팅도 결국은 자신의 전문성과 콘텐츠로 결정된다.

유튜브 댓글은 앞으로의 성장과 확대이다

구독자 늘리는 방법, '좋아요' 늘리는 방법 등 유튜브 성공하는 방법을 알려주고 있다. 유튜브로 성공하고 싶어 하는 크리에이터가 많다. 그런데 꼼수로 영상을 키우는 데는 한계가 있다. 어그로성 섬네일과 키워드를 잘 잡아도 영상을 지속해서 키울 수는 없다. 유명한 크리에이터는 콘텐츠로 영상의 질을 높여야 한다고 한다. 그래서 크리에이터가 제일 시간을 많이 쓰는 곳이 콘텐츠라고 한다. 좋은 콘텐츠는 시청자가 말해준다. 유튜브 댓글을 유심히 살펴봐야 한다. 본인이 원하는 방향과 당신이 전달하는 메시지가 잘 전달되었는지 확인할 수 있는 척도이자 앞으로의 방향이 보인다.

홍성윤(가명) 씨는 요리 크리에이터다. 다양한 요리를 선보이면서 구독자에게 레시피를 제공한다. 구독자 1만 명 되는 순간부터 홍성윤 씨는 댓글에 민감해졌다. 그전까지 댓글은 소통의 장소였다.

그런데 구독자의 수가 늘어난 만큼 댓글에 질문이 다양해졌다. 카메라 화질이 좋지 않고 편집이 많다고 댓글이 달렸다. 요리는 화질이 중요하다는 것을 다시 한번 깨달았다. 다시 한번 재검토하면서 새로운 카메라로 바꾸었다. 편집도 신경을 많이 썼다. 요리과정을 살리면서 영상의 길이도 조금 늘였다. 홍성윤 씨는 구독자의 댓글이 자신의 영상을 수정하고 콘텐츠를 확장하는 기준이라고 말한다.

일정 궤도 올라가면 누군가의 조언이 필요하다. 성공하기 위해서는 누군가의 피드백을 잘 경청해야 한다. 본인에게 피드백을 주는 사람도 흔하지 않지만, 피드백을 받는 사람 태도도 중요하다. 피드백은 당신의 방향이 맞게 가고 있는지 재검토하는 시간을 갖는다. 사색하는 시간도 갖게 해준다. 홍성윤(가명)씨의 유튜브 댓글은 피드백 공간이었다. 1인 미디어 콘텐츠일수록 콘텐츠 제작, 편집, 업로드 등 모든 것을 혼자 해야 한다. 누군가의 도움을 받기 어렵다. 구독자는 당신의 영상을 클릭해서 영상을 시청하는 사람들이다. 당신을 객관적으로 보게 된다. 영상에 당신이 보여지는 모습, 표정, 제스처 사소한 것도 구독자는 빠르게 알아차린다.

본인 영상은 본인이 잘 모른다. 당신 영상의 피드백을 바로 줄 수 있는 사람이 구독자이다. 구독자의 댓글을 유심히 살펴봐야 한다. 그곳에서 당신이 유튜브로 성장하고 확장하는 방법이 있다. 감정에 휩쓸리지 않고 객관적으로 댓글을 봐야 한다. 자신의 정체성을 잃지 않고 일관성 있는 콘텐츠로 영상을 만들면 성공에 다가갈 수 있다. 기술과 비결은 성공으로 빠르게 가는 지름길이 아니다. 영상은 정보 공유와 소통으로 이어가야 한다. TV와 다르게 유튜브는 댓글 기능이 있다. 유튜브는 크리에이터와 구독자가 같이 만들어 가는 영상이다.

꾸준하게 해야 한다

지식창업자는 자신의 전문성을 콘텐츠로 만들어서 자신을 꾸준히 알려야 한다. 영상에서 정보를 공유해야 한다. 전달력도 빠르고 당신의 인지도가 생기게 된다. 유튜브 마케팅에서는 당신이 하고 싶은 이야기보다는 상대방과의 소통이 중요하다. 생동감 있는 영상은 당신을 꾸준하게 알릴 수 있다. 그래서 고객에게 친근하게 다가갈 수 있다. 결국 자신의 퍼스널 브랜딩에 큰 도움이 된다. 콘텐츠 영상 공유가 잘되면 당신이 홍보되고 당신의 가치를 알고 당신을 찾으러 온다.

유튜브 실패 요인 하나가 영상을 꾸준히 올리지 못한다는 결과가 있다. 정기적으로 올리는 것이 쉽지 않다. 콘텐츠 제작과 편집은 크리에이터에게 시간과 노력을 요구한다. 꾸준히 하는 게 별거 아니지만, 생각보다 실행하는 사람이 없다.

1일 1 영상은 쉽지 않다. 유명한 크리에이터도 책임감과 최선을 다해 영상을 올린다. 유명한 크리에이터들은 좋은 콘텐츠로 1년 동안 꾸준히 올리면 결과가 '나온다'라고 한다. 영상의 양이 없으면 질로 바뀔 수 없다. 초보 유튜버는 좋은 영상을 많이 만드는 확보가 중요하다.

피트니스 선수 김홍(가명) 씨는 집에서 운동하는 영상을 올린다. 영상을 하루에 하나씩 올렸다. 영상의 대부분은 보고 따라 하는 운동이다. 다이어트와 운동에 관심이 많은 구독자가 시청했다.

김홍(가명) 씨는 구독자와 함께 운동하면서 소통했다. 꾸준한 영상은 구독자 이탈을 방지했고 1일 1 영상으로 구독자는 조금씩 모이고 있었다. 가끔 라이브 방송도 했다. 라이브 방송을 통해 구독자가 원하는 영상이 무엇인지 정확하게 알 수 있었다. 영상 콘텐츠 제작에 도움이 되었다. 그리고 꾸준히 영상을 올리면서 관심 있는 구독자들이 늘어났다.

김홍(가명) 씨는 1일 1 영상으로 올렸다. 그는 꾸준히 영상을 올리면서 영상 개수를 확보했다. 조회 수에 큰 의미를 두지 않았다. 1년이면 365개의 영상이 쌓이고 구독자들이 하나씩만 시청해도 영상시청 총합이 늘어났다. 그리고 조회 수가 급등하는 영상이 확률적으로 높았다. 영상 업데이트 주기도 짧아서 좋은 영상으로 인식된다. 그래서 유튜브에서 추천 영상으로 뜨기도 한다. 노출의 영상도 늘어난다. 구독자와 '좋아요'가 크게 늘지는 않아도 장기적으로 영상을 올린다면 김홍(가명) 씨만의 영상은 영향력이 생긴다. 그리고 어느 순간 구독자가 늘어난다. 좋은 영상을 많이 올리면 성장 속도가 빨라진다.

유튜버는 끊임없는 콘텐츠 제작해야 한다. 편집도 잘해야 한다. 시대의 흐름도 따라가야 하고 좋은 정보와 재미도 같이 주어야 한다. 공감과 위로도 주면 더 좋다. 시청자가 원하는 것을 영상으로 만들고 시청자가 듣고 싶어 하는 이야기도 들려주어야 한다. 결국 알고리즘 추천 영상은 좋은 질의 영상이다. 좋은 영상을 기획하고 편집도 해야 한다. 꾸준히 해야 한다.

1일 1 영상을 한 달 동안 해내는 것도 쉽지 않다. 먼저 실행해야 한다. 배우고 터득하면서 다듬어야 한다. 준비과정이 길어지고 구독과 '좋아요'에 집착해서 시작하면 압박감과 소진된다. 자신의 브랜딩을 위한 목적으로 삼아야 한다.

유튜브 온라인 마케팅 성공하는 방법

1. 자신의 정체성을 가지고 같은 결의 영상을 만들어야
   한다.
2. 유튜브 댓글은 피드백과 소통의 공간이다. 댓글에서 답을
   찾아야 한다.
3. 제일 중요한 것은 실행이다. 실행하지 않으면 어떤 것도
   할 수 없다.
4. 꾸준하게 영상을 만들어야 한다.

02

네이버 카페를 통해
온라인 마케팅에 성공하는 법

　　본인에 관심사가 있는 곳에는 본인과 같은 관심사의 사람들이 모인다. 온라인 커뮤니티도 같다. 온라인 커뮤니티에서는 같이 정보를 공유하고 구매대행도 한다. 온라인 커뮤니티는 시작점에서부터 결속력과 친밀감이 형성되었다. 온라인 커뮤니티에서 모인 이유는 하나의 관심사를 갖고 관계를 형성했기 때문이다. 당신이 지식 창업으로 성공하고 싶고, 마케팅해야 한다면 네이버 카페가 포인트가 될 수 있다. 당신의 주 고객을 모을 수 있는 공간이 네이버 카페이다. 고객을 유치할 수 있고 새로운 사업으로 확장도 가능한 공간이다. 잠재고객이 모인 집합체 같은 공간이다.

네이버 카페를 개설하고 잘 운영하면 계속 팬, 고객들이 유입된다

네이버 카페가 1,000만 개 이상이 된다고 한다. 카페의 활성이 엄청나다. 관심 주제를 갖고 모인 사람들의 공간이다. 그래서 결속력이 강한 커뮤니티이다. 지식창업자 대부분 처음 시작했든 나중에 시작했든 네이버 카페를 운영하고 있다. 유튜버도 구독자를 모은 다음 네이버 카페를 개설해서 유입시킨다. 인스타 팔로워가 많은 셀럽도 결국 구매대행 할 때 네이버 카페로 유입시킨다. 자신의 고객을 확실하게 확보하고 새로운 고객도 네이버 카페를 유도 시킬 수 있다. 네이버 카페는 폐쇄적인 공간인 만큼 고객을 확실하게 잡아두고 카페를 확장하게 한다.

박홍진(가명) 씨는 프랑스 영주권을 가진 시민이다. 그는 관광업을 운영하고 있다. 박홍진(가명) 씨는 네이버 블로그에 유럽 여행지 장소와 좋은 식당을 소개 한다. 이웃 블로거와 유럽 여행을 계획하는 방문자들이 박홍진 씨 블로그에 온다. 그는 어떻게 하면 방문자를 고객이 될 수 있을까 고민했다.

그는 지금의 일로 어떻게 지식창업을 할 수 있을까 고민 끝에 생각한 것이 네이버 카페 개설이다. 카페 개설 후, 그는 매우 바쁘다. 그의 비즈니스 모델은 100% 온라인 모델로 구성했다. 여행 관광객이 오면 프랑스 픽업을 도와드리는 서비스를 만들었다.

픽업 서비스 대부분은 여행 관광객이었다. 부부 단체로 오는 관광객은 좋은 장소와 좋은 식당을 예약하고 픽업해주는 서비스를 했다. 단체관광을 싫어하는 관광객으로 타깃을 맞췄다. 그리고 부부 단체로 오는 관광객은 개인적인 여행을 즐길 수 있어서 인기가 있었다. 박홍진(가명) 씨는 프랑스에 오래 살고 관광 일해서 좋은 식당도 많이 알았다. 그래서 픽업 서비스를 받고 싶어 하는 사람도 많았다. 휴가철에는 3달 전에 예약할 정도로 인기가 많다. 또한 재이용 고객이 많았다. 픽업 서비스 후기는 카페에 올라오면서 새로운 고객들도 생겼다. 그는 어떻게 블로그에서 네이버 카페로 유입시켰을까?

박홍진(가명) 씨는 블로그로 자신을 홍보했다. 그리고 네이버 카페로 잠재고객들을 모았다. 그 분야의 비결과 콘텐츠를 지속으로 카페에서 키웠다. 그리고 그는 휴가철 시즌 2달 전에는 네이버 카페를 가입한 이용자에게 쪽지와 메일을 보내기도 한다. 고객들은 볼만한 정보가 있는지 확인하기 위해 다시 카페에 들어왔다. 박홍진(가명) 씨 네이버 카페는 고객들의 솔직한 후기를 보여주는 공간이 되었고 팬층도 생겼다. 이제는 프랑스로 여행 갈 때가 되면 카페 이웃들은 박홍진(가명) 씨의 카페를 온다. 그는 독립 비즈니스를 네이버 카페로 키웠다.

수천 명이 넘어가는 순간 영향력이 크게 확장된다

커뮤니티 특성상 수가 많아지면 든든한 후원군이 될 때가 있다. 그래서 단 한 명도 소홀히 하면 안 된다. 그들과의 관계가 쌓이면 영향력이 확장되고 카페 운영자의 영향력도 커진다. 서로 돕는 것은 물론이고 새로운 사업도 만든다. 네이버 카페는 본인과 카페의 정체성까지 커진다. 그러면 지식창업자가 네이버 카페를 키운다면 자신의 주제를 가지고 자료를 올리면 된다. 관심 있는 사람이 모이고 고객을 유치해야 하는데 자연스럽게 된다. 실제로 현장에서는 고객 모집이 어렵다. 네이버 카페는 고객을 잘 모집 할 수 있는지 확인하는 과정이다. 잘 모인다면 당신의 주제로 고객 리스트가 형성되었다. 이제 고객을 늘려서 영향력을 키우면 된다.

네이버 카페 '중고 나라'는 큰 쟁점이 되었다. '중고 나라'는 중고 상품을 거래하는 카페이다. 중고 나라 카페 회원 수는 2,330만 명이다.

우리나라 인구 중 45%가 중고 나라에 가입한 최대규모의 카페 회원 수이다. 엄청난 회원 수의 고객 정보 리스트와 중고 시장의 장악력을 갖고 있다. 영향력은 대단했다. 그래서 롯데가 중고 나라를 지분 93.9%(약 1,000억 원)로 인수했다. 네이버 카페로 시작한 중고 거래 커뮤니티가 대기업이 인수하는 상황이 되었다. 2003년에 시작한 중고 나라는 2,330만 명의 회원 수로 거대한 영향력을 갖게 되었다.

중고 나라의 네이버 카페 영향력은 대기업 사업으로 바뀌었다. 네이버 카페의 영향력을 보여주는 대표적인 사례이다. 각 분야의 네이버 카페를 봐도 영향력은 엄청나다. 맘 카페에서 자신의 브랜드도 홍보하고 네이버 카페의 배너를 이용해서 광고로 수익을 내기도 한다. 자신의 사업체를 가진 대표들도 사업의 규모와 새로운 비즈니스를 위해 네이버 카페를 한다. 네이버 카페는 투자 비용 없이 당신이 고객을 유치할 수 있는 최대 장점이 있다. 한 사람씩 고객을 모을 수 있다. 현재 비즈니스를 위해서 모으기도 하고 다음 비즈니스까지 염두에 두고 고객을 모으기도 한다.

모든 사업은 고객을 찾으러 다닌다. 그런데 네이버 카페는 당신의 고객들이 모여있는 공간이다. 당신이 다음 비즈니스로 넘어갈 때도 도움이 되는 고객들이다. 당신의 팬층을 정확하게 확보해야 영향력이 생긴다. 수천 명이 넘는 순간 그들이 당신을 돕는다. 카페 회원 중에 당신을 대신해서 일해주는 사람도 생긴다. 시간이 지나 두꺼운 팬층이 생기면 당신의 단골이 된다. 전환율도 높아지고 다양한 홍보와 비즈니스 확장에 발판이 된다. 카페를 개설해서 회원을 모으고 영향력을 키워야 한다.

이 중 고가의 돈을 내는 수강생이 반드시 나온다

커뮤니티 공간에서 서로 정보를 공유한다. 그러면 결속력과 친밀감이 형성된다. 네이버 카페의 핵심이다. 이벤트와 홍보를 진행할 때 그들 관계에서 모든 것이 이루어진다. 커뮤니티 공간은 서로의 관심사가 비슷한 수준이다. 그래서 신뢰 관계를 구축할 때도 빠르다. 잠재고객이 모인 공간에서 자신의 상품과 서비스를 주면 된다. 카페 회원들에게 도움 되는 정보를 주면 된다. 잠재고객은 이상적인 타깃이다. 어느 정도 글이 노출되면 해당하는 콘텐츠를 등급별로 나눠서 주면 된다. 주 타깃 층의 고객들은 관심을 가질 만한 정보에 관심을 둔다.

김강훈(가명) 씨는 분양권, 재개발, 재건축 등 부동산 임대업을 운영하고 있다. 그는 부동산 카페를 운영하고 있다. 부동산카페 회원 수는 100만 명이 넘는다. 부동산 카페에서 김강훈 씨는 임대사업을 진행하고 있다. 그는 회사에 출근하면 네이버 카페에 부동산 관련 이슈와 정보를 올린다.

오전에는 회원들에게 도움 될만한 정보를 올리고 점심 이후에는 회원들과 만나고 부동산을 보러 다닌다. 주말에는 컨설팅 진행과 부동산 관련 강의 진행으로 바쁜 날들을 보내고 있다.

김강훈(가명) 씨는 부동산 강의를 소수 인원으로 진행했다. 고가의 강의였다. 그런데도 강의 신청이 예상외로 많았다. 김강훈(가명) 씨가 운영하는 카페 회원들끼리 부동산 스터디도 하고 모임과 세미나로 김강훈(가명) 씨를 신뢰했다. 그는 모임과 세미나를 통해 개별 상담까지 진행했다. 그리고 주 고객을 대상으로 고가 형태의 비즈니스도 만들었다. 고가의 강의를 들을 적합한 사람들만 골랐다. 주 타깃을 명확하게 만들었고 자신의 인지도와 브랜딩으로 고가강의를 개최했다. 타깃이 정확했다. 고가강의 신청은 마감되었다.

그는 카페 인원수가 많은 만큼 모임과 세미나로 주 타깃을 좁혔다. 그리고 개별상담을 통해 고가강의 형태의 비즈니스를 만들었다. 개별상담은 고가강의로 가는 과정이었다. 그의 비즈니스는 체계적이었다. 네이버 카페를 자신의 비즈니스 확장으로 연결했다. 그는 네이버 카페를 키우는데 시간과 투자를 아끼지 않고 있다. 본인의 비즈니스 확장으로 바로 연결되기 때문이다. 그는 계약확률을 높이기 위해 카페를 키우고 있다. 새로운 방문자도 카페의 호기심과 유익한 정보를 얻기 위해 들어온다. 네이버 카페에서 분명 고가의 강의를 신청하는 수강생이 나온다. 명심해야 한다.

유튜브, 인스타, 블로그 등 운영자는 네이버 카페로 유입한다. 운영자는 진짜 마케팅을 카페에서 한다. 적합한 고객들이 모여 있는 공간이다. 네이버 카페에서 잠재적인 고객의 욕구를 불러일으킨다. 당신의 궁극적인 목표에 도달하는 모임 또는 세미나로 타깃을 다시 좁힌다. 네이버 카페는 당신의 비즈니스에 필요한 조건이 있는 곳이다. 카페에 가입하는 사람에게 필요한 정보를 주고 당신은 신뢰를 바탕으로 비즈니스를 확장하는 공간이기 때문이다. 네이버 카페의 가입된 고객은 주 고객이다. 주 고객은 필요하면 비싸도 구매한다.

네어버 카페로 온라인 마케팅 성공하는 방법

1. 처음에 네이버 카페를 개설하면 자신을 브랜딩 목적으로 키워야 한다.

2. 자연스럽게 관심사의 회원들이 모이면 모임과 세미나를 해야 한다.

3. 개별상담으로 고객을 모은 후, 고가강의를 개최해야 한다.

03

네이버 블로그를 통해
온라인 마케팅에서 성공하는 법

　　우리는 웹사이트에서 가치와 정보를 얻는다. 가치와 정보를 전달하는 전문가들도 웹사이트에 공유한다. 네이버 블로그는 글로 공유하는 공간이다. 텍스트로 가치와 정보를 전달해야 하고 대중과 연결한다. 그래서 유익한 정보와 본인과 연결되고 싶은 사람들에게 정확하게 전달하고 제공한다. 지식창업자들에게 웹사이트는 인프라 구축의 최대의 환경이다. 그중에서도 독자층을 넓힐 수 있는 공간이 네이버 블로그 이다. 그리고 네이버 블로그 마케팅에 특성상 표본을 좁게 만들면 나와 연결되고 싶은 특정 사람에게만 노출된다.

꾸준히 한 주제로 블로그를 쓰게 되면 이 주제로 사람들이 모인다

네이버 블로그 마케팅 강의를 보면 키워드와 애드센스 광고 수입에 관한 이야기다. 먼저 애드센스(AdSense)는 자신의 블로그에 전문성 글을 꾸준히 올리면서 광고를 붙여 광고 수익을 내는 방법이다. 그러면 자신의 전문성도 홍보하고 광고 이익을 얻는다. 결국은 전문성에 관심 있는 고객이 모인다. 꾸준히 한 주제로 올려야 한다. 1년~3년 정도가 되어야 홍보와 광고 이익을 얻게 된다. 고객과 연결로 이어지고 싶다면 블로그 키워드로 반복적인 홍보를 해야 한다. 키워드는 온라인에서 가장 중요한 요소이다. 노출이 빠르게 되는 키워드로 제목과 내용에 넣어 작성하면 된다.

플랫폼이 발달하면서 교육 플랫폼 시장도 커졌다. 어느 플랫폼에서는 강좌가 분야별로 다양하다. 이 중에 글 강좌 수업은 인기가 있고 강의도 매우 다양하다. 책 쓰기, 글쓰기 클리닉, 스토리텔링, 카피 문구 등 다양하다. 수강생 중 소수는 자신의 글에 자신이 없어서 교정의 목적으로 듣는다. 하지만 수강생 대다수는 글로 사람을 모으기가 힘들어서이다. 상위 1%의 블로그의 글은 지속해서 꾸준히 한 주제로 포스팅했다. 여기서 차이점은 조금 더 전문적인 내용과 세부적인 단어였다. 핵심 단어와 세부 단어로 글을 작성했다. 키워드 선정은 중요하지만, 자신의 전문성과 내용이 일치하는 단어였다.

체류시간이 길어야 블로그 상위노출 되기가 쉽다. 글에 오랫동안 머물러야 한다. 그러려면 글에 내용이 가치 있고 글을 보는 이웃들이 원하는 정보여야 한다. 그래야 사람들이 모인다. 네이버 블로그는 검색 엔진 최적화(SEO)이다. 가치 있는 글과 정확한 정보를 꾸준히 한 주제로 올리면 같은 단어에 대한 글이 최적화 블로그로 된다. 결이 비슷한 글을 보고 오는 사람들은 분명 당신을 다시 찾게 된다.

한 주제로 꾸준히 글을 올리면 양과 질이 축적되어서 상위노출이 된다. 본인의 전문성의 글이 반복적으로 홍보된다.

요리 블로그, 부동산 블로그, 영어 블로그, 등 전문 분야의 글이다. 요리 블로그를 오는 사람은 당연히 요리 관련 정보를 얻기 위해 온다. 당신의 전문성 글을 꾸준히 올려서 신뢰성을 얻고 당신의 신뢰로 이어져야 한다. 본인의 전문성 글을 단기간에 만들 수는 없다. 꾸준히 지속해서 한다면 본인의 전문성 글은 홍보되고 당신의 콘텐츠에 관심이 있는 사람들이 모이게 된다. 사람이 모이는 공간에는 돈이 된다. 중요한 것은 모이는 공간이 자신의 전문성을 알려야 하고 당신을 빠르게 알리는 정확한 안내 수단으로 사용되어야 한다.

진정성 있는 글은 강의 등록이 된다

당신의 네이버 블로그는 당신을 알리는 안내 수단으로 사용되어야 한다. 그래야 이웃 추가가 된다. 사람들은 당신에 대해 알고 싶어 한다. 가끔 당신에 관한 이야기도 올리면 좋다. 당신의 인간성이 비치고 당신의 성향도 비치기 때문이다. 방문자들은 비슷한 결의 사람들을 좋아한다. 본인의 이야기와 자신의 전문성을 엮은 글이 블로그를 더욱 돋보이게 한다. 그러면 방문자들은 지속해서 올라오는 당신의 글을 보기 위해 이웃 신청한다. 더 좋은 소식이나 이벤트가 없을까 하고 더 찾게 된다. 그리고 결정적인 기회에 당신 강의를 등록하게 된다.

하나의 예시를 들어보겠다. 글쓰기 특강을 하는 A씨와 B씨가 있다. A씨 블로그에는 글 쓰는 방법과 어떤 글을 써야 하는지 좋은 정보들이 가득한 블로그다. A씨 블로그는 상위노출뿐만 아니라 마케팅 요소들이 잘 만들어진 사이트도 있었다. A씨 블로그는 바로 등록할 수 있는 시스템도 설치했다. B씨의 블로그도 A씨의 블로그와 별 차이 없었다. 반면 B씨의 블로그는 자신이 글 쓰는 이유와 글을 쓰면서 얻은 가치와 결과물들을 올렸다. 가끔 살아온 인생 가치관에 대한 글도 올리면서 자신이 추구하는 방향의 글도 포스팅했다.

B씨의 블로그는 공감까지 가져다주면서 글쓰기를 해야 하는 이유를 더 분명하게 만들었다. A씨의 블로그는 정보성 글과 판매가 돋보이는 글이었다. 반면 B씨의 블로그는 장기적으로나 단기적으로

도 사람과의 관계의 연결 관리에 신경을 쓴 글이었다. B씨의 글을 보고 오랫동안 고민한 사람들도 결국 강의 등록을 한다. A씨 글은 고민하는 고객을 강의 등록으로 연결하기가 어렵다. 지속해서 고객을 모집하고 등록하기가 어렵다.

고객은 B씨의 강의를 듣기 위해 B씨를 알아보고 신중하게 선택한다. B씨가 어떤 사람인지 글을 통해 알 수 있었다. 고객은 B씨의 전문성과 줄거리를 보고 B씨를 선택한다.

당신의 글은 다수의 표적화된 고객에게 글을 쓰는 것이다. 장기적으로 자연스럽게 홍보해야 한다. 그래야 당신의 글을 보고 강의를 등록한다. 상품은 반품이 가능하지만, 강의는 반품이 쉽지 않다. 그래서 무료 강의에는 필요성을 제대로 느끼지 못하고 모인다. 저렴한 가격의 강의는 필요하다고 생각하고 모인다. 그리고 고가의 강의는 선택할 때 신중을 다해 따지고 강의를 등록한다. 오로지, 강의 커리큘럼만 보는 것이 아니다. 당신에게만 등록해야 하는 이유가 여러 가지이다. 제일 중요한 자신의 서비스와 관련된 이야기를 적어야 한다. 진정성 있는 글은 강의 등록으로 연결된다.

상위 노출하는 글은 주제의 글이 아니라 당신을 알리는 글이다

그 분야의 전문성을 가지고 글을 꾸준히 써야 고객이 당신을 알아본다. 당신을 최대한 알기 전에 강의 등록을 하지 않는다. 전문성 분야의 글을 최적화에 맞춰서 쓰면 상위노출에 어느 정도 올라온다. 단, 본인 전문성 분야의 글로만 적어야 한다. 그러면 강의 등록하고 싶다는 생각이 든다. 관심 있는 방문자는 어떤 강의 인지, 어디서 어떻게 진행되는지 등 궁금하다. 당신한테 분명히 연락한다. 블로그 마케팅은 결국 전문성으로 당신을 알리는 글이다. 당신이 전문가라서 만나고 싶고 만나야 하는 이유다.

당신 글이 상위노출에 올라가기 위해 메인 키워드와 세부 키워드로 글을 쓴다. 어느 정도 올라간다. 하지만 브랜딩으로 상위노출을 하고 싶다면 블로그 글의 주제가 아니라 당신의 전문성을 알리는 글이어야 한다. 당신을 알리는 글이 당신의 브랜딩이 된다. 방향이 뚜렷한 글이 상위노출이 된다. 언제나 본질에 집중해야 한다. 그러면 당신의 글에서 전문성이 느껴지고 고객은 찾는다. 먼저 공을 세우려고 조급하게 서두르면 사라진다. 좋은 성과를 얻기 위해서는 좋은 글과 기회가 왔을 때 실력을 준비하고 있어야 한다.

《노희영의 브랜딩 법칙》에서 해야 할 것과 하지 말아야 할 것을 명확하게 구분해서 브랜드를 키우는 게 중요하다고 한다. 브랜딩은 자신의 가치와 철학을 갖고 만들고 지켜야 한다. 나답게 만들어야 한다. 그런데 단순히 상위노출을 위해 글을 알리는 경우가 있다.

당신을 알려야 하는데 정체성을 잃고 키워드 중심으로 글을 쓴다. 결국 ‘나다움’도 잃고 이웃 블로거도 당신의 정체성에 혼란이 온다. 당신을 알리는 전문성 글은 결국 나를 지키는 것이다. 본인의 본질에 집중해서 만들어야 한다.

블로그 마케팅으로 성공하는 방법은 정말 다양하다. 언제든지 당신의 블로그를 상위노출에 올리려면 키워드 중심의 포스팅이나 업체에다가 맡겨서 진행하면 된다. 하지만 당신이 일반적인 상품을 팔더라도 당신의 블로그는 ‘나다움’을 잃으면 오래 못 간다. 블로그가 일반적인 광고 전단 같은 느낌이 나면 안 된다. 모든 마케팅은 브랜딩 기반으로 만들어야 한다. 언제나 자신의 브랜딩으로 기업들은 살았다. 전문성 글이 상위노출이 되면 좋지만 ‘나다움’이 없고 전문성이 없는 글이라면 상위노출은 의미가 없다.

네이버 블로그는 글을 통해서 동향과 시장을 주도 했다. 다양한 플랫폼이 있지만 텍스트 플랫폼은 유일하게 블로그가 첫 기반으로 시장을 장악했다. 아직도 블로그가 마케팅 목적으로 자리 잡고 있다. 이제는 서비스나 상품을 홍보하는 쉬운 마케팅 수단으로 생각하면 안 된다. 당신을 알리는 수단으로 활용해야 한다. 그래야 당신을 믿고 진정성 있는 글이 된다. 진정성이 없는 글은 전문성으로도 믿지 않는다. 영업사원처럼 무언가를 팔기 위해 쓰는 블로그 마케팅이 아니라 당신의 가치를 알리는 블로그 마케팅을 해야 한다.

네이버 블로그 마케팅 성공하는 방법

1. 꾸준히 한 주제로 글을 올려야 한다.

2. 진정성 있는 글을 써야 한다.

3. 글의 초점은 주제가 아니라 당신이라는 초점을 맞춰서 정

보를 써야 한다.

04
인스타그램으로
온라인 마케팅에 성공하는 법

인스타는 사진으로 표현하는 강한 플랫폼이 되었다. 인스타는 사진으로만 업로드가 되는 플랫폼이다. 사진으로 모든 것을 말해야 하는 플랫폼이다. 인스턴트를 먹으면 살이 찌는 이유보다 사진 하나로 강하게 표현한다. 사진 한 장으로 모든 것을 말해준다. 대중들은 사진 속 분위기나 감정으로 생각하고 결정한다. 다른 사람들 머릿속에서 이미지 한 장으로 분위기를 느끼고 자신이 느낀 것을 그냥 받아들인다.

사진은 깊은 사고 없이 빠르게 접근한다. 깊게 생각하는 시간이 없다. 많이 노출해서 각인시키는 플랫폼이다. 자꾸 보여주어야 한다. 인식이 각인되면 더욱 확대하는 데 목적이 있을 뿐이다.

인스타그램은 사진으로 표현해야 한다

셀럽들의 인스타를 보면 자신의 사진이다. 자신을 알리기 위해 사진으로 알린다. 주기적으로 대중에게 자신을 알린다. 근사한 식당에서 찍은 사진, 자신이 운동하는 사진, 쇼핑하는 사진, 요리하는 사진 등 자신의 일상생활을 사진으로 보여준다. 글보다 사진은 시각적으로 강하게 남는다. 글로 표현하면 대중은 긴 글을 읽지 않는다. 시간이 지나면 당신을 금세 잊게 된다. 빠르게 접근해야 한다. 많은 노출을 통해 인식시켜야 한다. 모든 연결은 사진이 된다. 사진을 통해 모든 것을 표현해야 한다. 그래서 자극적인 사진이 '좋아요'가 많다. 그래야 팔로잉 하기 때문이다.

Instant(즉석사진)과 Telegram(보낸다)의 합성어로 만들어진 플랫폼이다. 인스타그램 창시자 케빈 시스트롬(Kevin Systrom), 마이크 크리거(Mike Krieger)는 '모든 순간을 포착하고 공유한다'라는 슬로건을 내세웠다. 단순함, 신속함, 아름다움에 집중했다. 블로그, 네이버 카페, 페이스북 등은 글을 기반으로 공유하고 정보를 전달해야 했다. 하지만 인스타는 관리하기가 편하다. 긴 글이 필요 없다. PC 제작이 아닌 핸드폰으로 신속하게 당신을 알릴 수 있는 수단이다. 공유가 빠른 시대에 공유를 신속하게 할 수 있다. 자기표현을 쉽고 빠르게 전달한다.

공유의 시대는 속도가 중요하다. 아침에 출근할 때 인스타로 이용자의 삶을 확인하고 당신도 공유한다. 당신이 무엇을 하고 결과를 냈는지 과정을 보여준다. 당신의 모든 것을 대중에게 제공한다. 사진으로 자유롭게 표현한다. 당신이 산 제품, 공간 모든 것이 당신을 증명하고 예측하게 한다. 미래 기업들은 데이터가 큰 자본이라고 한다. 인스타그램은 당신 삶의 정보가 있는 데이터다.

인스타는 우리를 감시하고 있다. 우리가 무료로 스스로 정보를 제공하고 인스타는 사진으로 자료를 수집한다. 사진과 해시태그로 데이터를 만드는 것이다. 사진으로 대중에게 어떻게 다가갈 것인지 사진으로 남기면 된다.

인스타는 당신을 홍보하기 너무 쉽다. 조작 방법도 쉽고 해시태그로 관심사의 대중을 모은다. 핸드폰만 있으면 당신을 빠르게 전달한다. 사진으로 효과 있게 전달된다. 당신도 사진으로만 전달하면 된다. 사진으로 당신의 이미지를 쉽게 만들 수 있다. 꾸준하게 관심 주제의 사진을 올리고 어떤 사진이 효과가 있는지 관찰하면 된다. 해시태그 관심사를 가진 팔로워들과 소통하고 맞팔한다. 사진을 통해 정확하게 보여주고 자극하면 된다. 인스타는 감성이다. 대중이 당신의 사진을 보고 감정을 느끼고 당신이라는 것을 알려야 한다.

때때로 광고도 올린다

당신의 상품과 서비스가 누구에게 판매하는 것인지 알아야 한다. 인스타 팔로워는 사진을 보고 바로 구매 전환되지 않는다. 사진으로 당신의 브랜딩과 정체성을 확실하게 보여주어야 한다. 명확한 개념을 가지면 당신의 개념을 좋아하는 사람들이 모인다. 인스타 광고는 브랜딩 관리 목적으로 광고해야 한다. 사진 일부분만 광고해야 한다. 지속적인 광고를 하면 언팔 된다. 관심 없는 사진을 올려서 언팔 되면 안 된다. 사진을 올리면서 소통과 당신을 홍보해야 하는 수단으로 해야 한다.

이수영(가명) 씨 인스타 사진 소재는 교육과 일상 사진이다. 수업 사진과 교육에 관한 사진 이다. 대부분 좋아요는 각 분야의 강사들이었다. 이수영 씨는 각 분야의 강사들을 위해 강사 교육법에 관한 강의 영상도 짧게 올린다. 학원강사, 기업 강사, 1인 강사 등 그녀를 팔로워 했다. 강사들 대부분은 이수영 씨에 대해 정확한 정체성으로 팔로워 했다. 그녀의 일상을 올리고 수업 준비하는 과정도 올리면서 사진을 공유했다. 과정을 하나씩 올리면서 결과물도 올렸다.

이 모든 것이 사진 하나로 표현했다. 그리고 그녀는 강사 만들기 프로젝트라는 회사를 준비하고 있었다.

본인의 성과물과 수강생 성과물로 그녀는 광고를 가끔 올린다. 팔로워들은 그녀의 광고를 유심히 보면서 이수영 씨가 운영하는 강사 만들기 프로젝트에 관심이 많다. 타깃 광고를 보고 팔로워 하기도 한다. 그녀는 명확한 브랜딩이 되었다. 비슷한 분위기의 사진과 타깃 목적의 소재는 타깃 광고에 적합했다. 그녀는 현재 결과물로 광고로 만들어서 홍보하고 있다.

타깃 광고에 맞추기 위해 그녀는 매번 광고의 카피 문구도 제작한다. 유일하게 사진으로 표현할 때는 수강생의 과정 사진과 결과물 사진으로 광고했다.

인스타 마케팅은 감성을 압도해서 '좋아요'를 눌러야 한다. 고객들이 당신에게 '좋아요'를 누를 때는 당신의 모든 것을 나타낼 때 누른다. 고객의 반응이 확인되었을 때 그때 광고도 올려야 한다. 타깃이 맞을 때 광고를 올려야 한다. 광고는 고객을 다시 자극해서 확실하게 만든다. 타깃에 따른 세밀한 광고가 필요하다. 정보를 받는 사람으로서는 광고는 정확한 정보를 얻고 싶어 한다. 인스타그램은 긴 글로 공유하는 수단이 아니다. 웹페이지로 연결해야 한다. 인스타는 사진으로 당신을 머릿속에 각인시켜야 하는 수단일 뿐이다.

나를 증명할 것들을 올린다

한 연구에서 인스타는 다른 플랫폼에 비해 사진, 영상, 댓글, 업로드 면에서 월등히 높다고 한다. 사진을 신속하게 올리고 소통이 빠른 수단으로 다른 플랫폼에 비해 노출이 높다. 많이 노출될수록 당신의 브랜딩을 인식시키기에 좋다. 정확한 브랜딩으로 사진을 올려야 한다. 브랜딩은 한순간에 만들어지지 않는다. 시간이 지나면 지날수록 머릿속에 각인해서 확대되어야 한다. 지식창업자는 브랜딩이 제대로 안 되면 시간이 지나면 금세 잊힌다. 의미 없는 선팔 맞팔 행위는 당신을 알아보지 않는다. 나를 꾸준히 알리는 수단으로 사용해야 한다.

인스타에 후기 글이나 모집 글을 자주 올리는 것은 안 좋다. 좋은 정보 또는 당신의 일상을 공유해야 한다. 요리 사진을 매일 올리면 '요리를 좋아하나 보다'라고 생각하다가 나중에는 피드에 들어가서 확인한다. 요리사라는 직업을 알게 된다. 이제 요리 사진을 볼 때마다 처음 시각과 다른 관점으로 본다. 파스타 사진이 많으면 양식요리사로 인식한다. 내가 말하지 않아도 사진이 하나씩 당신을 증명하게 만든다. 그 순간 나를 증명하는 결정적인 것도 하나씩 올려야 한다. 증명된 사진이 대중에게는 각인된다.

'그것을 증명한 사람을 믿어라. 전문가를 믿어라.' 베르길리우스(Vergilius)의 명언이다. 로마 최고의 시인이다. 베르길리우스의 명언에서 그 분야를 증명한 사람을 믿으라고 한다. 우리 사회에서 증명된 사람을 찾기 어렵고 광고에 현혹되어서 전문가로 포장된 사람을 믿는다. 그런데 인스타에 있는 사람들은 모두 부자처럼 보이고, 멋진 삶을 사는 것 같다. 사진 하나로 증명되기 때문이다. 우리가 살아가는 사회에서는 나를 증명하는 삶은 필수 사항이 되어 버렸다. 증명하기 위해 인스타에 사진을 올린다.

'자기 신뢰는 성공의 첫 번째 비결이다.' 에머슨(Emerson)의 명언처럼 신뢰를 쌓아야 한다. 대중에게 보여지는 과장된 결과물이나 과장된 분위기는 결코 오래가지 못한다. 당신도 자신을 증명하는 것을 올려야 한다면 포장된 것이 아닌 자기 자신을 나타내야 한다. 당신이 가르치는 전문가라면 능력과 충분한 노력으로 결과물을 올려야 한다. 그리고 당신이 전문가라면 전문가답게 검증되는 과정의 자료 또는 사진으로 증명해야 한다. 축적된 기술과 경험으로 결과를 만든 전문가는 포장하지 않는다. 단순하게 사진을 올린다.

인스타에서 자신이 전문가라고 광고하지 않는다. 전문가는 결과물과 오로지 자신의 생각과 일상을 공유한다. 가끔 광고할 뿐이다. 우리는 전문가를 충분히 믿는다. 어떤 것들은 우리가 확인되어야 믿는다. 본질은 결과물과 당신이 가치 있게 느껴지는 정보만 공유하면 된다. 결과물과 가치 있는 정보가 당신이 전문가로 인정한다. 가장 중요한 것은 자신을 포장해서 마케팅하면 안 된다. 전문가처럼만 보이면 안 된다. 내실을 다지고 점차 영향력을 키워야 한다. 충분한 시간을 갖고 공유하고 당신을 알려야 한다.

인스타그램으로 마케팅 성공하는 방법

1. 당신의 전문성 있는 사진을 올려야 한다.

2. 광고도 필요하면 타킷에 맞는 광고를 해야 한다.

3. 결과물과 당신의 가치관이 보이는 사진을 올려야 한다.

05
페이스북으로
온라인 마케팅에서
성공하는 법

페이스북 마케팅의 장점은 강력한 타깃 마케팅이다. 그래서 광고 효율성이 높고 매력적인 광고로 주목받고 있다. 지식창업자, 1인 기업가, 자영업자 등 모두가 페이스북 마케팅 중심으로 광고하고 있다. 페이스북 광고는 특정 키워드를 갖고 관심 타깃과 유사 타깃으로 광고가 집행되기 때문에 당신이 광고한다면 페이스북 광고를 활용해야 한다. 1인 강사, 프리랜서, 지식창업자 등 세밀하고 세부적인 타깃 마케팅으로 광고해야 한다. 소비자를 끌어모을 수 있는 기회를 정확하게 잡아야 한다.

처음 해보는 사람이라면 많은 시도를 해야 하고 지식창업자에게
는 좋은 광고이다. 광고 구조를 알 수 있고 광고 분석 능력과 데이터
가 쌓인다.

페북은 개인 페이지와 비즈니스 계정이 있다

완벽한 광고는 없다. 하지만 광고해야 한다면 페이스북 광고로
잠재고객의 클릭 횟수와 당신의 광고가 효과적인 광고인지 확인할
수 있다. 비즈니스 계정일 경우 해당하는 이야기이다. 페이스북은
개인 계정과 비즈니스 계정이 있다. 우리는 개인 계정과 비즈니스
계정 두 가지가 필요하다. 두 개의 계정이 서로 다른 역할을 하고 있
기 때문이다. 개인 계정은 사람을 모으는 역할을 한다. 관계 형성의
중심 역할을 한다. 반면 비즈니스 계정은 당신이 광고를 집행하면
고객 데이터 분석 할 수 있는 계정이다. 두 계정의 성향이 확연히 다
르므로 차이를 알고 관리해야 한다.

김은하(가명) 씨는 샐러드 가게를 운영하고 있다. 샐러드 가게는
서울 도심에서 운영하고 있다. 그녀는 페이스북으로 샐러드 가게를
홍보했다. 당연히 개인 계정이라서 홍보용으로만 사용했다. 김은하
(가명) 씨의 페이스북 친구들은 샐러드가 생각이 나면 김은하 씨 샐
러드 가게에서 주문했다. 당연히 광고가 아니므로 빨리 크려는 방
법은 아니었지만, 홍보 수단으로는 괜찮았다. 하지만 경쟁 업체가

생기면서 광고해야 하는 상황이 되었다. 김은하(가명) 씨는 비즈니스 계정을 만들었다. 점심 식사에 직장인 대상으로 광고로 집행했다.

당연히 점심 식사 한 시간 전부터 광고를 클릭했다. 바로 구매 전환율로는 이어지지 않았다. 하지만 저녁에 방문하는 직장인이 많았다. 김은하(가명) 씨의 샐러드 가게를 알리는 좋은 계기가 되었다. 고객이 광고를 클릭하면서 김은하(가명) 씨의 상품에 주목하고 직장인들이 선택의 기회를 얻었다. 그녀는 상품이 필요할 것 같은 고객에게 광고했다. 직장인은 샐러드 가게를 알게 되면서 잠재고객 대상이 된 거다. 더 나아가 김은하 씨가 광고를 세부적으로 타깃을 했다면 안성맞춤 광고가 되었을 것이다.

김은하(가명) 씨의 최종 목적은 경쟁 업체보다 당신을 고객에게 빨리 알리고 선택하기 위함이었다. 광고는 사업장 규모와 상품에 따라 다르지만, 결론은 잠재고객을 확보하는 수단이다. 당신이 광고하는 이유는 고객을 만나고 구매 전환율을 높이기 위해 광고한다. 광고한다면 비즈니스 계정으로 잠재고객의 데이터를 얻어야 한다. 그다음 광고 세팅을 어떻게 할지 분석해야 한다. 그 전 광고는 데이터베이스가 된다. 그래서 비즈니스 계정으로 만들어야 한다.

개인 계정은 분석을 할 수 있는 데이터가 없다. 유료 광고의 비즈니스 계정만 인사이트가 있다.

비즈니스 계정 시스템으로 적극적으로 활용해야 한다

전 세계 모두가 데이터 기반의 사회에서 살고 있다. 자본주의에서 데이터는 핵심 자본이 되었다. 모든 광고는 수익 활성화를 위해 광고를 만든다. 그래서 광고 회사는 수많은 데이터를 분석한다. 우리도 매력 있는 광고를 만들어야 한다. 자영업자, 1인 강사, 프리랜서 등 매력 있는 광고를 만들어야 한다. 페이스북 비즈니스 계정은 만들기가 쉽다. 비즈니스 계정을 만들고 유료 광고 시스템을 이용해야 한다. 비즈니스 계정으로 광고하면 광고 반응을 알려주는 지표가 있다. 사람들의 반응을 알 수 있다. 그때부터 제대로 되는 타깃 광고를 만들어야 한다.

페이스북에는 '관련성 점수'라는 지표가 있다. 관련성 점수는 1~10의 척도로 점수를 매긴다. 높은 점수일수록 광고가 타깃과 잘 맞는 광고이다. 높은 점수일수록 잠재고객에게 노출될 확률이 높다. 그러면 광고의 성과도 좋은 결과로 이어진다. 광고를 제작할 때 나의 고객 타겟팅이 적절했는지부터 카피 문구도 잘 만들어졌는지 모든 것을 신경 써야 한다. 그리고 꾸준하게 지켜보면서 체크 해야 한다. 관련성 점수가 낮다면 인구통계, 관심사, 지역 등 모두 검사해 봐야 한다. 정확하게 타깃 광고를 만들어야 한다.

페이스북 발표에 따르면 비디오 광고를 시도하라고 한다. 영상 광고가 텍스트보다 5배 이상 머무르는 시간이 길다고 한다. 또한 구매 고객이 영상을 통해서 구매하는 확률이 높다고 한다. 실제 관련성 점수가 높고 관심과 호기심을 유발하는데 최고의 광고라고 한다. 관련성 점수는 계속 변화된다. 다양한 시도를 해봐야 한다. 광고는 고정이 아니기 때문에 유료 광고를 집행하면서 광고의 데이터를 살펴봐야 한다. 올라갔다 떨어졌다가 한다면 당신의 광고는 변경해야 한다. 당신의 광고는 매력이 없다는 뜻이다. 광고가 타깃 고객에게 공감을 잘 얻고 있는지 확인해야 한다.

타깃 고객이 공감을 얻었다. 그러면 고객이 클릭을 유도할 수 있도록 이벤트나 혜택도 만들어야 한다. 그러면 자연스럽게 랜딩 페이지까지 이어진다. 랜딩 페이지로 온 잠재고객은 구매하거나 구매하지 않는다. 랜딩페이지까지 올 수있게 당신이 광고를 만들 수 있어야 한다. 비즈니스 계정으로 매력적인 광고를 만들어야 한다. 비즈니스 계정의 장점은 지속해서 광고를 수정하면서 광고를 할 수 있다. 상황에 대응하면서 광고하므로 더 빠르게 고객들에게 다가갈 수 있다.

비즈니스 계정은 광고 시스템을 갖고 있으니 적극적으로 활용해야 한다.

광고 소재를 점검해야 한다

당신이 모든 플랫폼의 마케팅과 광고를 다 할 수 없다. 그리고 다 잘할 수 없다. 강의 준비도 해야 하고 연구도 해야 한다면 더욱 못한다. 당신이 누군가를 고용해야 한다. 그렇다고 광고에 신경을 안 쓰면 안 된다. 곧 광고의 카피 문구 또는 사진 등이 고객이 당신을 선택한 이유 중 하나다. 그래서 광고에 신경을 써야 한다. 고객은 경쟁사와 비교하고 온다. 고객이 공감할 수 있어야 하고 당신을 선택한 이유를 알아야 한다. 핵심을 알아야한다. 핵심은 오프라인 강의 할 때 등록으로도 연결된다. 개인 계정과 비즈니스 계정을 적절히 사용해서 마케팅과 광고를 해야 한다.

광고는 집행하고 끝나는 것이 아니다. 관찰하면서 잠재고객을 확보하고 전환율을 높여야 한다. 카피 문구, 사진, 분위기 모든 것이 광고를 클릭하는 대상이 된다. 점거하고 또 점검해야 한다. 초기에는 광고가 미흡해도 비교분석으로 광고를 다시 수정할 수 있다. 하지만 지속해서 당신이 광고해야 한다면 철저한 분석과 타깃 소재를 점검해야 한다. 사람들은 훨씬 많은 광고를 보고 선택한다. 결국 '나 다움' 브랜딩으로 연결되기 때문에 나와 맞는 광고를 집행하고 점검해야 한다.

광고 소재를 점검해야 한다

한 연구 결과에 따르면 2020년부터 2027년까지 데이터 분석으로 효율적인 마케팅을 한다고 한다. 데이터를 분석하는 비용이 약 354억 5천만 달러를 사용하리라 추측하고 있다. 또한 미래 소비자의 80%는 개인화 브랜드에서 구매한다고 한다. 개별고객에 맞춘 상품과 서비스를 소비하고 메시지와 콘텐츠의 중심으로 소비한다고 한다. 어떤 유형이든 비즈니스는 개인화에 맞춘 고객 중심의 상품과 서비스다. 본인 광고 소재는 철저히 고객 중심의 광고여야 한다. 복잡한 영역이지만 공부해야 한다. AI 중심의 데이터 분석 기반이라서 어렵다. 하지만 세밀하게 타깃 광고하면 된다.

시행착오에 의존하면 안 된다. 데이터를 기반으로 점검해야 한다. 누구에게 광고를 보여주냐에 따라 색상, 분위기, 카피 문구, 혜택이 다르다. 대상자가 누구냐에 따라 광고의 이미지가 달라진다. 강한 색깔과 강한 이미지는 기억에 잠깐 남을 수 있지만 오래가지 못한다. 데이터 기반으로 당신의 브랜딩 광고해야 한다. 한순간의 이목을 잡는 것보다 광고 소재와 맞게 광고를 만들어야 한다. 고객은 선택할 때 본인 브랜딩과 잘 맞는 광고를 선택한다. 점검을 통해 당신의 브랜딩으로 광고해야 한다.

페이스북 광고는 당신이 직접 해보고 점검해야 한다. 내가 얻은 데이터가 나와 잘 맞는 광고인지 확인해야 한다. 분석하고 고객이 공감이 갈 수 있는지 계속 확인하면서 광고를 수정해야 한다. 나

만의 캐치프레이즈를 디자인해야 한다. 데이터를 꼼꼼히 분석하고
지속해서 수정하고 안목을 키워야 한다. 광고를 적극적으로 디자인
작업을 해야 한다. 만약 눈길을 끌지 못한다면 디자이너를 고용하
거나 다른 방법을 생각해봐야 한다. 광고의 이미지도 곧 당신의 이
미지이다.

페이스북 광고 성공하는 방법

1. 비즈니스 계정으로 정확한 타킷을 맞춰서 광고해야 한다.

2. 타킷에 맞는 공감되는 소재의 광고를 해야 한다.

3. 나만의 캐치프레이즈를 만들어서 광고해야 한다.

06

기타 사이트를 통해
온라인 마케팅에 성공하는 법

지식창업자는 웹사이트를 직접 공유할 수 있어야 한다. 마케팅 측면에서 다양한 웹사이트는 넓을수록 당신의 영향력이 넓어진다. 온라인 시장이 커진 만큼 온라인에서 메시지 전달이 쉬어졌다. 비즈니스 모델은 온라인 중심으로 바뀌고 있다. 당신이 온라인 서비스를 운영한다면 당신과 적합한 서비스를 찾고 활용해야 한다. 당신과 적합한 비즈니스 중심으로 모델을 만들면 된다. 그리고 당신의 성향과 비슷한 모델을(사이트) 찾아서 효과를 높여야 한다. 성공적인 온라인 마케팅은 결국 당신의 콘텐츠이다. 당신의 콘텐츠 중심으로 모델을 확장하고 효과를 높여야 한다.

홈페이지도 만들어야 한다

우리는 경쟁사의 홈페이지를 둘러본다. 어떤 모습으로 홈페이지를 제작했는지 궁금하다. 경쟁사의 홈페이지는 당신이 참고하기 좋은 요소들을 갖고 있다. 특히 성공적으로 운영되는 홈페이지는 명확하고 일관성을 유지하고 있다. 대기업만이 갖고 있던 홈페이지는 이제 중소기업 할 것 없이 지식창업자도 갖고 있다. 홈페이지는 전문적으로 돋보이게 하는 효과가 있다. 신뢰를 확실하게 주면서 당신의 제품 인지도를 갖게 해준다. 홈페이지는 당신의 첫인상이다.

코로나 이후 IT 기업들은 사옥 확장에 열중이다. 코로나 비대면 시대에 사옥을 확장하는 IT 기업들이 이상하게 보일 수 있다. 하지만 사옥 확장은 IT 기업이 미래에 크게 성장한다는 것을 보여준다. 사옥 확장은 투자가 많이 들어간다. 그런데 IT 기업들은 코로나 사태로 빠르게 성장했다. 자본이 급격하게 몰렸다. 새로운 사업을 키우기 위해 신사옥을 건립한다. 인재 확보와 브랜드 향상이다. 업계에서 경쟁우위를 지키기 위함이다. 온라인 비즈니스에서 사옥은 홈페이지다. 고객이 당신의 비즈니스를 보는 곳이다.

앞으로 IT 기업이 더 성장하고 온라인이 장악력이 더 커지면 홈페이지는 더욱 매력적으로 만들어야 한다.

홈페이지도 만들어야 한다

온라인에서 홈페이지는 결과적으로 전환율을 높이는 곳 있기 때문이다. 중요한 공간이다. 잘 만들어야 한다.

고객이 당신의 미래 비즈니스를 보는 공간이다. 홈페이지는 구매 전환율을 높이는 중요한 웹사이트가 되어 당신의 이미지도 업그레이드된다. 홈페이지는 당신의 비즈니스가 전문적으로 보이고 신뢰에 중요한 역할을 한다. 그리고 정확한 정보를 제공하고 고객은 정확한 정보를 얻는다. 지식창업자도 홈페이지를 만들어서 정확한 정보를 알려야 한다.

브랜드 향상과 신뢰로 이어져야 한다. 당신의 미래 가치를 보여주고 구매할 수 있도록 신뢰를 만들어야 한다.

지식창업자도 미래 가치를 보여주지 않으면 고객은 당신을 안 찾는다. 고객은 가치 없는 상품과 서비스에 소비하지 않는다. 현재의 가치와 앞으로 미래의 가치가 높으면 높을수록 원하고 구매한다. 당신의 비즈니스도 앞으로의 가치와 미래의 신뢰를 주어야 한다. 일반적으로 고객은 홈페이지가 있으면 비즈니스가 확실하다고 생각하고 불안감을 안 느낀다. 그렇다면 당신이 독립 비즈니스일 경우 홈페이지는 더 중요하다.

가치 있는 상품과 서비스는 확신을 주어야 한다. 고객은 미래의 가치와 확신으로 구매한다. 홈페이지는 당신이 어떤 사람이고 무엇을 판매하는지 정확하게 알려주는 지표와 함께 경쟁우위도 만든다.

각 플랫폼, 팟 캐스트 등을 잘 이용해야 한다

플랫폼이 정말 많다. 각 플랫폼에 당신의 강좌를 올려서 한 개씩만 공유된다고 가정하면 당신은 대단한 사람이 되어 있을 것이다. 그런데 너무 많은 플랫폼은 독이 되는 경우가 있다. 제품 인지도가 추락하여서 더 이상 할 수 없게 된다. 그리고 많은 플랫폼은 관리가 어렵다. 하지만 효율적인 플랫폼이 많은 건 사실이다. 플랫폼마다 인지도와 영향력이 다 다르다. 그래서 당신을 알리는 데는 효과적이다. 온라인 클래스 플랫폼 중에 클래스101, 온오프믹스, 솜씨당, 콜로소(Coloso) 등 당신을 알리는 플랫폼은 존재한다. 당신이 잘 선택하면 된다. 얼굴 노출이 부담스러운 사람이 있다면 목소리만 녹음해서 팟빵에 올려도 된다. 당신을 알리고 마케팅하는 방법은 다양하다.

김미나(가명) 씨는 중국어 강의를 하는 1인 강사다. 김미나 씨는 하루가 바쁘다. 블로그, 유튜브, 네이버 카페, 인스타 총 4개의 온라인 마케팅을 한다. 그녀는 새벽 5시에 일어난다. 오전에는 일정을 확인하고 블로그 글을 쓴다. 출근과 함께 김미나 씨는 그때부터 일이 시작이다. 김미나 씨가 운영하는 학원에서 9시부터 저녁 6시까지 중국어 강의하고 틈틈이 인스타도 한다. 6시 이후에는 유튜브에 올라가는 영상도 촬영한다. 하루에 한 개씩 올라가니 너무 힘들었다. 하지만 유튜브의 영향력으로 팟빵도 하게 되었다.

팟빵은 영상 촬영이 아니라서 메이크업이나 옷에 신경을 안 써서 좋았다. 영상과 비교하면 체크 할 것이 많지 않았다. 대본만 써서 정보 전달만 하면 되는 플랫폼이었다. 김미나 씨에게 좋은 플랫폼이었다. 공유도 많이 되었다. 다만, 유튜브만큼 영향력은 크지 않았다. 그래도 시간적 여유가 없었던 김미나 씨에게는 매력적인 플랫폼이었다. 그녀는 지식창업, 1인 강사, 프리랜서로 일한다면 플랫폼을 적극적으로 이용해야 한다. 다만, 본인과 맞는 플랫폼과 영향력이 있는 플랫폼으로 확대해야 한다고 말한다.

김미나 씨는 팟빵을 하면서 자신을 알렸다. 다만, 다른 플랫폼에 비해 영향력은 적었다. 그래도 그녀는 유튜브로 영향력을 키우고 있었다. 시간적인 여유가 없었던 그녀로서 다른 플랫폼은 무리였다. 하지만 팟빵은 사람들에게 자신을 알리고 공유 할 수 있는 플랫폼으로 그녀에게 유리했다. 플랫폼마다 장단점이 있다. 당신에게 잘 맞는 플랫폼을 선택해서 당신을 알려야 한다.

다른 책에서는 하나의 콘텐츠로 다양한 곳에 '공유하라'라고 한다. 다양한 곳에 공유하는 것을 원소스멀티유즈라고 하는데 해보면 생각보다 쉽지 않다. 지식창업자는 선택과 집중을 잘해야 한다.

SNS 채널을 적극적으로 활용하자

지식창업자는 온라인 마케팅을 다해야 할 것 같은 생각이 든다. 블로그, 네이버 카페, 인스타, 유튜브, 페이스북, 홈페이지 등 모두 해야 할 것 같다. 모두 다 해야 한다면 직원도 더 있어야 하고 전문적으로 더 잘해야 한다. 하지만 당신이 1인 지식창업일 경우 다할 수가 없다. 대신 충분한 SNS 채널을 가지고 직접 운영하면서 홍보하고 고객이 모이면 조금씩 비즈니스를 확장해 가야 한다. SNS 채널로 공유하면서 알리면 된다. 지식창업자는 SNS 채널을 활발하게 운영해야 한다. 고객은 항상 당신 채널만 보지 않는다. 당신이 멈추는 순간 고객은 당신을 잊어버린다.

'서두르지 않고, 그러나 쉬지 않고' 괴테의 명언이 있다. 대다수 사람은 서둘러서 빠르게 무언가를 얻고 쉬려고 한다. 서두르면 잘 되다가도 마지막에 일이 꼭 꼬인다. 서두르면 장기적으로 오랫동안 하지 못한다. 또한, 쉬지 않고 오랫동안 하는 것도 자의든 타의든 쉽지 않다. 직장인이라면 직장을 다니면서 블로그를 키우고, 유튜브를 해야 한다. 퍼스널브랜딩으로 책을 쓰면서 서두르지 않고 미래를 향하는 게 좋다. 서두르면 직장도 잃고 SNS 채널 키우는 것도 의

무감으로 하게 되어서 금세 지친다.

다양한 SNS 채널을 적극적으로 이용하다 보면 결국 힘이 된다. 당신과 맞는 SNS 채널을 적극적으로 이용해야 한다. 지식창업자가 콘텐츠 유통을 잘해야 한다. 자신이 직접 운영 할수 있는 유통 채널이 제일 좋다. 모든 것을 할 수 없다면 누군가에게 맡겨도 된다. 하지만 당신도 할 수는 있어야 한다. 당신을 알려야 하는 곳은 SNS 채널밖에 없기 때문이다. 그래서 SNS 채널을 적극적으로 활용하고 잘 다루는 사람이면 온라인 마케팅에서 많은 기회를 얻게 된다. 얼굴 노출에 대한 부담이 되는 사람도 당신과 맞는 팟빵이나 새로운 플랫폼으로 알려야 한다.

SNS 채널은 모두 무료이다. 당신이 부지런히 마케팅한다면 한 만큼 돌아온다. 당신이 씨를 많이 뿌릴수록 성공할 확률은 높아진다. 기회의 공간에서 당신을 많이 노출해야 한다. 당신의 전문적 지식과 경험을 공유하는 속도가 빠를수록 사람들은 당신을 빠르게 알아본다. 인터넷이 성공한 원인은 빠른 속도로 정보를 공유했기 때문이다. 당신도 다양한 채널에 공유를 많이 해야 한다.

다양한 플랫폼과 채널은 짧은 시간 내에 당신을 세상에 알릴 수 있다. 당신과 맞는 SNS로 적극적으로 공유해야 한다.

처음에는 온오프믹스, 탈잉, 클래스101, 등 플랫폼이 고객에게 빠르고 신뢰성 있게 접근할 수 있는 사이트다. 고객은 처음에 당신을 보면 모를 수 있다. 곧바로 고객을 유치하기보다 영향력 있는 플랫폼과 당신의 SNS로 홍보해야 한다. 초기에는 기타 사이트로 기회를 얻게 되고 큰 도움이 된다. 큰 매장 안에 당신의 상품과 서비스가 진열된다고 보면 된다. 고객에게 전달하기 최고의 장소가 된다. 성장할 가능성이 크다. 무엇을 먼저 해야 할까 고민한다면 기타 사이트를 통해 홍보하고 알리면 된다.

기타 사이트로 마케팅 성공하는 방법

1. 전문성 있는 홈페이지를 만들어야 한다.

2. 다양한 플랫폼을 이용해야 한다.

3. 본인과 맞는 SNS로 적극적으로 활용해야 한다.

5장

지식창업 오프라인 마케팅 방법

01

매주 1회 원데이 클래스를 통해 오프라인 만남을 가지면 신뢰가 생긴다

고객의 심리는 항상 가변적이다. 실제로 고객은 당신을 만나기 전까지 불안감을 느끼고 있다. 당신이 정말 괜찮은 사람인지 신뢰할 수 있는 사람인지, 등 불안한 요소들을 갖고 있다. 불안한 요소를 해결하기 위해서는 오프라인 만남을 통해 당신을 알려야 한다. 오프라인 만남은 당신과 고객의 첫 만남이다. 그래서 오프라인을 통해 틀림없는 확신과 신뢰를 주어야 한다. 오프라인 만남은 진솔한 제안이 되는 공간이 된다. 그 결과 확률적으로 잠재고객이 당신의 고객이 되어 고가의 상품등록도 되고 신규고객 유치까지 이어진다.

매주 1회 원데이클래스는 일종의 등록 설명회라고 생각한다

온라인으로 고객을 모집했다면 가망고객을 오프라인으로 유치해야 한다. 오프라인 유치는 고객이 행동으로 옮길 가능성이 큰 사람이다. 그래서 가장 적합한 고객이 당신의 원데이클래스에 온다. 원데이클래스는 일종의 등록 설명회이다. 대신 당신이 어떤 사람인지는 정확하게 알려야 한다. 고객이 의사 결정할 때 당신에 대한 신뢰와 상품 가치를 명확하게 느끼게 해주어야 한다. 고객이 그러한 감정이 느껴지면 등록이 된다. 원데이클래스는 고객의 마음을 사로잡아야 하는 등록 설명회이다.

김은아(가명) 씨는 투자자산운용사이다. 그녀는 매주 1회씩 투자 원데이클래스를 개최한다. 15명으로 인원을 제한한다. 그녀는 인지도가 높고 실적이 매우 높았다. 그런데도 투자 원데이클래스는 3만 원만 내면 신청할 수 있다. 그래서 선착순으로만 진행된다. 그녀의 원데이클래스는 인기가 높았다. 매주 1회 원데이클래스는 일종의 등록 설명회였다. 가입 고객들은 그녀의 원데이클래스를 통해 개별 상담으로 이어졌다. 결국 매주 1회 원데이클래스는 행동으로 옮길 가능성이 큰 사람들을 위한 개최하는 모임이었다. 그녀는 설명회로 수익모델을 지속해서 만들었다.

그녀는 고객 대상자가 누구냐에 따라서 장소 선별과 시간을 잡았다. 일정을 잡는 중요한 사항이었다. 투자금액 가치가 고액 상품이고 50대 이상 여성일 경우는 설명회를 호텔에서 개최했다. 고액 연봉의 직장인을 대상으로 할 때는 저녁이나 주말에 개최했다. 고객에 따라 모이는 장소와 시간을 결정했다. 그녀는 전자일 경우 사모님이라고 지칭과 함께 신뢰를 쌓았다. 그녀는 개별상담에 온다는 전제하에 상품을 이야기했다. 후자의 상황도 마찬가지로 고객으로 만들기 위해 최선을 다했다. 그녀의 목적은 고객을 획득하기 위해 이 모임을 개최했다.

그녀는 고객을 골라 모았다. 그녀가 판매하는 상품의 가치와 누구를 대상으로 할 것인지 명확하고 정확했다. 그녀의 영업활동은 주 1회 모임을 통해 해왔다. 그녀의 영업활동은 돈 들이지 않고 고객을 유도했다. 고가의 투자 상품일수록 그녀의 수익모델은 맞춤형 모임이었다. 맞춤형 모임을 기초로 개별상담으로 이어지게 했다. 결론적으로 오프라인 원데이클래스는 개별상담을 유도하는 등록 설명회이다. 오프라인 만남이 당신의 고객이 될 확률이 높은 사람이다. 그래서 등록 설명회도 철저한 계획이 필요하다.고가 등록은 반드시 오프라인 만남을 통해서 해야 한다

고가 등록은 반드시 오프라인 만남을 통해서 해야 한다

고가 등록은 결과적으로 높은 이익을 낼 수 있는 상품이고 사업

의 매출을 최대로 올릴 방법이다. 모든 사업의 성공 여부를 결정하는 것이 기회이다. 즉, 기회 획득에 있다. 당신이 기회를 놓치지 않고 기회를 획득하려면 기회손실과 목표를 높게 잡아야 한다. 당신이 고가 상품을 내놓는다면 고객의 눈은 상당히 까다롭게 변하게 된다. 결국 실력이 있어야 하고 타이밍 모든 것이 맞아야 한다. 고가의 가격일수록 경영전략이 중요하고 필요하다. 그리고 고가 등록은 반드시 오프라인 만남에서만 이루어진다.

매출 공식은 변하지 않는다. 매출=단가×숫자(회전율)이다. 당신이 고가의 상품을 계획 중이라면 경영전략을 잘 세워야 한다. 고가의 상품일수록 매출이나 이익 계획을 세우기 어렵다. 고가의 상품은 안정된 경영을 하기 어렵다. 특히 고가의 상품만을 지향하게 되면 기회손실도 커진다. 예를 들면 당신이 1,000만 원의 강의를 10개 팔면 1억의 수익을 낸다. 다음 달에 5개를 한다면 5,000만 원이다. 한 개도 안 팔리면 0원이 된다. 이렇게 되면 강의실을 더 늘릴까? 줄일까? 하게 되고 어떻게 경영할지 고민이 많이 된다. 하지만 반대로 거의 수요가 없어도 결과적으로 높은 이익을 낼 수 있는 구조이다.

그래서 매출을 올리려면 고가의 상품이 필수이다. 반면 위험성도 크다. 당신이 지속해서 사업을 한다면 로우 리스크 하이 리턴방식으로 해야 한다. 고가의 상품을 연결해야 한다면 저가, 중가, 고가의 상품을 배치해야 한다. 이 3개의 가격상품이 서로 밀접하게 보완 연결되어 있을 때 고가의 상품이 매력적으로 보이고 고가 상품등록으로 이어진다. 고가의 상품은 신뢰가 있어야 하는데 신뢰감은 만남 횟수에 비례하게 된다. 온라인으로 저가와 중가를 배치하고 고가의 상품은 만남을 통해 신뢰를 쌓고 다른 상품과 차별이 있다고 확신을 주어야 한다.

물론 고가의 상품은 실력, 확실한 결과물, 신뢰를 바탕으로 등록이 된다. 이 3가지 포인트가 중요하다. 고가의 상품과 서비스는 다양한 요소들이 자리 잡고 있다. 하지만 가장 중요한 선택 기준은 당신의 신뢰를 통해 결정된다. 신뢰는 반드시 고객과 당신이 오프라인에서 만나야 한다. 신뢰가 쌓이면 개별상담으로 이어지고 고가 등록도 자연스럽게 이루어진다. 오프라인 만남은 설득하는 기회가 되어서 전형적으로 기회를 획득하게 된다. 여기서 중요한 것은 오프라인 만남을 통해 확실한 신뢰와 당신의 가치를 느낀 고객이 고가 등록이 되어야 한다는 점이다.

행동으로 재촉할 수 있는 갭을 만들어야 한다

오프라인 모임은 온라인 모임과 다르게 시간과 비용을 훨씬 더 투자해서 모인다. 오프라인 모임은 장소, 시간, 모임 인원, 모든 것

을 신중하게 결정해야 한다. 참가자가 참가하는 데 방해 요소가 없
도록 해야 한다. 당신이 신경 써서 점검해야 한다. 일반적으로 사람
들은 오프라인 모임을 통해 더 높은 가치를 얻고 싶어 한다. 그 점
을 강력하게 어필해야 한다. 오프라인에서 가치 있고 좋은 정보를
공유해야 한다. 중요한 열쇠가 오프라인에 있다는 인식을 주어야
한다. 결국 설명회 개최는 개별상담으로 이어지게 하는 것이 목표
이다.

사람들이 결정하고 행동으로 넘어가기까지 과정이 있다. 과정에
서 반드시 행동으로 움직일 수 있는 촉매 역할이 있어야 한다. 행동
으로 만드는 것이 중요하다. 앞에서 설명회를 통해 본인이 필요한
것이 무엇인지 확실하게 인지시켜 주고 본인의 문제의식을 강하게
느끼도록 해야 한다. 당신이 직접적으로 이야기하면 안 된다. 고객
이 직접 생각하고 결정하게 만들어야 한다. 이상적인 미래와 현실
과의 갭을 느끼도록 문제를 인식시키면 된다. 그러면 고객이 해결
책을 찾으려고 행동한다.

동기부여에 관한 영상이나 책은 사람을 움직이게 하는 힘이 있
다. 동기부여는 행동으로 움직이는 힘이 있다. 인간의 내면에 있는
욕구를 자극한다. 욕구를 자극해 목표를 달성할 수 있도록 한다. 동
기부여는 무언가를 할 때 촉진하는 역할을 한다. 고객은 욕구가 형
성되면 동기가 있어야지 구매 전환이 가능하다. 당신은 문제 해결

의 이상적인 모습을 보여주고 변화하고 싶어 하는 심리를 자극해야 한다. 대신 변화되는 모습을 단정 지으면 안 된다. 강요하거나 결론을 내리면 안 된다.

아무리 맞는 말이라도 고객이 생각하고 결정해야 한다. 그렇게 하지 않으면 고객의 반발심과 의문들이 당신을 힘들게 한다. 현실과 이상의 차이를 고객이 스스로 생각하게 해주어야 한다. 현실과 이상의 차이를 느끼도록 해주어야 한다. 절대로 당신이 관여해서 말하면 안 된다. 충분히 고객이 느끼게 되었다면 당신은 전문가라는 인식과 함께 결과물을 증명해야 한다. 확실하게 행동으로 연결될 수 있는 촉매 역할만 하면 된다. 고객은 이상적인 모습을 생각하고 당신에게 등록한다. 오프라인에 모인 참가자들이 확실한 결정을 할 수 있도록 해줘야 한다.

오프라인은 가망고객을 나의 고객으로 만드는 시스템이다. 당신은 적합한 사람만 골라서 설명회를 개최한다. 적합한 고객이 참석해도 설명회 시작 전에 고객은 기대와 함께 불안감으로 당신을 보고 있다.

그래서 적합한 고객으로만 오프라인을 개최해야 하고 신뢰를 형성하는 데 집중해야 한다. 오프라인은 결국 신뢰 구축 시스템이다.

그래서 당신은 고객이 설명회가 끝나고 나면 개별상담을 의뢰한다는 가정으로 신뢰 구축해야 한다. 그래야 행동으로 옮길 가능성이 크다. 고객은 개별상담으로 이루어지고 고가 등록의 성공률도 높아진다. 오프라인은 특성상 대부분 그 자리에서 결정된다.

오프라인 마케킹하는 방법

1. 원데이클래스는 신뢰를 주어야 한다.

2. 등록 설명회는 고객의 마음을 사로잡기 위한 만남이므로 욕구를 정확하게 파악해야 한다.

3. 개별상담하고 고가 등록의 확신을 주어야 한다.

02
오프라인 만남은
반드시 선생님의 역할을
견지하라

선생님은 존경할 위치에 있는 사람이다. 사람들은 지식을 가르쳐주는 선생님을 신뢰하고 존경한다. 신뢰 구축에서 선생님 역할은 중요한 자리로 인식되고 신뢰감을 확실하게 느끼게 만든다. 당신이 전문가 선생님이라고 하면 신뢰와 함께 브랜드 파워로 어필하게 된다. 수강생은 선생님의 이야기에 집중해서 듣고 대단한 사람이라고 인식한다. 이러한 인식이 선생님의 브랜드 전략의 목적으로 된다. 오프라인에서 수강생은 당신이 선생님이라고 생각하고 만난다. 선생님의 포지션을 제대로 지켜서 신뢰감을 만들고 브랜드를 정확하게 인식시켜야 한다.

판매자가 아니라 스승, 선생님의 포지션을 유지해야 한다
가르쳐주면 존경을 얻게 된다

존경이라는 단어가 숭고하다. 스승과 제자 관계에서 존경을 얻는다는 것이 쉽지 않다. 존경받는다면 기쁘고 감사할 일이다. 선생님 포지션에 있는 사람들은 존경받을 수 있는 선생님이 되기 위해 노력해야 한다.

존경받는 선생님은 상대방에게 영향력이 크다. 헨리 아담스((Henry Adams) 명언 중에 '선생님은 영원한 영향력을 안겨주는 사람이다'라고 했다. 선생님의 영향력은 거대하다. 지식을 전달하는 선생님은 정보를 잘 전달해야 하지만 모든 면에서 선생다움을 유지해야 한다. 그 분야의 전문가 선생님은 확실하게 가르쳐주고 최선을 다해야 한다. 그러면 존경을 얻게 된다. 수강생은 존경하는 선생님을 잊지 못한다.

나폴레옹(Napoléon) 명언 중에 인간이 궁극적으로 바라는 것이 존경과 사랑이라고 한다. 존경은 그 사람의 모든 것을 높게 평가한다. 재산이나 학력 이런 것으로 판단하지 않는다. 유익한 정보와 사람들에게 선한 영향을 주는 사람을 존경한다. 존경받고 싶다면 가치를 주고 긍정적인 사고를 깨닫게 해주어야 한다. 사람들은 긍정적인 사고와 좋은 정보, 지식을 가르쳐주면 신뢰한다. 선생님은 오랜 경험과 지식을 올바르게 가르쳐주면 우리는 선생님의 가르침에 무언가를 깨닫는다. 궁극적으로 당신의 가치를 알게 되고 선생님에 게 감사의 마음과 존경을 갖게 된다.

선생님은 수강생을 이끌어 가야 한다. 가치 있는 정보를 알려 주어야 하고 수강생에게 기회를 주어야 한다. 당신이 가르쳐준 모 든 것이 수강생에게는 큰 도움이 된다. 수강생이 기회를 얻고 행함 으로써 당신의 가치를 알게 되고 존경하게 된다. 그래서 당신은 수 강생을 가르칠 때 확실한 정보와 긍정적인 사고를 깨닫게 해주어야 한다. 그리고 최선을 다해 가르쳐 주어야 한다. 그러면 수강생은 자 연스럽게 선생님을 존경한다. 수강생은 열정적이고 최선을 다하는 선생님을 존경한다.

훌륭한 선생님은 존경받는 선생님이다. 이것은 명확한 사실이 다. 모두에게 존경받을 수는 없지만, 존경받을 수 있도록 선생님은 수강생에게 최선을 다해야 한다. 그러면 수강생은 색안경을 보지 않고 당신을 신뢰하고 당신에게 배우고 싶어 한다. 이점을 절대 잊 지 말아야 한다. 모든 관계 속에는 신뢰가 있어야 한다. 당신이 최 선을 다해서 가르쳐주지 않으면 당신을 신뢰하지 않고 의심하게 된 다. 반드시 선생님의 위치를 지켜야 한다. 선생님은 가르쳐주고 끝 나는 행위로 생각하면 안 된다.

긍정적인 기운이 있어야 한다

각 분야의 전문가 선생님들은 인상도 다르고 성향도 다르다. 소통 방식에도 차이가 있다. 다른 분야의 전문가 선생님들도 모두 진심은 같다. 진심으로 알려주고 소통한다. 각 분야의 전문가 선생님은 본인 자리에서 최선을 다하신다. 그래서 수강생과 제자들은 선생님에게 배우고 존경도 표한다.

신뢰가 쌓이고 소통하면서 스승과 제자의 관계가 더욱 돈독해진다. 시간이 지나도 오랫동안 지속적인 관계를 갖고 감사를 표하게 된다. 본인에게 좋은 선생님과 스승이 있는 것도 행운이지만 본인이 좋은 선생님과 스승이 되는 것도 행운이다.

필자가 만난 선생님은 모두 긍정적인 기운이 있었다. 우선 선생님은 영향력이 강하기 때문에 긍정적인 기운이 있어야 한다. 안 그러면 사람들은 다가오고 싶어 하지 않는다. 선생님은 모든 사람에게 일관성 있게 대해야 한다. 각자의 임무를 수행하도록 도와주고 상담해주어야 한다. 따라서 선생님은 수강생과 가까워진다. 해결책을 제시해주지만, 그 본질에는 긍정의 힘이 있다. 긍정의 힘으로 방해물이 와도 견딜 수 있다. 긍정의 힘을 주시는 분이 선생님이다. 당신이 지혜롭게 헤쳐갈 수 있게 해준다.

박훈(가명) 씨는 공부방을 운영하고 있다. 중학생 대상으로 소수 그룹 수학 과외를 한다. 공부방은 학생들 사이에서 인기 있다. 그는 매번 수업 시간에 학생들과 꾸준히 소통한다. 또한 긍정의 기운으로 학생의 감정도 지치지 않게 해준다. 청소년 시기에 학생들은 불안정하고 힘들어하는데 박훈(가명) 씨는 긍정의 기운으로 수업 분위기를 압도한다. 학생들은 선생님의 긍정적인 기운을 받아 수업을 적극적으로 수용한다. 학생들은 배우는 처지에서 선생님의 영향을 받는다. 선생님은 긍정의 원동력으로 수업을 철저하게 이끌어 갔다.

선생님의 긍정적인 기운은 학생들이 배움을 이어갈 수 있도록 촉진 역할을 했다. 학생들은 포기하지 않고 지속해서 공부할 수 있도록 만들었다. 긍정의 기운은 상대방의 기분을 좋게 해준다. 상대방은 긍정적인 생각을 하고 상황을 긍정적으로 바라본다. 좋은 결과로 이어질 확률이 높다. 선생님은 상황에 압도당하지 말고 긍정적인 분위기를 만들어야 한다. 선생님의 몫이다. 선생님은 학생을 탓하면 안 된다. 긍정적인 사고와 긍정적인 기운으로 경험과 지식을 전달해야 한다. 선생님은 긍정적으로 사람을 대해야 한다.

선생님이라는 위치가 매우 중요하다. 결국 선생님의 영향력이 크기 때문이다. 한 사람의 인생이 바뀌는 일도 있다. 당신이 선생님

의 위치를 정확히 알고 행해야 한다. 단순히 선생님이라는 위치를
지키고 이용하거나 장사같이 행동하면 신뢰감만 잃는 게 아니다.
한 사람의 삶을 잃게 만든다. 훌륭한 선생님은 인재를 키우는 능력
도 대단하다. 우리는 인재를 키우는 선생님이 되는 것이 목표여야
한다. 사실 훌륭한 선생님은 마지막까지 인정받는다. 시간이 걸리
더라도 전문성을 갖추고 수강생한테 다가가야 한다.

선생님이 되는 방법

1. 선생님의 위치를 정확하게 지켜야 한다.

2. 존경받는 선생님이 되기 위해 노력해야 한다.

3. 긍정적인 기운으로 사람을 대해야 한다.

03

원데이클래스의 목적은
정보제공이 아니라
나에 대한 확신과 등록이다

원데이클래스는 정보를 과장한 등록 설명회이다. 당신은 정보 제공을 위해 원데이클래스를 개최한 것이 아니다. 원데이클래스는 등록을 강요하거나 추천하는 강의가 아니다. 당신에 대한 확신으로 등록시켜야 한다. 당신은 고객이 등록 설명회를 통해 이루고 싶은 나의 이상적인 모습을 느끼게 해주어야 한다. 생각하지 못한 멋진 미래를 보면 본인은 감정적으로 당신의 상황에 대입한다. 단순히 정보제공이 아닌 해결책을 제시해야 한다. 본인의 선택이 현명한 선택이라고 믿고 확신시켜야 한다. 그러면 자연스럽게 등록으로 이어진다.

단순히 정보제공이 아니라 반드시 확신과 등록을 해야 한다

당신이 광고를 통해 잠재고객을 모집했다. 잠재고객은 정보를 들으러 왔지만, 그 내면에는 확인이다. 당신은 잠재고객에게 그 내면의 확인을 확신시켜주어야 한다. 당신은 잠재고객에게 동기를 부여하고 확신까지 주어야 한다. 그래야 개별상담과 등록으로 일련의 흐름으로 이어진다. 반드시 확신을 주어야 한다. 확신이 없으면 아무것도 이루어지지 않는다. 고객은 심리적으로 확신이 있어야 등록한다. 불신(의심)으로 등록하지 않는다. 당신은 확신을 내릴 수 있는 강의를 진행해야 한다. 고객이 결단을 내릴 수 있는 등록 설명회를 해야 한다.

인생은 선택의 연속이다. 식당에 가서도 선택하고 무언가를 구매할 때도 선택한다. 사람과의 관계에서도 선택한다. 선택할 때 신중하다. 선택이 어려울수록 선택은 더 어렵다. 어려운 선택일수록 확신이 없으면 선택할 수 없다.

선택의 실패를 줄이기 위해서 확신이 필요하다. 실패의 두려움은 아픔을 최소화하려고 확신을 얻고 싶어 한다. 확신이 있어야 흔들리지 않고 실행할 수 있기 때문이다. 그래서 무언가를 시작할 때 확신이 안 생기면 아무것도 시작할 수가 없다. 결국 시작하기 위해서는 확신이 있어야 시작한다. 시작해야 과정이 있고 결과를 만들 수 있다. 그래서 제일 불안한 상태에서 확신은 시작의 첫걸음이다.

한 연구 결과에서 확신이 클수록 고객은 믿음을 갖는다. 그리고 적극적으로 구매하고 참여 가능성도 크다고 한다. 확신은 판단할 때 근거가 없어도 믿음이 강해 착각하기도 한다. 비록 착각이더라도 자신감으로 향상되어 실행할 수 있도록 반응한다. 연구 결과에서는 확신에 대한 효과가 입증되었다. 당신은 확신을 주어 고객의 불안감을 없애야 한다. 고객은 자연스럽게 믿음으로 이어지고 자신감을 느끼게 해야 한다. 결과적으로 고객은 자신감을 느끼고 판단하고 실행한다. 설명회를 통해 단순히 정보제공이 아니라 고객의 감정을 이해시키고 다음 과정으로 이어질 수 있도록 준비해야 한다. 확신은 경영 면에서 큰 역할을 하고 있다.

당신이 그 분야의 전문가라면 확신 갖고 고객을 이끌고 지도해야 한다. 당신이 확신이 섰을 때 비로소 상대방에게도 확신시켜줄 수 있다. 잊지 말아야 할 것은 고객을 확신시키려고 과대 포장하면 안 된다. 등록 설명회는 고객이 스스로 깨달아서 확신이 생겨야 한다. 당신이 억지로 확신을 만드는 행위나 고객을 이끌기 위해서 포장하면 안 된다. 설명회 분위기가 이상해지고 고객의 반항심만 커진다. 극단적으로 등록 상황을 만들면 안 된다. 확률적으로 등록이 낮아지고 아예 등록이 안 된다.

따라서 강의할 때는 마지막 말도 잘해야 하고 중간마다 장치를 잘 만들어야 한다.

잘되는 사업 설명회를 가보면 흐름 있게 계약서까지 이어질 수 있도록 강의를 만들었다. 사업 설명회를 가면 분위가 좋다. 억지로 이야깃거리를 만들지 않고 단점을 짧게 이야기한다. 그리고 장점을 포장하지 않고 사실 있는 그대로 명확하게 말한다. 결과물을 보여주고 장점을 부각한다. 과정을 보여주고 증거물도 제시한다. 고객은 믿음이 생긴다. 그러면 행동으로 옮길 수 있도록 개별상담을 유도한다. 호의적으로 고객을 모시는 것처럼 보이지만 개별상담에 대한 열의가 식지 않도록 그 자리에서 유도하고 계약시킨다.

임우리(가명) 씨는 논술학원을 운영하고 있다. 그녀의 논술 입시 설명회는 성공률이 저조했다. 그녀의 논술 설명회는 100% 입시까지 이어질 수 있다고 홍보했다. 무작정 결과에 대한 설명으로 고객에게 어필했다.

고객들은 스스로 생각하게 되고 의문이 생긴다. 고객은 논술 등록 설명회에 대한 의구심이 들었다. 마지막에 질의응답 시간에 고객의 반발심 질문이 많았다. 결국 등록 설명회는 임우리 씨의 사기를 떨어트리고 그 자리에서 학원의 인지도도 떨어졌다. 참가한 고객들은 실망감만 가지고 집으로 돌아갔다.

반면, 이정(가명) 씨도 논술 입시 설명회를 했다. 성공률이 높았다. 그는 수강생들의 과정과 결과물의 증거를 보여주었다. 100%로 좋은 결과를 확답하지 않았지만, 수강생 데이터를 가지고 와서 성공한 결과물을 보여주었다. 이런 접근 방법으로 정확한 확신을 해주었다. 직접적으로 고객에게 말하기보다는 정확한 결과물로 제시했다. 그는 의도하지 않고 자연스럽게 고객에게 믿음을 주었다. 고객은 신뢰가 쌓이고 어떻게든 개별상담을 가져야 한다고 생각했다. 마지막에 그는 개별적인 상담을 희망하는 고객은 직원분에게 따로 말씀해달라고 말하고 설명회를 끝냈다. 참가한 고객들은 개별상담으로 이어졌다.

그는 결과적으로 개별상담을 자연스럽게 유도했다. 고객은 확신을 바로 행동으로 옮겼다. 그는 설명회가 끝난 게 아니다. 고객에게 선택할 시간을 충분히 준 것처럼 보이지만 바로 개별상담으로 유도했다. 열의가 식지 않도록 자연스럽게 개별상담으로 이어지도록 상황을 이끌어 갔다. 등록 설명회는 프로세스이다. 일련의 흐름대로 되어야 한다. 참가한 고객이 일련의 흐름대로 갈 수 있게 당신이 만들어야 한다. 자연스럽게 호의적으로 이어져야 한다. 설명회가 끝나고 등록이 바로 되어야 한다. 2주일 안에 개별상담이 되지 않으면 계약 성공률은 매우 낮다.

성공사례를 보여주어야 한다

등록 설명회를 통해 확실하게 확신을 주어야 한다. 강의할 때도 등록할 수 있도록 흐름을 만들어야 한다. 다음 강의에 대한 기대감을 줘야 한다. 등록 설명회에서 당신만의 언어로 잘 표현해야 한다. 계약 성공률을 높이기 위해서는 확실한 결과물이 있어야 한다. 처음 강의한다면 결과물이 없을 때 자신에 대한 믿음과 확신을 어필해주어야 한다. 등록으로 이어지려면 행동 계기가 있어야 한다. 당신이 그 계기를 만들어야 한다. 동떨어진 이야기가 아닌 확신을 주고 행동시켜야 한다.

개별상담으로 이어질 수 있도록 다음 강의에 대한 기대감을 줘야 한다. 상대방에게 기대감을 주려면 충분히 현재 상황을 알려주어야 한다. 가능한 알기 쉽게 설명해야 한다. 수강생의 성공사례를 이야기해주면 좋다. 전 수강생도 현재 상황에서 이상적인 상황으로 바뀐 것을 이야기해준다.

다만 본인이 노력했고 그 과정에서 당신의 역할을 이야기해주어야 한다. 당신이 무엇을 확실히 가르쳐주는지 어필해야 한다. 참가한 고객들은 성공사례를 듣고 본인의 현재 상황을 비교하고 감정을 이입하게 된다. 그래서 참가한 고객들은 고정관념이 깨지고 현실 속에 희망을 얻는다.

대중은 한 사람의 성공 신화에 감동한다. 한 사람의 사연에는 고난과 역경이 있다. 대중은 감정을 불러일으키고 관심 두게 된다. 결국 사연은 사람의 마음을 움직일 수 있다. 그래서 성공사례는 독자의 관심으로 마케팅이나 홍보 등에 중요시되고 있다. 성공사례를 고객에게 전달하는 것은 성공사례 안에 당신의 상품이 내재 되어 있다. 고객은 감정이입으로 상품을 자연스럽게 받아들인다. 상대방에게 알리고자 하는 바를 성공사례로 말해주면 된다. 성공사례는 결과물이므로 독자는 결과물을 확인 한 거다.

인간의 뇌는 줄거리 형태로 기억하고 저장한다고 한다. 당신이 고객에게 등록 확신을 주어야 한다면 성공사례로 전달해야 한다. 기억에 남는 성공사례는 고객을 움직이게 한다. 좋은 방법이 전 수 강생의 성공사례이다. 전 수강생의 결과물을 보여주면 된다. 전 수강생의 결과물은 고객에게 보여줄 수 있는 표본이다. 정확한 표본을 보여주면 고객은 상품이라고 생각하지 않는다. 다음 강의에 기대감과 확신으로 이어진다. 성공사례를 보여줌으로써 동기부여와 마케팅 역할이 된다. 등록으로 이어지는 하나의 일환이다. 성공사례는 결과물의 증거이다. 모두가 의심하지 않고 믿는다.

등록 설명회는 당신의 상품과 서비스를 소개하는 강의이다. 단순히 정보제공이 아니다. 상품과 서비스를 소개하는 강의는 흐름에서 자연스럽게 소개해야 한다. 당신이 강의에서 확실한 성공사례를 보여주어야 한다. 성공사례는 확실한 결과물의 증거이다. 잠재고객은 강의를 통해 확신을 얻고 등록으로 이어진다. 고객의 마음 상태는 강의에 연결되어야 한다. 단지 상품과 서비스의 중요성을 이야기하는 것보다 고객 중심으로 상황을 바라보고 강의해야 한다. 고객은 확신이 들면 등록한다.

오프라인 강의 등록시키는 방법

1. 나에 대한 확신이다.

2. 성공사례를 보여주어야 한다.

3. 자연스럽게 개별상담 등록시켜야 한다.

04

원데이클래스는
수강료보다
100배의 가치를 줘야 한다

원데이클래스는 잠재고객이 모인 등록 설명회이다. 고객들은 불안감과 기대를 하고 강의를 듣는다. 고객들은 참가비를 내면 매의 눈으로 강의를 듣는다. 손실 회피 심리가 있어서 무언가를 얻을 때보다 잃을 때의 감정이 더 크다. 그래서 등록 설명회 강의는 고객들이 만족도가 높아야 하고 실제로 손해 보지 않았다는 느낌을 강하게 주어야 한다. 100배 이상의 가치를 느끼게 해야 한다. 고객들은 강의에 만족도가 높으면 높을수록 다음 강의에 기대한다. 강의 내용 전반을 설명하고 조금 더 섬세하게 설명해주어야 한다. 가치를 높여 다음 강의로 넘어 갈수 있는 연결고리를 만들어야 한다.

원데이클래스는 처음에는 무료나 1만 원으로 한다

최근에 참가비를 무료로 진행하는 곳이 많다. 무료 강의는 나를 홍보하고 다음 강의로 이어질 수 있게 한다. 결과물이 없고 당신을 알리는 목적이라면 무료 강의를 추천한다. 하지만 무료 강의를 지속해서 하면 위험하다. 진정한 잠재고객을 모으기 어렵고 모임이나 세미나의 전체적인 강의 분위기를 망친다. 결국 악순환이 되어 잠재고객을 모으기 어렵다. 만원에서 오만 원 이내로 하면 좋다. 진정한 잠재고객을 놓치는 일도 있다. 등록 설명회 참가비는 민감하게 영향을 받지 않는다. 지속해서 무료 강의하면 안 된다. 고객은 무료로 진행하는 강의를 중요하지 않다고 인식한다.

경제학자 폴 사무엘슨(Paul Samuelson)은 '세상에 공짜 점심은 없다'라고 명언을 남겼다. 미국 서부의 한 가게가 있다. 점심에는 식당을 운영하고 저녁에는 술집을 운영했다. 어느 날부터 점심에 손님이 줄어들자 가게 주인은 저녁에 일정량 이상의 술을 마시면 다음 날 점심은 무료라고 홍보했다. 결국 가게는 사람들이 북적거리고 가게의 매출은 높아졌다. 가게 주인은 술과 안주에 이미 점심 가격이 책정되었다. 공짜를 좋아하는 사람의 심리를 이용했다. 사실 이면에는 공짜가 아니었다. 다만, 사람의 심리를 이용해 공짜는 마케팅 전략으로 사용된다.

그러나 현재 시대는 공짜 마케팅 전략이 약하다. 고객은 현명한 선택을 위해 정보를 찾는다. 공짜의 의미를 있는 그대로 받지 않는다. 이미 고객은 무료라고 하면 그 뒤 이면을 살핀다. 이제 공짜 마케팅 전략은 효과가 높지 않다. 이면이 보이는 순간 고객은 다가가지 않는다. 고객은 대가를 지불하고 그 이상의 가치를 얻고 싶어 한다. 무료 마케팅은 홍보 효과가 오히려 역효과가 날 수 있다. 효과를 높여야 한다. 고객은 지급한 금액 이상의 가치를 원한다. 그 이상의 가치를 주지 않으면 처절한 대가를 치르게 된다.

무료 강의도 당연히 그 이상의 가치를 주어야 하는 것이 맞다. 하지만 경험을 한 고객은 실제로 등록까지 이어지는 확률은 높지 않다.

무료 강의가 실제로 높은 가치를 준다 해도 진지하게 생각하고 오는 고객은 많지 않다. 잠재고객이 온다 해도 놓칠 확률이 높다. 전체적으로 관리하기가 어렵기 때문이다. 정보가 있어야 하는 사람은 무료가 아니더라도 반드시 온다. 정보가 있어야 하는 사람에게 그 이상의 가치를 제공하고 그다음 강의로 이어지게 해야 한다. 서로에게 좋다. 집중해서 고객을 모으고 시간이 걸리더라도 적합한 신규고객을 모아야 한다. 확실하게 가치 있는 정보를 제공해야 고객들은 선호하고 섬세함에서 최종적으로 등록하게 된다.

추후 3, 5만 원으로 해서 100배 이상의 가치를 줘야 한다

처음 무료 강의로 당신을 홍보하고 일정 기간이 지나면 만원으로 참가비를 받으면 된다. 그 후 모임과 세미나에 전략을 세워야 한다. 적정한 참가비를 제시해야 한다. 참가비를 올려 당신의 브랜드 위치를 높이고 사람의 심리 가치를 높여야 한다. 집중해서 신규고객을 늘려야 한다. 신규고객을 늘릴 때 주의할 점은 가치 있는 정보라면 고가여도 구매할 수 있는 사람이어야 한다. 즉, 가치 있는 정보를 정당한 대가를 지급할 수 있는 고객을 우선해야 한다. 고객은 더 섬세한 것에 집중하게 되고 당신은 고액 고객 유치 마케팅을 확실하게 할 수 있다.

당신의 사업 모델은 중소기업 모델이다. 지식창업자의 모델은 저비용 고효율이어야 한다. 당신의 상품과 서비스를 무료로 제공한다면 효율을 높이기 어렵다. '체리피커(cherry picker)' 비율을 무시하면 안 된다. 체리피커는 필요한 기능만 쓰고 이용하지 않는 사람을 일컫는 경제학 용어이다. 그래서 강의 주제를 선정하고 개최할 때 체리피커의 사람들을 걸러야 한다. 만원에서 3만 원으로 개최한다고 해도 원하는 사람은 반드시 온다. 사람이 많이 안 모여도 된다. 얼마든지 고객은 필요하다고 느끼면 온다. 대신 그 이상의 가치를 확실하게 주어야 한다. 고객이 원하는 것은 정확한 가치이다.

모임과 세미나에는 가망고객을 대상으로 모집해야 한다. 추후 3, 5만 원으로 해서 타깃을 좁혀야 한다. 가망고객들에게 100배 이상의 가치를 주면 고객은 실행하게 된다. 고객은 비싸도 가치가 있으면 반드시 구매한다. 초점을 정확하게 맞춰야 한다. 지속해서 한다면 다음부터 모임과 세미나에 신경을 써야 한다. 고객은 다른 참가자의 행동에도 영향을 받는다. 분위기가 한번 망가지면 되돌리기 어렵다.

당신의 상품과 서비스를 품격 있게 만들어야 한다. 품격 있게 제공하고 그 이상의 가치를 주면 고객은 만족한다. 정당한 대가를 주어야 한다. 그 이상의 대가를 주지 않으면 고객은 구매하지 않는다.

반드시 그 이상의 가치를 주어야 한다. 사람의 심리가 돈을 지급하면 가치판단을 한다. 애매모호한 가치를 주면 갈등하게 된다. 결국 가성비로 따지고 대부분 지급하지 않는다. 가치가 없다고 생각하면 고객은 아깝다고 생각한다. 그러면 불만으로 이어지고 당신의 인지도에 악영향을 미친다. 혜택이 많고 비용이 저렴해도 그 이상의 가치가 있지 않으면 고객은 가치가 없다고 생각한다. 고객이 원하는 정보를 정확하게 주고 고객이 인지할 수 있어야 한다. 등가교환을 성립해야 당신 상품과 서비스가 진정한 가치가 있다.

그래야 믿고 그다음 과정으로 넘어간다

처음에는 무료 강의로 홍보한다. 무료 정보를 제공하고 고객과 소통해야 한다. 고객의 욕구를 알아야 한다. 좋은 자료로 제공했지만, 고객의 욕구를 찾지 못하면 고객은 가치 있는 정보라고 크게 생각하지 않는다. 당신의 비즈니스 모델도 어려워진다. 가치를 주어도 고객이 느끼지 못하면 고객모집이 어렵고 최종적으로 등록도 어렵다. 계속 가망 없는 고객을 모집하는 것보다 강의에 관심 높은 고객을 모집해야 한다. 당신이 가치를 주었을 때 고객의 반응을 살피고 전달에 문제가 없는지 확인해야 한다. 그래야 당신의 등록 설명회가 가치 있는 강의로 전환된다.

우리는 뭐든지 수업료를 내고 배운다. 실제로 공짜는 없고 정당한 가치를 받고 싶으면 대가를 내야 한다. 고객은 절대 쓸데없이 구매하지 않는다. 나름의 가치를 갖고 구매한다. 고객은 상품을 발견하고 가치가 있다고 생각하면 관심을 둔다. 그 후 일정 금액을 내고 가치를 확인한다. 그다음 확신이 생기고 그 이상의 가치를 느끼면 대가를 낸다. 이미 고객은 가치를 관찰하고 확인한다. 고객은 관심과 흥미를 지나 믿고 확신한다. 그다음 획득하고 싶어 한다.

테오르드 레빗(Theodore Levitt)은 마케팅 전문가이다. 그는 '고객이 원하는 것은 지름 0.6cm의 드릴이 아니라, 지름 0.6cm의 구멍이다'라는 유명한 말을 남겼다. 고객이 원하는 것은 상품이 아니라 상품의 가치이다. 결론은 상품의 가격이 아니라 그 문제를 해결하는 데 들어가는 비용이다. 결국 그 문제를 해결해야 하는 비용을 내야 하는 가치다. 고객은 가치가 있다고 생각하면 기회를 얻고 싶어 한다. 그리고 확인인 후 구매한다.

고객에게 확인할 기회를 주고 가치가 있다고 느끼게 해줘야 한다. 당신이 0.6cm 드릴을 주는 것이 아니라 0.6cm 구멍의 가치를 주어야 한다. 그 과정에서 고객은 당신이 주는 가치가 복합적으로 어떤 영향을 주는지 생각한다.

시간, 비용, 노력, 편리성 등 고객은 가치 속에 모든 것을 생각한다. 가치 속에는 이 모든 것이 포함되어 있다. 결국 당신이 알려야 하는 것이 포함된 가치들이다. 그러면 고객은 가치가 확실하게 느껴지면 의심하지 않고 구매한다. 문제 해결을 위해 어떠한 가치를 줄지 고객에게 알려야 한다. 고객은 가치의 중점이 크다. 시간이 절약되는지, 비용이 절약되는지 등 가치 비중을 정확하게 알려야 한다. 이상적인 고객은 저렴한 가격으로 구매하는 고객이 아니다. 가치가 확실하다고 느끼고 구매하는 고객이다. 고객에게 어떤 가치를 주는지 알려야 한다.

고객은 가치 있는 상품과 서비스는 반드시 구매한다. 고객등록을 할까, 말까 고민하면 고객은 가치가 없다고 생각한 것이다. 고객의 내면은 매번 일관성 있지 않다. 당신의 전문성을 알리고 믿음과 신뢰를 주어야 한다. 그리고 더욱 가치 있는 정보를 제공해야 한다. 수강료보다 그 이상의 가치를 주어야 한다. 더 많은 가치를 제공하면 당신을 믿고 강의를 등록한다. 고객은 새로운 상품이나 서비스를 원하지 않는다. 어떤 가치냐에 무게를 두고 있다. 정확한 가치를 원한다. 가치가 높으면 그에 따라 금액 지급이 높다.

등록 설명회 성공하는 방법

1. 고객에게 어떤 가치를 줄 것인지 알려야 한다.

2. 당신의 전문성을 알리고 믿음과 신뢰를 주어야 한다.

3. 체리피커 비율을 무시하면 안 된다.

05

1대 1 코칭을 할 때는
말하기보다
많이 들어야 한다

개별상담은 당신과 고객이 단둘이 있는 자리이다. 솔직하고 진솔한 대화가 오고 갈 수 있는 공간이다. 당신과 고객에게 중요한 시간이다. 고객이 원하는 것, 고민, 생각 등 알 수 있는 시간이다. 이때 당신은 고객의 말에 집중해야 한다. 고객이 원하는 것은 고객이 직접 말한다. 이때 당신은 메모하면서 들어야 한다. 놓치면 안 된다. 당신이 고객의 이야기를 몰입해서 들으면 고객은 당신을 진정성 있다고 생각한다. 당신이 집중할수록 고객은 믿고 신뢰한다. 그 후 고객은 당신에게 질문하고 해결책 제안을 묻는다. 이때 당신은 해결할 수 있는 제안을 주면 된다.

1대 1 코칭은 많이 듣는 것이 핵심이다

　다양한 매체에서는 경청은 중요하다고 말한다. 모두가 아는 사실이다. 중요하지만 제대로 듣는 것이 어렵다. 단순한 경청이 아니다. 고객에게 적절한 질문을 하고 깊은 대화를 할 수 있도록 해야 한다. 대화가 깊어지면 관계 형성도 자연스럽게 되고 공감까지 얻게 된다. 관계 형성은 신뢰다. 관계 형성으로 발전하고 싶다면 많은 대화가 오고 가야 한다. 대화 속에 상대방에 마음을 알 수 있다. 듣는 것이 먼저 상대방을 정확히 알 수 있는 포인트다. 또한 본인을 배려해주고 공감해주므로 상대방은 마음이 자연스럽게 열린다.

　김은희(가명) 씨는 갑작스러운 아버지의 부도로 정신적인 충격이 컸다. 그 와중에 어머님은 생계를 위해 식당을 다니시고 동생은 우울증으로 병원 치료하고 있었다. 그녀가 이 상황을 해결할 수는 없었다. 마음이 답답했다. 희망이 없었다. 그 와중에 그녀의 결혼 준비는 더욱 힘들어지고 결국 파혼하게 되었다. 그녀는 기댈 곳이 없었다. 결국 심리치료 센터를 찾아갔다. 심리상담사와 개별상담을 한 시간 정도 했다. 그녀는 신기하게 마음이 편안해졌다. 한 시간 정도 진행한 심리치료는 심리상담사가 그녀의 이야기를 들었을 뿐이다.

　그녀의 고통을 들어줄 사람이 없었다. 그녀는 이야기하면서 마음이 편해진 것이다. 그녀의 사연을 경청만 했다. 심리상담사는 즉

각적으로 반응하지 않았고 조언도 하지 않았다. 마지막에 그녀를 위로 할 수 있는 요점을 찾았다. 상담이 끝나고 심리상담사는 "마음이 답답하면 누군가와 이야기하면 한결 나아진다고"라고 말해주었다. 결국 심리상담사는 그녀를 이해해주고 공감해준 사람이었다. 주관적으로 의견을 내세우지 않고 상대방의 상황과 상태를 헤아린 최고의 조언이었다. 경청을 제대로 하지 않으면 설득과 조언을 하는 것은 매우 위험한 일이다. 경청을 잘하는 것은 상대방을 배려하고 이해하는 것이 먼저이다.

경청을 잘해야 한다. 상대방을 배려하고 이해가 되어야 한다. 주관적으로 결론을 내리면 안 된다. 당신이 짐작해서 상대방이 원하는 것이 이것이라고 단정 지으면 안 된다. 경청을 잘못하면 관계가 깨지고 당신은 상대방의 마음을 이해하지 못한다. 대화에 몰입하지 못하면 상대방은 당신에게 마음을 열지 못한다. 결국 개별상담은 조언이 아니다. 상대방을 이해하고 설득할 수 있는 요점을 찾는 공간이다. 틀림없이 대화 속에서 상대방이 먼저 이야기한다. 당신은 몰입을 통해 알아야 한다. 타이핑 또는 메모하면서 대화해야 한다. 메모하면서 경청해야 한다.

고객 욕구를 파악하고 대안을 제시해야 한다

경청의 힘은 대단하다. 강력한 힘을 갖고 있다. 경청하면 고객의 마음 문이 열린다. 특히 고객이 마음 문을 연다는 것은 대단한 일이다. 누군가가 당신의 인생에 마음에 문을 연다는 것은 관계 형성의 첫 시작과 함께 핵심이다. 경청을 잘하면 고객의 문제, 상황, 상태 모든 것을 듣게 된다. 당신이 질문을 던지기 전에 고객이 말해준다. 그러면 당신은 정확한 질문을 할 수 있다. 고객의 만족도를 높이는 것은 조언이 아니다. 스스로 원하는 것을 본인이 스스로 대답한다. 그리고 효과적인 제안을 찾고 싶어 당신에게 묻는다.

미래학자 톰 피터스(Tom Peters)는 '20세기가 말하는 자의 시대였다면, 21세기는 경청하는 리더의 시대가 될 것이다'라고 했다. 즉, 경청은 상대방을 정확히 아는 방법이다. 우리는 이야기를 하다가 중간에 끊기도 하고 별 도움 없는 조언이나 해결책으로 이야기를 이어간다. 경청을 깊게 하지 못하면 대화가 깊게 들어가지 못한다. 상대방의 말을 집중해서 들으면 보인다. 상대방의 행동, 가치관, 습관, 성향 등이 보인다. 당신은 개별상담을 통해 고객을 관찰하는 것이다. 경청은 객관적으로 상대방을 보게 된다. 그렇지 않으면 나만의 생각이나 주관적인 조언은 상대방을 불편하게 한다.

경청은 사람의 마음을 읽는 행위다. 미래학자 톰 피터스도 말했듯이 경청은 중요하다. 지도자는 모든 사람의 마음을 읽고 결정해야 하는 위치이다. 결정할 때도 상대방의 마음을 알고 결정해야 한다. 상대방의 마음을 읽는 행위는 고객의 욕구이다. 고객의 욕구를 찾고 싶다면 최고의 정보원인 말을 잘 들어야 한다. 바로 고객이다. 고객의 욕구를 파악하고 싶다면 잘 경청해야 한다. 집중하면 집중할수록 고객의 욕구를 섬세하게 찾게 된다. 개별상담 1:1 코칭을 통해 경청하면 고객의 욕구를 정확히 파악하게 된다.

고객의 욕구를 파악한 후 바로 대안을 제시하면 안 된다. 마지막까지 경청해야 한다. 경청을 다 한 후 다음 단계로 자연스럽게 유도해 제안하면 된다. 고객은 대안을 흔쾌히 수락하게 된다. 결국 대안 제시가 눈앞에 있으므로 비즈니스 모델을 생각하지 못한다. 결국 개별상담을 잘 진행해서 다음 단계로 이어지는 길을 만드는 비즈니스이다. 대안 제시할 때도 욕구를 만족시키는 것이 아니라 해소를 시켜야 한다. 고객이 욕구가 강하면 강할수록 당신의 대안 제시를 쉽게 허락한다. 고객 욕구는 경청에서 나온다.

그 사람의 문제, 고민을 파악해야 한다

개별상담은 상대방의 감정, 성향, 행동, 살아온 배경 등을 알게 된다. 과장 없이 진실을 볼 수 있다. 고객을 정확하게 알 수 있는 시간이다. 이때 질문을 잘해야 한다. 경청을 잘하면 질문을 잘 할 수 있다. 질문은 고객의 말에 있다. 고객의 말에는 고객의 욕구가 있기 때문이다. 욕구에 맞는 질문을 하고 확인하면 된다. 경청을 잘하면 고객의 내면까지 들어간다. 상대방을 존중하고 배려하고 이해하는 순간 당신을 믿고 신뢰한다. 당신을 진정성 있는 사람이라고 생각한다. 그리고 경청하면서 메모해야 한다. 고객은 본인의 이야기에 집중한다고 생각한다. 마음이 평온해진다.

1대 1 코칭을 하면서 메모하면 고객이 생각하는 문제와 고민이 보인다. 바로 보이지 않아도 메모를 살펴보면 보인다. 사람마다 고민과 문제는 다양하다. 당신은 고객의 고민이 무엇인지 섬세하게 알아야 한다. 정확한 정보를 얻어야지 제안도 정확하게 할 수 있다. 이 모든 것이 경청이다. 결국 경청 없이는 알 수 없다. 고객이 말하지 않으면 고객의 내면을 볼 수 없고 고민과 문제를 알지 못한다. 사람과 사람 사이에는 마음이 중요하다. 마음이 통해야 이야기하고 상대방의 진실을 볼 수 있다. 1대 1 코칭은 사람 마음을 자연스럽게 알 수 있는 시간이다.

사람과의 관계 형성에는 신뢰감이다. 신뢰감은 만나는 횟수가 높아지고 대화를 통해 상대방의 진심을 알아가면서 생긴다. 많은 대화가 오고 가면서 상대방의 상태, 상황, 가치관 등을 공감하고 이해하면 신뢰 관계가 돈독해진다. 당신이 그 사람을 파악하고 있으므로 가능한 일이다. 상대방을 파악하려면 상대방을 만나야 한다. 만나서 상대방의 이야기를 들어야 한다. 상대방이 무슨 이야기를 하는지 경청해야 한다. 관심 있는 대화, 고민 등 상대방이 이야기해 준다. 당신은 질문을 할 필요가 없다. 다만, 대화에서 더 섬세하게 알아야 하는 부분만 질문하면 된다.

　사람은 문제와 고민이 있으면 대화에서 직접적이든 간접적이든 이야기한다. 단, 마음에 문이 열렸을 때다. 상대방이 문제와 고민을 이야기할 때 당신은 끄덕이는 것이 아니다. 당신이 그 문제 대안을 제시해야 하므로 궁금한 부분을 섬세하게 물어봐야 한다. 질문을 정확하게 물어야 한다. 상대방은 고민과 문제를 정확하게 파악하지 못해서 당신을 찾아온 것이다. 당신이 정확히 파악했다면 다음 단계로 자연스럽게 유도하는 기술이 있다. 대안을 제시하고 설득해야 한다. 대안 제시는 당연히 경청을 통해 답을 찾아야 한다. 설득은 어려울 것 같지만 생각보다 쉽다. 고객은 이미 마음의 문이 열렸으므로 대안 제시를 정확히 한다면 자연스럽게 설득이 된다.

　모든 관계는 사람의 마음에서 온다. 온라인은 마케팅 기술 요소가 많아서 등록이 쉽게 될 수도 있다. 하지만 오프라인은 사람 마음과 욕구를 정확히 알아야 한다. 오프라인은 마케팅 기술이 따로 없다. 고객의 마음을 진실하게 대하고 정확한 대안을 제시하면 된다. 언제나 고객은 감정과 원하는 것에 끌린다. 당신은 고민해야 한다. 경청을 잘할 수 있는지 점검해봐야 한다. 1대1 코칭은 경청이다. 경청은 고객의 진심을 알 수 있다. 고객의 처지에서 볼 수 있는 시야가 생긴다. 고객의 마음을 알고 싶다면 잘 경청해야 한다. 그 속에 고객의 진정한 욕구가 있다.

1. 경청을 잘해야 한다. (메모해야 한다.)

2. 고객의 마음을 헤아리고 욕구를 찾으면 된다.

3. 잘 듣고 세밀한 정보는 질문해서 확실하게 고객의 욕구를 알아야 한다.

06

고객의 욕구를 분석한 후
그에 맞는 강의와 컨설팅을 해라

지식창업자는 고객에게 가치 있는 상품과 서비스를 판매한다. 어떠한 가치를 줄 것인지 홍보하고 설명회를 한다. 그리고 개별상담으로 이어진다. 개별상담까지 온 고객은 실질적으로 본인의 욕구에 맞아서 왔다. 결국 고객은 문제점을 인지하고 해결책을 찾기 위해 당신을 찾았다. 큰 연결고리가 생겼다. 이상적인 고객이다. 당신이 정확히 분석 후 컨설팅해야 고액 등록으로 유치가 된다. 더 나아가 고객의 결과물도 좋아진다. 이제부터 분석과 컨설팅은 경영자 자신의 몫이다. 정확한 위치를 잡고 문제를 분석해야 한다. 시간이 걸리더라도 정확한 분석이 고객의 욕구에 적합한 순간 당신에게 등록한다.

언제나 고객 욕구를 분석한 후 왜 나에게 등록할까를 고민해라

고객은 개별상담을 한 후 해결하기 위해 등록한다. 이때 당신은 고객이 왜 나에게 등록을 '할까'라고 고민해야 한다. 당연히 대안을 제시했고 고객이 해결하려고 등록했다. 하지만 고객의 내면을 깊게 봐야 한다. 등록할 때 고객은 다시 한번 생각하게 된다. 개별상담 후 다른 곳에 등록할 수도 있다. 선택권이 바뀔 수도 있다는 것이다. 해결을 당신이 아닌 다른 사람에게 찾는 일도 있다. 이 점이 중요하다.

당신을 선택한 이유는 한 끗 차이이다. 당신의 전망, 가치관, 생각, 결과물 등이 마지막에 당신을 선택할 때 작용한다. 당신은 그 차이를 고민해야 한다.

고객이 당신에게 꼭 사야 하는 이유가 있어야 한다. 이 말의 의미는 당신만의 특별한 서비스가 있어야 한다. 강점이 있어야 경쟁자와의 구도에서도 당신은 독점시장으로 자리를 지키게 된다. 고객의 욕구를 정확히 알아야지 대안 제시도 전략적으로 하게 된다. 전략적으로 계획을 실행하면 성과가 좋다. 고객의 결과물이 잘 나온다. 그러면 당신이 전문가라는 인식이 굳어지고 좋은 성과물은 당신의 능력을 보여준다. 당신에게 살 수밖에 없는 이유이다. 결국 결과물이 좋아지려면 고객의 욕구에 맞는 상품과 서비스를 제안해야 한다.

당신을 선택한 그 한 끗 차이가 마지막에 결정한다. 분명한 이유가 있다. 고객은 당신에게 사고 싶어 한다. 등록시키려고 화려한 마케팅은 시선은 가지만 결국 등록이 안 된다. 예를 하나 들어 보겠다. 고객은 커피를 마시고 싶어 한다. 근데 커피라는 상품 하나만을 보지 않는다. 브랜딩, 가격, 위치, 실내장식, 주차장, 뷰, 화장실, 서비스 등을 보고 결정한다. 고객이 오랫동안 있어야 한다면 화장실이 있는 카페를 찾는다. 고객의 욕구는 커피라는 상품에 커피를 마시면서 공간이 필요한 것이다. 즉, 상품과 서비스가 주는 가치는 고객의 욕구와 맞아서 떨어져야지 완벽해진다. 고객이 원하는 욕구가 명확하고 섬세하게 해야 당신의 강점으로 어필할 수 있다.

고객의 욕구는 개별상담을 통해 알 수 있다. 고객의 세부 정보를 알아야 한다. 당신의 상품과 서비스를 단순히 즐기러 오지 않았다. 고객은 정확한 목표설정이 있다. 개별상담을 통해 꼼꼼히 메모해야 한다. 아주 좁게 세밀하게 초점을 맞춰야 한다. 고객의 니즈가 세부적으로 설계되어야 당신을 선택한다. 시간이 지나면 동종업자들이 생기고 경쟁자들이 참여하게 된다. 이때도 당신을 선택할 수밖에 없는 이유가 명확해야 한다. 매번 고민해야 한다. 고객의 욕구는 매번 바뀐다. 결국 고객의 내면에서 찾게 된다.

언제나 고객에게 무엇이 필요할까를 고민한 후 강의와 컨설팅을 해야 한다

등록 설명회를 하고 난 후, 개별상담을 하게 된다. 이때 당신은 개별상담 예약자에게 미리 설문지를 주어야 한다. 설문지가 중요한 역할을 한다. 설문지의 양은 길면 안 된다. 설문지는 짧고 명료해야 한다. 전략적으로 질문항목을 넣어야 한다. 반드시 의도를 가지고 참가자에게 질문할 내용을 적어야 한다. 당신은 설문지를 보고 분석하고 파악해야 한다. 설문지에 고객의 욕구와 방향성이 보인다. 고객이 원하는 욕구가 무엇인지 명확히 알고 개별상담에 들어가야 한다. 설문지를 분석하고 조사하는 시간이 걸리더라도 당신이 얼마나 고객을 알고 들어가냐에 따라 컨설팅이 달라진다.

필자가 디저트 1대 1 코칭을 했었다. 1대 1 코칭에 오는 고객들의 욕구가 모두가 달랐다. 비슷한 결은 있어도 세부적인 욕구는 달랐다. 프랜차이즈 카페 사장님, 개인 카페 사장님, 예비 카페 사장님, 남편 따라 뉴욕으로 이사 가신다고 파티에 맞는 디저트 수업, 학원 원장님이 학생들에게 디저트 선물을 해주고 싶다고 배우러 오시는 분 등등 고객의 욕구가 확연히 틀렸다. 쿠키랑 케이크라는 카테고리에서 고객들이 고민하고 원하는 욕구는 분명히 달랐다. 디저트를 배우고 싶은 목적은 같았지만, 욕구가 확연히 달랐다.

고객 욕구의 핵심은 무엇이냐에 따라 다르다. 고객이 당신을 선택한 이유는 자신의 욕구가 맞아서 문의했다. 그리고 세부적으로 그 욕구를 충족시켜 주길 원한다. 당신은 고객에게 무엇이 필요할까 고민해야 한다. 무엇이 필요한지 더 세부적으로 알아야 한다. 설문지로 질문을 유도하면 고객들은 자세하게 적는다. 어떤 경우에는 아주 자세하게 적는 고객도 있다. 설문지에 고객의 욕구 방향성이 보인다. 설문지로 토대로 문제를 제안해주어야 한다. 항상 의식하면서 고객이 원하는 욕구에 초점을 맞춰 대화해야 한다. 분석한 자료를 가지고 고객이 원하는 방향으로 대안을 제시하면 된다.

고객의 욕구를 파악하고 자신의 강점을 살려 개별상담을 해야 한다. 언제나 고객의 욕구는 바뀐다. 하지만 당신한테 바라는 것이 분명히 있어서 온 것이다. 고객 응대 시 기록해야 한다. 기록이 쌓이다 보이면 나에게 오는 이유가 있다. 분석하면 된다. 고객이 진정하게 무엇을 찾는지 명확히 알면 반드시 온다. 고객을 만나기 전에 설문지 또는 작은 모임을 통해 질문을 던져야 한다. 고객의 니즈가 맞는지 확인하는 절차도 필요하다. 그리고 고객에게 맞는 제안을 제시하면 된다. 그렇게 제안이 고객의 욕구와 맞으면 비로소 고객과 소통이 되고 등록이 된다.

고객 수를 많이 늘리지 마라

홍보 〉 고객모집 〉 등록 설명회 〉 모임/세미나 〉 개별상담 〉 고액 상품 등록, 과정으로 경영해야 한다. 6개의 과정 모두가 정확하고 잘해야 한다. 온라인으로 잠재고객을 잘 모아야 하고 오프라인으로 오게 해야 한다. 온라인에서 오프라인으로 고객을 오게 하는 것은 쉽지 않다. 고객의 시간, 돈, 마음, 모든 것이 오프라인으로 오게 해야 하는 것이다. 그리고 등록 설명회에서 개별상담으로 전환시키는 확률도 높여야 한다. 그다음 등록순으로 해야 한다. 고객 수가 많아지면 당신이 놓치는 것이 많아진다. 고객의 욕구를 찾는 시간도 현저히 줄어든다.

고액 상품 등록이 쉽지 않다. 고액 상품 등록에는 많은 조건이 필요하다. 먼저 전문성이 뚜렷해야 한다. 결과물 성과도 압도적으로 높아야 한다. 경쟁자와 다른 차별성으로 최상위에 있어야 한다. 하지만 고객의 욕구만 잘 파악하면 가능하다. 지식창업은 중소기업이고 몇천 명을 대상으로 하는 비즈니스가 아니라서 고객을 잘 파악하면 된다. 전략을 잘 세우면 고액 고객 유치가 가능하다. 실질적으로 당신의 상품과 서비스를 찾는 고객을 대상으로 마케팅하는 것이다. 전략만 잘 세우면 성공할 수 있는 것이 지식창업의 최고의 장점이다.

《고객의 80%는 비싸도 구매한다!》에서 고객을 늘리면 바쁘기만 하고 수익성이 낮다고 말한다. 오로지 고객 수 늘리기만 하면 이익이 늘지 않는 결과가 있다고 말한다. 고객수가 늘어난 만큼 그에 따른 경비도 함께 늘어나고 당신이 신경 쓸 부분이 많아진다. 예를 들면 재고도 생기고 매장도 넓혀야 한다. 추가적으로 경비가 계속 들어간다. 결국 비용손실도 커지다 보니 이익은 실제로 크지 않다. 더 나아가 고객이 모이지 않으면 마이너스 확률이 된다. 늘렸던 경비를 축소하는 것도 쉽지 않다. 직원을 그만 두게 하거나 매장을 줄이는 일은 어렵다. 그래서 고객 수가 아니라 고객의 니즈에 정확히 초점을 맞춰야 고가의 전략으로 수익성이 난다.

결국 고가의 전략으로 가지 못하면 지식창업은 어렵다. 고가전략이 어렵다고 박리다매 판매를 전향하면 안 된다. 박리다매 판매는 대기업들이 행사 기간에 하는 재고 소진을 위해 하는 전략이다. 1인 지식창업자가 절대 하면 안 되는 전략이다. 1인 지식창업자는 혼자이기 때문에 조건 자체가 성립이 안 된다. 많이 만들어서 많이 팔 수가 없는 구조이다. 박리다매는 진입장벽이 낮아서 아무나 들어와서 시장 분위기를 주도하기 때문에 절대 하면 안 된다. 공장처럼 만드는 구조가 아닌 퍼스널 브랜딩으로 고객 욕구에 맞는 상품을 만들어야 한다. 지식창업자는 고객 욕구에 맞는 상품을 이상적인 고객에게 주는 일이다.

지식창업은 이상적인 고객에게 정확한 상품을 주어야 당신의 비즈니스가 성공적으로 완성된다. 고객에게 주는 상품과 서비스의 질은 최상이어야 한다. 상품과 서비스의 질이 변하지 않다고 확신을 주어야 한다. 그 뒤에 신규고객을 확보해야 한다. 고액 고객 유치는 동종업자가 오기 전에 당신이 먼저 만들어야 한다. 그러니 고객 수를 늘리지 말고 본질에 집중해야 한다. 당신의 비즈니스는 고객의 욕구다. 정확한 욕구를 맞춰서 당신의 가치를 살려야 한다. 당신의 브랜드 이미지를 높여서 독점하는 시장을 가져야 고액 고객 유치 마케팅이 가능하다.

개별상담 잘해서 고액 상품으로 넘어가는 방법

1. 전략적으로 설문 문항을 만들어야 한다.

2. 고객에게 받은 설문지를 분석해야 한다.

3. 설문을 바탕으로 고객의 욕구를 세부적으로 찾아야 한다.

4. 고객의 욕구를 세밀하게 찾으면 고액 고객 유치도 가능하다.

07

고객에게
거부할 수 없는 제안 하라

고객은 가치가 있으면 언제든지 구매한다. 상품의 가치가 있어도 고객은 구매하기 전에 상품의 가치를 판단한다. 가치가 있다고 생각하지만, 다시 판단한다. 사람은 이익을 먼저 생각한다. 가치 있는 상품과 서비스를 구매했을 때 어떠한 이익을 얻을 수 있는지 생각한다. 경제적 합리성을 추구한다. 결국 자기 이익이 최대인지 판단한다. 어쩔 수 없는 인간의 욕망이다. 따라서 상품과 서비스가 최대의 이익을 줄 수 있느냐에 따라 가격이 매겨진다. 고객은 비싸도 가치가 있고 자기에게 최대의 이익이 있다고 생각하면 구매한다.

가령 1,000만 원의 수강료를 받는다면 3,000만 원의 가치를 주면 된다

모든 상품과 서비스에는 가격이 있다. 가격을 보고 비싸다, 싸다고 판단한다. 판단의 기준은 무엇일까? 가격 결정은 생산자가 정하는 것이다.

생산자가 결정한 가격을 고객이 기준을 매긴다. 그런데 사람마다 기준이 다르다. 한 상품을 보고 싸서 구매하는 사람이 있지만 비싸서 구매하지 못한 사람도 있다. 개인마다 기준이 있다. 상품의 가격이 일정 수준 이상 넘어가면 고객은 가치로 판단하게 된다. 신발이 30만 원의 가격을 가진다면 30만 원의 가치가 있는지 생각한다. 6만 원의 신발과 30만 원의 신발하고 비교한다. 차이가 없다면 당연히 고객은 6만 원 신발을 사게 된다. 30만 원의 신발은 6만 원 신발보다 가치가 없기 때문이다.

신은희(가명) 씨와 박현지(가명) 씨는 친한 친구 사이다. 신은희(가명) 씨는 MBA 대학원을 다닌다. 졸업할 때까지 약 3,000만 원 이상 비용이 발생한다. 반면, 박현지(가명) 씨는 친구를 이해하지 못한다. 3,000만 원이면 명품 가방 하나 살 가격인데 굳이 힘들게 다닐 필요 있냐고 묻는다. 하지만 둘 사이에는 옳고 그름이 없다. 다만, 서로 가치를 어디에 두냐의 차이일 뿐이다. 가격은 기준이 명확하다. 숫자로 표현하기 때문에 숫자가 기준이 된다. 숫자는 눈에 보이므로 기준이 정확하다. 그래서 박현지(가명) 씨는 3,000만 원의 가격이면 가방을 살 수 있는 가격이라고 생각한 것이다.

반면, 신은희(가명) 씨는 가치를 봤다. 가치는 눈에 보이지 않기 때문에 기준이 없다. 가치는 가격의 기준이 없다. 숫자가 보이지 않기 때문에 상대적이다. 무엇과 비교하냐에 따라 다르다. 우리가 소유할 수 있는 상품은 가격으로 기준을 세운다. 하지만 우리가 객관화된 수치가 없는 영역에서는 가치를 판단하는 기준이 모호하다. 가치를 판단하는 기준은 당신의 경험과 경험으로 이루어진 확고한 자리가 있어야 가능하다. 그래서 가치는 보이지 않기 때문에 당신이 주는 상품과 서비스가 어떠한 가치를 주는지 명확히 이야기해야 한다.

1,000만 원의 수강료라면 그 이상의 가치를 주어야 한다. 고객은 1,000만 원의 가격을 듣고 1,000만 원의 가치를 생각하는 것이 아니다. 1,000만 원의 가격에 기준을 두고 대상을 비교한다. 비교할 수 없는 가치를 제안해야 한다. 가치를 구매한 고객들은 가치를 판단하는 기준이 확고한 사람이다. 무형의 가치를 알고 있는 고객은 가치의 능력을 알고 있는 사람들이다. 그래서 당신이 1,000만 원의 수강료를 받는다면 그 이상의 가치를 주어야지 진정한 기치가 있다고 받아들인다. 그래야 고객은 가격을 듣고 비싸다고 생각하지

않는다.

누가 보더라도 이익을 본다고 생각된다면 등록하게 된다

사람은 이익이 없다고 생각하면 절대 선택하지 않는다. 아무리 싼 1,000원 아이스크림도 가치가 없다면 사지 않는다. 사람은 상품을 사기 전에 손익계산을 한다. 대중은 가격에 민감하므로 당신의 지식재산 상품과 서비스를 판매할 때 그 이상의 혜택을 주어야 한다. 그래야 고객은 이익을 본다고 생각한다. 그래야 등록할 수 있고 고객이 만족한다. 그렇지 못하면 등록이 어렵다. 누가 보더라도 이익이 확실하게 눈에 띄게 표현해야 한다. 숫자는 정확하게 보여 사람에게 확인시킨다. 숫자로 당신의 가치를 확인시키는 도구로 사용하면 좋다. 예를 들어서 3개월 안에 영어 회화 마스터처럼 3이라는 숫자를 명시해서 시간 단축이 된다고 이익을 표현하면 된다.

이익 앞에 사람들은 두렵던 일도 할 수 있고 싫어하는 일도 한다. 이익을 중심으로 사람들이 움직인다. 사람은 이익을 추구한다. 그리고 손해 보기 싫어한다. 본인의 이익이 얼마만큼 가치 있는지 확인한다. 이왕 얻는 거 이익을 극대화해서 더 가지고 싶어 한다. 고객은 가격을 듣고 이익을 생각하게 된다. 상품의 내용이 알차고 좋은 정보인지 다시 생각하게 된다. 고객은 얻는 가치가 가격에 맞는 가치인지 생각하게 된다. 고객은 가격을 먼저 듣고 이익을 생각하게 된다. 중요한 것은 외부의 선택사항이 많고 가격의 비교 대상이 많아서 비교하고 이익을 더 생각하게 된다.

누가 보더라도 이익을 본다고 느껴야 한다. 상품의 가치를 정확하게 보여주고 구체적으로 알려주어야 한다. 눈으로 보여주어야 한다. 그렇지 못하면 고객은 가치를 느끼지 못한다. 당신이 등록 설명회 때 고객들이 의문가는 문제들을 해결해주어야 한다. 의문가는 문제들을 고객들에게 사진 또는 결과물 등 구체적으로 알려주어야 한다. 의문이 해결되면 고객은 이익이라고 생각한다. 더 나아가 혜택을 제시하면 좋은 기회라고 생각한다. 완전히 이익이라고 생각이 들면 고객은 등록한다. 여기서 말하는 혜택은 3개월 안에 마스터처럼 숫자로 혜택을 느끼게 해주는 것이다.

반드시 이익을 본다고 생각이 들어야 한다. 고객은 이익을 본다고 생각이 들면 고가의 상품도 구매하게 된다. 고객은 자연스럽게 등록이 된다. 어떠한 이익이 있는지 말하고 싶다면 전에 구매한 고객의 예를 들어 설명하면 좋다. 이때 과장하거나 거짓말을 하면 안 된다. 결과물과 후기를 통해 보여주어야 한다. 상품과 서비스가 정확히 이익을 본다고 느낀다면 고객은 당신에게 온다. 그래야 고객을 설득하지 않고 등록시킬 수 있다. 고객은 정확한 이익되는 상품과 서비스를 선택한다.

객관적으로 이야기해야 한다

지식창업자는 당신의 지식과 경험을 상품과 서비스로 만들어 제공한다. 고객은 상품과 서비스가 필요하면 비용을 지급한다. 상품과 서비스가 유용하다고 생각했기 때문이다. 본인에게 맞는 이익이 있어서다. 당신은 필요한 정보가 아니라 가치와 이익을 주어야 한다. 가치와 이익을 주어야 고객은 당신의 제안을 거부할 수 없다. 상품의 가치를 가격으로 매겨졌다면 그 이상으로 당신은 가치를 제공해야 한다. 고객을 제대로 도와야 당신의 가치도 높아지고 고객의 가치도 높아진다. 같이 높아져야 당신의 비즈니스가 성장한다.

경쟁하는 시대에 살고 있다 보니 객관적으로 바라보는 시야도 필요하다. 당신의 위치가 어디에 있는지 확인해야 한다. 상대 경쟁자가 있다면 비교해봐야 한다. 나의 상품과 서비스 가치가 경쟁자와 차별성이 있는지 확인해야 한다. 유행 시장은 어떻게 변하고 있는지도 봐야 한다. 상품과 서비스를 고객 눈높이에서 설명해야 하므로 객관적으로 바라보는 시야가 꼭 필요하다. 시장 상황과 비교하면서 고객에게 제안을 확실하게 전달 할 수 있다. 고객은 비교 대상을 생각하게 되고 우위에 있는 상품을 고르게 된다.

고객은 당신의 상품과 서비스가 가치 있다고 생각했다. 그런데 고객은 가격이 비싸서 다음 기회에 해야 하겠다고 생각한다. 그런데 시간이 지나 보니 고객은 나 말고 다른 사람에게 구매했다. 상대방은 나 말고 다른 경쟁자의 대안이 더 훨씬 매력적으로 느껴졌다. 독점적으로 유일한 상품이나 서비스가 아니라면 고객은 새로운 대안을 찾을 기회를 얻는다. 그래서 당신이 고객에게 제안하기 전에 경쟁자의 정보를 알면 좋다. 당신의 차별성을 분명히 어필해서 가치를 더 높여야 한다.

당신이 고객에게 제안할 때 객관적으로 설득할 수 있어야 한다. 경쟁사의 상대방을 비하하는 것이 아닌 당신의 강점을 어필해야 한다. 차별성으로 고객이 거부할 수 없는 제안을 해야 한다. 객관적으로 경쟁사, 시장 상황, 성과물 등 고려해서 고객에게 당신의 제안이 가치 있다고 말해야 한다. 객관적으로 이익이라고 인지시켜야 한다. 고객은 당신의 제안을 상대적으로 외부와 비교한다. 이때 당신에게만 구매해야 하는 이유와 가치를 명확하게 다시 알리면 된다. 고객은 거부할 수 없는 제안을 자연스럽게 받아들인다.

가치 있는 상품과 서비스를 고객에게 제안을 잘해야 한다. 당신의 이미지, 상품의 품격 등 제안을 통해 전달된다.

잠재고객은 언제든지 구매할 수 있는 고객이다. 다만, 가치 있는 상품인지, 경쟁사와 차이점이 무엇인지 등등 비교 후 구매할 것이다. 여기서 포인트는 고객은 구매할 확률이 높은 고객이다. 거부할 수 없는 제안을 주어야 한다. 그러면 고객은 누가 보더라도 이익이 있다고 생각하면 자연스럽게 등록하게 된다. 체계적으로 제안해야 당신의 가치 있는 상품과 서비스가 구매로 이어진다.

08

성공사례가 있다면
눈으로 보여줘서
나에 대한 확신을 두게 하라

성공사례가 있다면 고객에게 보여주어야 한다. 자신의 전문성을 알리는데 확실한 증거이다. 확실한 증거를 제시하면서 고객은 당신을 믿게 된다. 성공사례 수가 많으면 당신의 신뢰도는 더 명확해지고 당신의 전문성을 인정한다. 고객은 결국 기대감이 극대화되고 실패에 대한 두려움이 사라진다. 고객은 성공사례를 확인한 후 목표에 대한 의식이 뚜렷해진다. 고객은 앞에서 성공한 사례를 보고 확신이 생기면서 당신이 단계별로 해결책을 제시한다고 생각한다. 확실한 결과물을 보고 과정에 대한 믿음까지 강해진다.

수강생 성공사례는 절대적으로 중요하다

　수강생의 성공사례는 당신의 상품이 확실하게 입증 된 상품이다. 고객은 당신의 상품이 성공사례 수만큼 가치판단을 하는 기준이 된다. 고객들은 가치 뒤에 결과에 대한 믿음을 중요시 생각한다. 그래서 수면 위에 드러나는 성공사례 결과에 더 많은 가치를 둔다. 결국 성공사례가 많아지면 더 높은 가격을 책정할 수 있다. 당신의 전문성이 중심이 되고 브랜딩이 자연스럽게 된다.

　사람들에 대한 수요보다 수강생 성공사례 수가 절대적으로 중요하다. 당신의 전문성 신뢰와 고객을 설득하는 중요한 핵심 역할이 된다.

　김지현(가명) 씨는 승무원 면접 강의를 진행하고 있다. 승무원 합격 배출이 다른 경쟁사보다 압도적으로 높다. 수강생의 성공사례를 보면 그녀의 전문성과 정보에 대한 믿음이 확신을 갖게 된다. 그리고 수강생들은 성공사례를 보고 그녀를 신뢰한다. 과장 광고가 아닌 그녀의 능력을 입증하는 증거로 나타난다. 김지현(가명) 씨는 수강생 성공사례로 광고하고 있다. 끊임없는 성공사례들이 그녀의 전문성을 더욱 돋보이게 했다. 그녀의 상품 가치는 예상대로 높아졌다. 그녀는 많은 인원을 받지 않는다. 고객 수보다 고객의 성공사례가 중요하기 때문에 관리할 수 있는 만큼 받는다.

사실 고객 수보다 성공의 사례 수가 압도적으로 많아야 한다. 성공의 사례 수가 많아야 실패의 수가 줄어들기 때문이다. 이때 깨달아야 한다. 성공사례 수가 많으면 비즈니스 모델을 지속할 수 있게 할 수 있게 된다. 가격경쟁에도 휘둘리지 않는다. 수강생의 성공사례가 절대적으로 많아지면 위기와 기회가 와도 이상적인 고객을 만난다. 성공사례 수가 많으면 진입장벽이 높으므로 경쟁사의 영업전략에 넘어가지 않고 고객이 당신을 선택한다. 고객을 많이 모집해서 많이 등록하면 정확성과 신뢰도가 떨어진다. 그래서 고객 수가 절대적으로 성공사례 수가 아니다.

지식창업자, 1인 강사, 프리랜서 등 모두 자신을 지켜내는 방법을 찾아야 한다. 독점해야 한다. 독점하고 싶다면 결과물이 확실해야 가능하다. 수강생을 많이 배출하는 것보다 성공사례로 당신을 알려야 자신을 확실하게 지키는 방법이다. 어떻게 해야 효과적으로 고객을 모집하고 등록이 될까 생각보다 어떻게 수강생을 성공사례로 발굴해야 할 것인지 초점을 맞춰야 한다. 시장에서 통용될 수 있는 성공사례가 당신을 검증하고 자신의 사업을 지키는 방법이 된다.

이를 통해서 당신도 그렇게 될 수 있다고 이야기하라

수강생의 성공사례 수가 많아지면 고객은 기대감이 커진다. 고객은 결과 검증이 완료된 당신의 상품과 서비스에 굳건한 믿음을 갖고 있다. 그런데 고객은 결정하는 도중에도 자신에 대한 믿음이 흔들린다. 이때 당신도 할 수 있다고 믿음을 주어야 한다. 상품과 서비스에 대한 믿음도 중요하지만, 본인의 믿음이 굳건해야 바로 추진 할 수 있다. 가능성을 열어두어야 기회가 생긴다. 다음에 좋은 결과를 얻게 되면 활동 영역을 넓혀 갈 수 있다. 고객에게 가능성에 대해 알려주어야 한다.

고객에게 믿음과 확신을 주면 고객은 자신만의 한계에서 벗어날 수 있다.

급격히 변화되는 사회와 새로운 시장이 도래하면서 당신은 생존을 위해 노력하고 있다. 빠르게 평가받고 냉정한 결과로 두려움이 극대화된다. 그래서 객관적인 의사결정이 어렵다. 고객을 이해시키는 것이 중요하다. 본인도 그렇게 될 수 있다고 해야 한다. 만약에 고객을 설득하기 어렵다면 당신은 지식창업을 다시 생각해 봐야 한다. 당신의 비즈니스는 고객과 당신이 서로 성립이 되어야만 가능한 상품이다. 가능성이 얼마든지 있는 상품과 서비스라도 고객을 설득하기 어렵다면 유지하기 어렵다. 지식창업은 설득력 하나만 없더라도 자신의 영역에서 사라지게 된다. 그래서 고객을 이해하고 설득하는 능력이 매우 중요하다.

결과물이 나타난 상품과 서비스는 고객에게 기대하게 하고 확신 갖는다. 고객은 자연스럽게 당신의 말을 믿는다. 긍정의 힘으로 당신도 할 수 있다고 말해야 한다. 고객의 심리 변화는 본인의 가치관과 뚜렷한 확신을 더욱 확고하게 해준다. 고객이 깨닫고 믿었던 부분이 변화를 통해 밑거름될 수 있다고 제시해야 한다. 그래야 고객은 몰입이 된다. 어려움을 부정적으로 생각하지 않고 긍정적으로 생각한다. 고객은 실행하고 어려운 상황에 직면했을 때 더 큰 가치를 위해 노력한다. 그러면 고객은 상대방의 성공사례처럼 좋은 결과를 얻게 된다. 성공사례가 또 다른 성공사례로 이어진다.

성공한 사례의 고객이 새로운 고객을 데려온다. 새로운 고객은 성공사례처럼 좋은 결과를 가져온다. 성공사례는 가능성을 보여준다. 고객은 도전한다. 당신은 고객의 도전에 최선을 다해 응원하고 믿어야 한다. 당신은 훌륭한 고객을 찾는 것이 아니라 훌륭한 고객이 될 수 있도록 가능성을 열게 해주어야 하는 것이다. 당신은 특정 고객층을 찾는 것이 아니다. 고객이 발견한 가능성을 믿고 준비할 수 있도록 도와주어야 한다. 고객에게 기회를 알려야 새로운 가치를 창출하게 된다.

후기 확보 및 후기광고

수강생의 성공사례는 당신의 인지도와 능력, 모든 면을 보여주는 증거자료이다. 성공사례 수가 많으면 무엇을 하든지 유리하게 작용한다. 그래서 지식창업자는 성공사례에 집중해야 한다. 당신에 대한 확신이 상품과 서비스 확신으로 이어지기 때문이다. 이를 통해 당신의 메시지 의미는 강해야 한다. 고객은 당신의 메시지가 기회라고 생각하고 온다. 의미를 부여 하지 말고 가치를 제공해서 고객이 가치를 느끼고 성장할 수 있게 해주어야 한다.

성공사례는 고객이 노력한 결과물이자 당신의 가치를 무한정으로 높이는 가치이다.

신뢰 관계에서 확신을 주는 방법은 성공사례의 후기들이다. 즉, 성공한 수강생의 후기가 일관성 있게 상품을 홍보한다. 고객으로서는 완벽한 보증서 같은 역할을 한다. 당신은 지속해서 발전할 수 있다. 후기를 확보하고자 노력해야 한다. 성공사례는 적극적으로 홍보해야 한다. 고객은 후기 정보를 통해 오프라인 강의에 온다. 어느때 보다 고객을 설득하기 쉽고 신뢰 관계를 형성하기 빠르다. 왜냐하면 수강생의 후기가 완벽한 증거자료이자 보증서 역할이기 때문이다.

우리가 후기에 민감한 이유가 있다. 후기는 객관적이고 명확하게 안내하고 있기 때문이다. 후기는 고객이 선택할 때 영향을 미친다. 그래서 후기광고를 인위적으로 작성해 소비자를 속이는 일도 비일비재하다. 고객의 후기는 자발적으로 유도해야 한다. 후기 작성을 강요하거나 혜택을 추가하면 당신의 상품과 서비스의 가치가 없어 보인다. 고객은 단번에 알아버린다. 진정성 후기로 고객을 모집해야 한다. 그렇지 못하면 설득이 어렵다. 그래서 자연스러운 성공사례의 후기 확보는 고객이 의사결정을 내릴 때 사용하면 최대의 효과를 누리게 된다.

한 연구에 따르면 고객이 결정할 때 대부분 후기를 보고 결정하는 영향이 크다고 한다. 결국 경험을 먼저 한 수강생의 의견을 믿는 경향이 크다. 당신이 고객에게 제대로 전달하고 싶다면 성공사례의 후기를 확보해야 한다. 후기광고로 상품과 서비스를 증명하면 고객은 당신에 대한 확신이 강력해진다. 고객은 당신을 의심하지 않고 신뢰한다. 그래서 인위적으로 후기를 만들면 안 된다. 이 모든 것이 사라진다. 후기를 인위적으로 제공하게 되면 거부감과 동시에 신뢰를 갖지 못하고 성공사례에 대한 의구심까지 갖게 된다.

성공사례를 상업적으로 무자비하게 사용하면 안 된다. 성공사례의 결과보다는 성공사례의 메시지를 전달해야 한다. 성공사례의 메시지를 진정성 있게 전달해야 한다. 그러면 고객들은 확신과 함께 알고 싶어 한다. 수강생의 사례를 통해 메시지를 전달해야 진실성이 와 닿는다. 수강생 성공사례 수가 하나씩 늘어날수록 메시지에 더욱 집중해야 한다. 당신의 상품과 서비스 가치를 올려 생산성을 올려야 한다. 그래야 높은 생산성으로 최대의 가치를 만들기 때문이다. 시간, 노력, 모두 몰입해서 성공사례를 만들어서 가치를 최대한 끌어올려야 한다.

지식창업자 오프라인에서 살아남는 방법

1. 결과물을 완벽하게 만들어서 수강생의 성공사례를 만들어야 한다.

2. 수강생 성공사례의 결과보다는 전달하려는 메시지에 집중해야 한다.

3. 후기 확보와 후기광고로 당신의 가치를 올려야 한다.

09
오프라인 강의를 할 때는 자기 PR이 꼭 필요하다

온라인강의보다 오프라인 강의에 오는 사람들은 더욱더 진취적이다. 오프라인 장소까지 오는 시간, 준비시간, 기회비용 등을 따졌을 때 꼭 필요하다고 느껴서 왔다. 당신을 정확히 확인하고 싶어서 온 것이다. 당신의 정체성을 직접 확인하고 본인의 욕구를 충족해줄 수 있는 사람인가를 판단하기 위해서이다. 이때 당신은 온라인이 아닌 오프라인에서 자기 PR과 증명을 확실하게 잘해야 한다. 고객은 한 번의 인지로 당신을 평가하게 된다. 온라인에서 느끼지 못했던 당신의 전문성 확신을 보여주어야 한다. 그리고 전략적인 방법으로 강의해야 한다.

자기 증명이 매우 중요하다

현재 자기 PR 시대 전쟁에 살고 있다. 콘텐츠를 제작하고 홍보하는 모든 사람은 PR 전쟁에서 전력 사투하고 있다. 직장 다니는 회사원도 PR 시대로 이력서가 남다르다. SNS로 모든 사람이 자신을 증명하고 있다. 자신을 증명해야 하는 세상이다. 본인을 어떻게 어필해야 세상이 당신을 알아주겠느냐고 의문 갖는다. 자기 증명이 매우 중요하다. 자신의 장점을 어필하고 최대한 관심을 끌기 위해 과장되는 행동과 언행을 보여주기도 한다. 본인이 어떻게 어필하느냐에 따라 다르다. 누구나 자유롭게 홍보하는 시대이다. 자기 증명을 정확하게 표현해야 당신을 알게 된다.

자기 증명이 명확하면 할수록 자기의 정체성이 뚜렷하게 보인다. 자기를 증명하려면 본인의 내면도 보이기 때문이다. 그래서 자기 증명은 중요하다. 거짓말을 해서 증명하거나 과장되어서 표현하면 처참한 대가를 치르게 된다. 온라인에서는 당신의 영상과 글, 광고 등을 보고 오프라인에 온다.

이미 당신에 대해 기본사항은 알고 온다. 오프라인에서는 당신 PR을 적극적으로 하거나 근사한 설명으로 이야기하면 안 된다. 당신을 정확하게 알리는 시간이다. 명확하고 짧게 증명해야 한다. 그렇지 않으면 참가한 고객들은 지루해한다.

참가한 고객 대부분 강의에 관한 기대를 하고 온다. 기대감을 극대화해야 하는데 본인 소개로 기대감을 떨어트리고 고객의 몰입마저 떨어지게 한다. 본인 소개는 아주 간단하게 해야 한다. 자신의 전문성을 드러내는 이야기를 잠깐 하고 바로 넘어가야 한다. 여기서 더 나아가 소개하면 고객은 기대감, 몰입도, 가치 모든 것을 잃게 된다. 바로 고객이 몰입할 수 있도록 강의를 진행해야 한다. 그리고 중간마다 당신의 전문성을 자연스럽게 넣으면 된다. 자기 자랑이 아닌 자신의 전문성을 강의 내용에 잘 표현해야 한다. 그리고 신뢰할 수 있도록 결과물을 제시하고 논평을 자연스럽게 넣어야 한다. 고객이 모르게 당신을 소개해야 한다.

오프라인 강의 때 자기를 정확히 알려야 한다. 고객은 당신을 더 알고 싶어서 오프라인으로 왔다. 온라인에서 느끼지 못했던 가치를 오프라인에서 느끼게 해주어야 한다. 휴식 시간에 참가자와 이야기하면서 분위기를 좋게 만들어도 좋다. 진정성 있게 참가자를 대하면 참가자들은 당신의 인성을 평가하기도 한다. 오프라인 공간에서는 당신을 증명해야 하는 시간이 많다. 그래서 오프라인에서 당신의 행동, 말 모든 것을 조심해야 한다. 그리고 진실성 있게 사람을 대해야 한다.

단순히 강의만 잘한다고 등록하지 않는다

오프라인 강의에서 단순히 강의만 잘한다고 해서 등록하지 않는다. 온라인보다 오프라인에서 더 특별한 가치를 느끼고 싶어 한다. 고객은 오프라인에서의 기대감이 더 높다. 오프라인 강의는 희소성이 있을 것 같다는 느낌이 있다. 오프라인으로 모이는 이유이다. 그래서 오프라인에서 고객의 기대감을 만족시켜주어야 한다. 특별하고 희소성이 있는 가치를 강의안에 넣어야 한다. 논평을 잘 넣어야 한다. 예를 들어 온라인에서는 방금 말한 비법을 알리지 않았다는 둥 오프라인 가치를 느끼게 해야 한다. 오프라인 강의 내면에는 상품과 서비스 가치가 높다는 뜻이 감춰져 있어야 한다.

코로나바이러스 이후 오프라인 강의에서 온라인 강의로 변화했다. 그래서 모두가 온라인에 집중하고 온라인에서의 중요성을 무시하지 못한다. 대부분 오프라인은 코로나바이러스로 없어질 위기에 있다고 생각하고 있다. 하지만 오프라인은 쉽게 없어지지는 않는다. 오프라인에서 추구하는 것이 분명히 있기 때문이다.

예전에는 오프라인 강의를 가야 하는 이유가 더 나은 정보, 더 나은 가치를 위해 갔다면 지금은 반드시 가야 하는 목적지로 바뀌었다. 반드시 가야 하는 이유가 오프라인에 있다. 고객이 오프라인에서 확실히 무언가를 느끼고 싶어서 온다.

오프라인에 온 고객은 강의만 듣고 싶어서 오지 않았다. 오프라인에 가는 이유는 상품과 서비스의 가치를 보러 가는 곳이다. 고객은 당신이 제공하는 상품과 서비스가 중요하다고 생각하고 오프라인에 갔다. 그 오프라인 공간에서 상품의 중요성은 물론이고 상품과 서비스의 가치가 매우 높다고 느껴야 한다. 온라인에서 예측하지 못한 가치를 오프라인에서 느끼고 고객을 유도하는 장치를 설치해야 한다. 당신에게 사고 싶다는 생각을 확실하게 들게 해야 고객과 당신 사이에 연결고리가 생긴다.

우리는 오프라인 강의에서 고객과의 연결고리를 만들어야 한다. 정확히 말하자면 전략을 정확하게 짜서 고객을 유혹해야 한다. 오프라인 공간에서는 최종적으로 당신이 원하는 방향으로 이끌 수 있다. 이점이 오프라인 강점이다. 고객의 반응을 확실히 볼 수 있다. 고객의 실행도 바로 가능한 공간이다. 프로 전문가는 정말 좋은 정보와 제공을 다 풀지 않는다. 마지막에 당신이 등록되는 순간 전문가는 완전히 다 내어준다. 그래서 우리도 그렇게 해야 한다. 강의를 잘해서 단순히 끝내면 고객은 절대 다음에 오지 않는다. 고객의 내면에는 가치와 더 좋은 정보를 찾으러 왔기 때문에 당신이 안내해 주어야 한다.

나의 브랜딩이 되어야 PR이 잘 된다

오프라인 모임은 브랜드파워가 있어야 훨씬 효율적으로 진행된다. 당신이 사회에서 증명된 사람이라고 확신이 들어야 모인다. 그래서 자기 증명이 중요하다. 당신의 브랜딩이 있어야 자연스러운 분위기로 강의를 만들어 간다. 그래서 앞에서 말한 퍼스널 브랜딩을 해야 하는 이유이다. 오프라인 강의는 정확히 당신의 브랜딩이 있어야 PR이 가능하다. 그래야 당신을 신뢰한다. 고객은 의심 없이 당신을 믿고 당신의 말에 공감한다. 그래서 고객은 당신에게 쉽게 다가간다.

나의 브랜딩이 잘되어 있으면 당신의 PR도 자연스럽게 된다. 결국 같은 결이기 때문이다. 사람들은 같은 결을 보고 당신을 믿고 신뢰한다. 이제는 정확한 정체성을 표현해야 사람들이 온다. 당신이 애매모호한 브랜딩과 PR을 하게 되면 고객은 당신을 신뢰하지 않는다. 오프라인에서 본인의 브랜딩으로 자신을 알려야 한다. 고객도 당신을 안다. 당신에 대해 더 세부적으로 알고 싶고 당신의 정체성을 더 확실하게 알고 싶어질 뿐이다.

유명한 강사들을 보면 브랜딩이 명확하게 있다. 고객 의식 속에 소통 강사, 스피치 강사, 동기부여 강사, 이렇게 인식하고 있다. 고객은 그들을 봤을 때 정확히 강사의 정체성을 안다. 유명한 강사도 처음부터 브랜드가 생기지 않았다. 정체성을 형성을 위해 강의로 고객과 소통하고 인지도를 갖기 위해 꾸준히 노력했다. 고객의 결과물도 상표 가치를 키우는 역할이 되었다. 그리고 유용한 정보를 공유하면서 상표 가치를 지속해서 키웠다. 고객 눈높이에서 욕구를 찾고 고객이 원하는 방향으로 브랜드를 다듬었다.

꾸준히 브랜딩을 키우고 다듬었다. 고객이 자연스럽게 찾게 되었다. 결국 당신이 아무리 홍보하고 당신을 알려도 브랜딩이 제대로 되지 않는다면 당신을 표현하는 방법이 없다. 고객이 주의 깊게 보는 것은 당신의 전문성 브랜딩이다. 오프라인에서 당신이 고객에게 언급해야 할 부분은 전문성으로 당신을 알리는 방법이다. 전문성을 알릴 때 당신만의 스타일로 잘 풀어야 한다. 당신을 알릴 때 브랜드 넣어서 알려야 한다. 단계적으로 고객에게 자신을 알리면 된다. 정체성이 있는 브랜딩으로 당신을 알려야 확실하게 당신을 인지시키게 된다.

끊임없이 자기 브랜딩을 지키고 알려야 한다. 고객은 당신의 가치와 브랜딩을 기억하고 온다. 그렇기에 당신은 브랜딩을 만들고 지속해서 지켜야 한다. 고객의 신뢰는 쌓기 어렵지만, 한순간에 신뢰가 무너질 수도 있다. 그래서 당신은 오프라인 강의에서 정확하게 증명해야 한다. 최선을 다해 전문성을 추구하고 가치를 만들고 있다고 알려야 한다. 고객은 적절한 상품이 아닌 완벽한 가치를 추구하고 완벽한 결과까지 얻기를 원한다. 그래서 완벽한 전문가에게 배우고 싶어 하고 완벽한 결과를 추구한다. 오프라인에서 당신이 전문가라고 인식되어야 하고 수강생의 결과물로 당신의 능력을 증명해 주어야 한다.

오프라인 강의에 자기 PR하는 방법

1. 당신의 전문성을 명확하게 알려야 한다.

2. 오프라인에서 자신의 전문성과 상품의 가치를 알려야 한다.

3. 결국 브랜딩으로 알리고 전문가로 PR해야 한다.

10
장소, 외모, 말 모든 것이 나의 광고라고 생각하고 접근하라

첫인상이 모든 만남에서 중요하다. 처음 만나는 장소도 첫인상에 전달된다. 오프라인 공간도 첫인상을 전달한다. 오프라인에서 처음 당신을 만나면 고객은 모든 것을 느낀다. 첫 느낌, 인상, 말, 모든 것이 당신을 결정하는 요소들이 된다. 첫인상이 주는 느낌은 쉽게 바꾸기가 어렵다. 첫인상을 보고 일방적으로 추측하고 생각하기 때문에 판단을 깨기가 어렵다. 그래서 '나'라는 이미지를 정확하게 브랜딩하고 오프라인에서 첫인상을 효과적으로 만들어야 한다. 그러고 나서 시작해야 훨씬 당신을 신뢰하고 오프라인 모임도 집중이 잘 된다.

모임 장소도 광고가 된다

　오프라인은 당신의 모든 것이 보여진다. 목소리 톤, 외모, 느낌, 모두 고객들이 느낀다. 그래서 오프라인 모임은 완벽하게 준비가 되어도 다른 요소로 선택을 망설이는 경우가 있다. 오프라인 공간에서 당신을 완벽하게 보여주는 요소를 만들어야 한다. 첫 오프라인 장소도 당신을 보여주는 요소로 작용 된다. 장소 선정도 광고가 되기 때문이다. 고객은 장소 위치도 무의식적으로 중요하게 생각한다. 서울에서 진행하면 고객이 모이기도 편하다. 모임 장소로 위치가 좋으면 조금 더 수월하게 진행된다. 장소 선정도 별거 아니라고 생각하지만 거리가 멀거나 교통편이 불편하면 다시 생각하는 요소가 된다. 대부분 오프라인 모임의 위치를 보면 위치상 좋다.

　소개팅 장소, 계약 장소, 모임 장소, 모두 첫 장소가 중요하다. 그 이유는 딱 한 가지다 처음에 당신을 알아보는 공간이기 때문이다. 오프라인 모임은 당신과 만나는 첫 장소이다. 중요하다. 첫 대면은 당신의 모든 것을 보는 시작점이다. 그래서 고객을 배려하는 모습이 보이는 장소로 선정해야 한다. 그래야 오는 데 불편함이 없고, 불만이 없다. 추천해야 한다면 서울에서 대중교통이 편한 장소가 좋다. 서울 중심권이 고객들이 선호하는 위치다. 위치선정을 잘하면 오프라인 모임에 고객은 어렵지 않고 쉽게 다가가게 된다.

예를 들어 부산에 있는 사람이 서울까지 온다고 하면 대단한 일이다. 당신한테 모든 것이 오는 것이다. 결국 오프라인 모임 장소는 당신을 보고 오는 것이다. 그래서 오프라인 모임 장소도 신경 써야 한다. 결국 오프라인 모임 장소도 광고가 되는 것이다. 오프라인 모임 장소가 좋은 곳이면 고객은 신경 써서 가게 된다. 그래서 오프라인 모임은 고객이 더욱 집중하고 기대감을 증대시키는 역할이 되어야 한다. 즉, 어디에서 이야기하느냐에 따라 전달 느낌이 다르다.

개인적으로 모임 장소는 깔끔하고 안정된 장소가 좋다. 모임 장소가 압도적으로 좋아 분위기를 장악해서 몰입이 어려운 일도 있다. 그래서 당신에게 최대한 몰입 할 수 있는 장소가 좋다. 그리고 안정적인 장소가 고객이 당신을 신뢰하는 요소가 된다. 참가자가 왔을 때 부담 없는 공간이 당신이 바로 이야기하기 좋은 장소이다. 지식창업도 결국 비즈니스이기 때문에 이미지가 좋아야 한다. 오프라인 공간은 당신의 기본자세를 보게 된다. 그래서 모임 장소는 광고이자 당신의 첫 이미지를 만든다.

비주얼에 신경 쓰자

사람을 볼 때 비주얼을 안 보는 사람은 없다. 처음에 당신의 비주얼을 보고 호감을 느끼기도 하고 비호감을 느끼기도 한다. 그래서 비주얼도 마케팅 요소로 크게 자리 잡고 있다. 화려하거나 멋있어야 하는 것이 아니다. 비주얼은 화려하게 과장하는 것이 아니다. 당신의 브랜딩에 시너지 효과를 내는 것이다. 당신만의 비주얼을 가지고 있어야 한다. 당신의 브랜딩에 비주얼이 더해서 자연스럽게 광고가 되어야 한다. 시각적인 효과가 강해져 당신을 더 빠르게 알아보게 된다. 시각적인 효과는 당신이 말하지 않아도 보이기 때문에 충분한 브랜딩 역할을 한다.

1인 강사, 프리랜서, 1인 지식창업 모두가 비주얼에 신경을 써야 한다. 솔직히 사람은 비주얼이 중요하다. 잘생기고 아름다운 외모를 나타내는 말이 아니다. 필자가 말한 비주얼은 기본자세이다. 곧은 자세로 이야기하고 표정이 밝아 고객이 부담 없이 느끼게 하는 비주얼이다. 비주얼은 당신이 만들어 가는 것이다. 예를 들어 당신이 화려한 복장으로 나타나게 된다면 고객은 당신에게 집중할 수가 없다. 화려한 옷과 액세서리에 집중하게 된다. 단정된 머리와 깔끔한 옷차림이 당신을 더욱 돋보이게 하고 오프라인 내용에 집중하게 된다.

당신의 기본적인 비주얼 자세가 당신의 인상을 결정한다. 복장에 신경을 써야 한다. 전문가답게 깔끔한 복장이 중요하다. 개성이 돋보이는 것보다 당신의 전문성에 신뢰가 가기 좋은 복장을 해야한다. 일관성 있게 복장을 유지하면 당신의 이미지를 만들기에도 좋다. 결국 '나다움'이 묻어나는 비주얼이 당신의 브랜딩에 파급력을 높일 수도 있다. 당신의 브랜딩은 모든 것을 의미하는 것이다. 비주얼도 포함되어 있다. 최대한 당신의 이미지에 맞는 비주얼에 신경을 써야 한다.

시각적인 정보가 미치는 영향이 매우 크다. 무슨 말을 하는 것보다 비주얼로 의미를 전달하는 때도 있다.

신뢰와 믿음을 줄 수 있도록 당신의 비주얼에 신경 써야 한다. 그러면 훨씬 집중이 잘되어 고객도 호감을 느끼고 당신을 대한다. 비주얼도 전문가답게 만들어 전문가 인상을 주어야 한다. 당신은 가치를 알리고 정보를 제공하는 사람이다. 모든 것에 신경을 써야 한다. 그래야 전문가라고 인정한다. 결론은 전문가만큼 모든 면에서 일관성을 유지해야 한다. 모든 것에 전문적이어야 한다.

비언어적인 분위기가 있다

전문가는 모든 것이 전문적이어야 한다. 전문가는 눈빛, 손짓, 몸짓, 모든 것이 전문가답다. 전문가는 노력하고 유지한다. 상품과 서비스 자체보다 당신이 전문가라서 상품과 서비스가 더욱 돋보인다. 더욱 전문가답게 생각하고 행동해야 한다. 상품과 서비스가 당신을 의미한다. 당신이 보이는 공간에서는 모든 것이 광고이고 당신을 표현하는 요소는 집중해서 신경을 써야 한다. 자연스럽게 표현하다 보면 당신만의 전문가다운 분위기가 나타난다.

사람마다 분위기가 있다. 분위기는 쉽게 만들어지지 않는다. 만든다고 해도 자연스럽게 보이지 않는다. 분위기라는 것이 심오하다. 그래서 사람들은 자신만의 분위기 있는 사람을 좋아한다. 분위기는 비언어적인 다양한 요소를 가지고 있다. 특히, 강사의 손짓, 몸짓, 눈빛, 목소리 톤, 모든 것이 분위기를 만든다. 비언어적인 요소로 분위기를 만들어야 한다. 당신이 무언가를 전달하는 메시지보다 당신 자체의 분위기의 영향이 더 크다. 결국 전문가처럼 행동하고 신경 써야 한다.

실제로 한 연구에서는 "시각 정보(55%), 청각 정보(38%), 언어 정보(7%), 비율로 사람에게 영향을 미친다. 즉, 당신이 전달하는 메시지보다 시각적인 정보에 먼저 영향을 받는다. 그래서 당신의 모든 것이 고객에게는 관심 대상이다. 전문가의 포지션에서 있어야 고객은 당신 상품과 서비스에 중요하다고 느낀다. 역설적이지만 전문가라서 상품과 서비스를 고객이 원하는 것이다. 프로답게 행동하고 열정의 에너지를 뿜어서 전문가의 분위기가 되어야 한다. 오프라인 모임에서 당신의 분위기로 압도해서 당신을 더욱 돋보이게 해야 한다.

전문가는 자신감과 내면에서 나오는 아우라가 있다. 전문가의 눈을 보면 눈빛이 다르다. 사고가 깊어서 눈빛도 다르다. 예의가 바르고 겸손하다. 부정적인 말보다 긍정적인 말을 한다. 반듯한 자세로 상대방을 대한다. 대화하고 시간이 지나면 고객은 당신에게 호감이 자연스럽게 간다. 당신의 이야기에 집중하게 한 것이다. 당신을 신뢰하고 당신과 더 많은 교류를 하고 싶어 한다.

개인적으로 사람들은 논리적으로 말하는 사람보다 아우라에 더 많은 감정과 느낌을 얻는다. 그래서 고객이 외모보다 당신의 분위기(아우라)에 끌리게 해야 한다.

당신이 고급스러운 상품과 서비스를 판매하고 싶다면 당신이 고급스러워야 한다. 고급화 전략을 지속해서 키우고 노력해야 한다. 확신컨대 당신의 상품과 서비스가 당신을 나타낸다. 상품과 서비스 모두 생산자의 성향이 담긴다. 그래서 지식 상품과 서비스는 어떤 전문가가 하느냐에 따라 확실하게 다르게 나온다. 핵심적인 포인트는 당신의 모든 것이 전문가답게 해야 당신의 전문성을 인정한다. 복장, 외모, 말투, 모든 것에 신경을 써야 전문가로 만들어진다. 당신을 전문가라는 인식을 자연스럽게 인식시켜야 고객이 당신에 대해 고민하지 않는다.

6장

사람
대하는 법

01
내가 말을 하기보다는
말을 들어주고
그들의 욕구를 만족시켜줘야 한다

대화는 상대방을 알아가는 시간이다. 대화 흐름에는 상대방의 일생을 알 수 있는 이야기들이 있다. 그래서 대화를 집중해서 들어야 한다. 대화를 통해 관계가 형성된다. 고객과 대화해야 고객을 알 수 있다. 고객의 이야기 안에 욕구를 찾을 수 있다. 당신은 집중해서 들어야 한다. 그래야 정확한 욕구를 찾을 수 있다. 고객이 편하게 이야기할 수 있도록 하는 것이 당신의 의무이다. 고객이 무엇이 필요한지 정확히 파악해야 고객과 지속 할 수 있다. 추상적으로 파악하면 당신은 고객을 만족시킬 수 없다. 개별 상담의 목적은 고객의 빈틈없는 문제점 파악이다.

그들의 말을 언제나 잘 듣고 핵심 욕구가 무엇인지 찾아내라

모든 비즈니스는 인간관계를 만드는 것이다. 접근 방법의 매체가 다를 뿐 결국 사람과 사람 사이의 관계가 형성되어야 비즈니스가 된다. 상호작용이 되어야 한다. 일방적인 정보 전달은 매체의 형태일 뿐이다. 상호작용의 기본은 경청이다. 고객의 이야기를 듣고 당신이 이야기해야 한다. 고객은 항상 이야기 속에 핵심이 들어 있다. 이야기에는 고객의 감정, 생각, 가치관, 성향 모든 것이 담겨 있다. 그래서 당신은 들어야 한다. 고객의 이야기에 고객이 말하고 싶은 것이 자연스럽게 담겨 있다. 고객이 원하는 것을 알아야 당신이 이야기할 수 있다. 핵심을 파악해야 고객과 함께 시작할 수 있다.

고객은 본인의 이야기 속에 욕구를 담는다. 리뷰를 보면 줄거리가 있다. 별점으로 체크만 해도 되는데 원인과 결과까지 과정을 이야기한다. 결론을 이야기에 담아 도출한다. 바로 줄거리에 모든 것이 있다. 당신의 역할은 지금 문제 해결이 아니다. 욕구를 파악해 소통해야 한다. 그 후 문제 해결이다. 가장 좋은 답은 고객이 직접 말해야 한다. 그래서 개별상담에서는 듣는 기술이 필요하다. 고객이 열심히 이야기한다면 고객의 욕구는 분명하게 드러나 있다. 당신은 듣고 확인하면 된다.

고객의 이야기에서 욕구를 찾고 연구해야 한다. 고객이 당신에게 개별상담을 하는 이유는 근본적인 문제 해결이다. 문제 해결을 위해 당신에게 개별상담을 신청했다. 고객은 진정으로 원하는 것이 있어서 당신과 이야기하는 것이다.

탐구를 고객에게서 해야 한다. 표면적인 욕구와 숨겨진 욕구를 모두 발견해야 한다. 표면적인 욕구는 이야기 속에서 자연스럽게 드러나지만 숨겨진 욕구는 쉽게 표면 위에 드러나지 않는다. 표면적인 욕구는 쉽게 찾을 수 있다. 반면 숨겨진 욕구는 찾기가 어렵고 예측할 수 없다. 고객이 원하는 욕구는 정확히 숨겨진 니즈 안에 있다.

숨겨진 욕구를 찾기 위해서는 당신의 설문지를 이용해 찾아야 한다. 설문지 항목은 숨겨진 욕구를 찾기 위한 도구이다. 설문지를 바탕으로 분석한 후 개별상담을 해야 한다. 개별상담을 통해 예리한 질문을 해야 한다. 예리한 질문을 던지고 고객의 반응을 관찰해야 한다. 그러고 나서 고객의 숨겨진 욕구를 판단해야 한다. 당신이 대안을 제시할 때 고객의 욕구에 따라 자극하는 방법이 다르기 때문이다. 고객의 욕구를 자극해야 빠른 신뢰를 얻고 행동을 촉구하기 때문이다.

그것을 만족시키면 된다

정확한 욕구를 찾으면 방향을 제시하면 된다. 고객 핵심 욕구의 기준으로 방향을 제시해야 한다. 숨겨진 욕구 기준으로 제시해야 고객은 당신에게 온다. 고객의 숨겨진 욕구 기준으로 만족시켜야 한다. 그래야 고객이 만족한다. 고객은 효과적으로 기대를 얻고 싶고 그 이상의 기대치를 얻고 싶어 한다. 그래서 고객의 마음을 움직이는 것은 고객의 정확한 욕구이다. 그래서 욕구를 만족시키면 당신을 믿고 신뢰한다. 당신은 고객이 원하는 것을 고민하고 지속해서 생각해야 한다.

박소은(가명) 씨는 스트레스와 잦은 야식으로 몸무게가 15kg나 늘어났다. 살이 급격하게 늘어나서 운동으로 빨리 빼야 하는 상황이었다. 친구와 같이 헬스장에 가게 되었다. 상담사가 친절하게 개별상담을 해주었다. 상담사는 박소은 씨의 이야기를 들었다. 급격하게 늘어난 살은 쉽게 뺄 수 있다고 이야기한다. 당신이 원하는 몸무게로 돌아가려면 5개월이 걸린다고 한다. 정상적인 몸무게로 가는 기간은 4개월이면 충분히 도달할 수 있다고 말한다. 다이어트 성공사례 회원님들을 보여주었다.

헬스트레이너와 1:1 코칭으로 4개월 안에 정상 몸무게로 도달했다고 한다. 식단 조절, 운동, 모든 것을 피드백해 주고 모두 지키면 4개월이면 빠진다고 한다. 박소은(가명) 씨는 원칙만 지키면 빠진다는 말과 함께 성공사례를 유심히 보았다. 문제없이 다이어트에 성공한 사람들이 있었다. 살만 뺄 수 있다면 뭐든지 다 하고 싶었다. 그녀의 목적은 급격하게 늘어난 살을 빨리 빼야 하는 목적이 강했다.

고객은 목적에 맞는 해결책을 찾기 위해 온 것이다. 그녀는 본인의 욕구를 만족할 수 있느냐가 중요했다. 상담사는 그녀의 살을 빠르게 빼고 싶어 하는 욕구를 찾아 제안 방법을 알려주었다.

가장 정확한 욕구를 자세히 제시하면 된다. 단순히 알려주는 것이 아니다. 고객에게 욕구를 해결할 수 있는 곳은 당신이라는 것을 알려야 한다. 가장 좋은 방법은 고객과 비슷한 욕구를 가진 성공사례를 보여주면 좋다. 고객을 확인시켜주면 좋다. 고객은 성공사례의 수강생을 보고 당신의 제안이 틀림없다고 믿는다. 고객의 욕구를 만족시키기 위해서는 고객의 이야기를 잘 들어야 한다. 무엇이 진짜 필요한 것인지 알아야 한다. 근본적인 해결책을 제시하는 사람이 당신이어야 한다. 정확한 고객의 욕구를 알면 고객은 적극적으로 행동한다.

모든 비즈니스는 고객의 문제점을 사장이 해결해주기에 성립된다

고객은 기대 이상의 결과를 얻어야 만족한다. 모든 비즈니스는 결과에 대한 만족이 높아야 지속이 가능하고 성립된다. 좋은 결과를 가지려면 첫 번째로 고객을 만족시켜야 한다. 고객의 욕구를 정확하게 해결해주면 된다. 그러면 성공사례로도 이어진다. 결국 고객의 욕구가 당신의 비즈니스의 핵심역량이 된다. 반드시 고객의 욕구를 찾아내야 한다. 고객의 욕구가 당신의 상품과 서비스이다. 고객에게 집중하고 고객에게 답을 들어야 한다. 고객의 마음을 알고 시작해야 비즈니스가 시작된다.

비즈니스 모델에서 빠지지 않는 것이 고객이다. 모든 비즈니스는 고객의 욕구에 맞는 상품과 서비스를 제공한다. 결국 고객 없이 이루어지는 비즈니스는 없다. 당신의 비즈니스에 고객의 욕구를 충족시키면 된다. 고객의 관점에서 욕구를 해결해주어야 한다. 당신의 관점으로 해결하는 순간 숨겨진 욕구를 파악하지 못한다. 고객의 숨겨진 욕구를 파악해야 당신과 연결된다. 비즈니스가 성립되는 첫 시작 단계이다. 그래서 본질을 알아야 하고 고객의 초점에서 생각하는 사고가 필요하다.

고객의 욕구를 정확하게 아는 방법이 있다. 개별상담을 한 후 당신이 고객에게 마감하는 단계이다. 고객 욕구를 정확히 알고 해결하기 위해 다음 단계로 넘어간다. 고객이 망설이지 않는다. 그런데 고객이 망설이게 되면 정확히 해결하지 못한 부분이 있다. 이때 다시 고객의 욕구를 살펴봐야 한다. 표면적인 욕구가 아닌 숨겨진 욕구를 정확히 찾지 못해서이다. 숨겨진 욕구를 자극 시켜야 마감 단계가 완벽해진다. 표면적인 문제가 아니라 고객의 숨겨진 문제를 해결하는 단계에 있을 때 비즈니스가 성립된다.

고객 욕구가 충족이 된 상태에서 혜택이 따라야 한다. 지식창업자는 혜택으로 호소하기에는 큰 역할이 되지 못한다. 가치 상품이기 때문에 가격할인 외에는 고객의 내면을 건드릴 수 없다. 결과적으로 고객의 숨겨진 욕구에 접근해야 결과도 만족할 수 있다. 고객의 욕구로 결과를 얻어야 하기 때문이다. 고객 욕구에 초점을 맞추고 성공한 지식창업자들이 있다. 그들 모두 뻔한 광고가 아닌 고객문제에 초점 맞혔다. 각기 다른 방법으로 고객을 모집했지만, 시작과 끝은 고객의 욕구였다.

환경문제로 당신이 대중에게 심각성을 이야기한다. 환경문제를 해결하기 위해 동참을 권유하고 있다. 대중들 대부분은 심각성을 느끼지 못하고 크게 동요하지 못한다. 하지만 환경문제를 강조하기보다는 사람들이 중요하게 생각하는 것을 봐야 한다. 우리 가족과 아이의 미래를 위해 동참해야 한다면 고객은 움직인다. 고객의 관점에서 이해하고 가치를 제공해야 한다. 그래야 고객의 마음이 움직인다. 고객의 숨겨진 욕구를 찾아야 고객은 관심 두고 행동한다. 당신이 기획하기 전에 먼저 고객의 이야기를 들어야 만족하게 할 수 있다.

고객을 만족시키는 응대 법

1. 신속한 대답을 하면 안 된다. 먼저 고객의 이야기를 들어야 한다.

2. 고객 관점으로 숨겨진 욕구를 발견해야 한다.

3. 강요하지 말고 고객의 욕구가 맞는지 점거해야 한다. 그다음에 마감해야 한다.

02
그들이 원하는 것이 무엇인지를
늘 관찰하고
만족시켜줘라

워런 버핏(Warren Buffett)이 중학교 때 처음 사업을 시작했다. 그의 첫 사업은 자판기였다. 그런데 자판기에 판매하는 음료는 오직 한 개였다. 바로 오렌지 환타였다. 그가 자판기에 오렌지 환타만 판매하는 이유가 있었다. 그 이유는 우연히 쓰레기통을 봤는데 오렌지 환타가 많이 발견되었다. 그래서 그는 고객이 찾는 제품이 오렌지 환타라는 것을 알고 오렌지 환타만 있는 자판기로 첫 사업을 시작했다. 그는 예리했다. 고객이 무엇을 원하는지 정확하게 알았다.

그의 사업은 집중적으로 효율을 높이는 방법이었다. 워런 버핏은 고객의 행동을 늘 관찰하고 분석했기 때문에 고객이 원하는 것이 무엇인지 알았다.

언제나 업의 본질을 파악하고, 핵심 욕구를 파악하려고 노력해야 한다

고객이 원하는 것은 정해져 있다. 고객이 무슨 생각을 하는지 매번 생각해야 한다. 끊임없이 노력해야 고객에게 원하는 것을 줄 수 있다. 고객이 원하는 것을 만족시키기 위해 매번 확인하고 분석해야 한다. 그래야 비즈니스를 오랫동안 할 수 있고 기회를 계속 잡을 수 있다. 새로운 비즈니스를 시작해도 핵심은 고객의 욕구 파악이다. 이것이 진리이다. 욕구 파악이 되면 고객 변화에 빠르게 대응할 수 있다. 당신은 언제나 고객의 이야기에 집중해야 한다. 그래야 성공적인 비즈니스가 된다.

시장이 세분되어도 경쟁자는 많다. 세분되는 시장에서 각자 나름의 차별성이 있다. 가격 차별화, 서비스 차별화, 실내장식 차별화 등 있다. 하지만 경쟁력 없이 거의 사라지고 다시 등장하고 반복하고 있다. 차별성을 갖고 시작하지만, 고객은 오히려 크게 느끼지 못한다. 흥미 정도는 갖게 할 수 있다. 하지만 고객으로 발굴하기는 어렵다. 성공은 결국 고객이 원해야 하는 것이다. 고객이 원하는 것에 중점을 두고 비즈니스를 키워야 한다. 온전히 고객에게 집중해야 한다.

비즈니스를 하면 경쟁사에 집중하게 된다. 그런데 중요한 것은 고객에게 집중해야 한다. 고객이 당신에게 이야기한다. 고객이 원하는 욕구가 있다. 고객이 원하는 가치의 존재를 명확하게 알아야 한다. 강력한 상품이 고객의 본질을 파악하는 것이다. 어떻게 고객에게 도움을 줄지 생각해야 한다. 그래야 오랫동안 고객을 만들 수 있다. 여기서 언제나 고객과 소통하고 집중하지 않으면 고객은 오지 않는다. 당신 업의 본질과 맞지 않는 비즈니스는 결국 고객의 불만으로 이어지고 동시에 개선도 어렵다.

당신 경력에 업의 본질이 맞는지 생각해 봐야 한다. 업의 본질이 맞는지 확인 후 진입해야 한다. 업의 본질은 비즈니스에 목적이자 고객과 끊임없는 약속이다. 당신이 이 일을 왜 하는지, 당신이 고객의 욕구를 해결할 수 있는지, 매번 바뀌는 고객의 욕구를 맞출 수 있는지, 당신이 모든 것을 늘 관찰해야 한다. 사색할 수 있어야 한다. 모든 것을 당신이 선택하고 행동해야 한다. 본질에 끊임없이 답을 찾고 추구해야 당신이 그 자리에 있을 수 있다. 본질이 튼튼하지 못하면 흔들리고, 깊은 사색도 하기 힘들다.

상대방 처지에서 점검해야 한다

고객을 모집하기 위해 무료 강의를 진행한다. 고객과 소통하기 위해서 교육도 받는다. 더 나아가 무료 개별상담까지 진행한다. 그런데 효과가 없다. 상대방 처지에서 보지 못해서이다. 고객은 원하지 않으면 반응하지 않는다. 고객의 마음을 움직이려면 고객의 욕구를 알아야 한다. 먼저 기다려야 한다. 고객의 이야기를 끝까지 들어야 한다. 성급한 조언이나 당신의 생각을 이야기하면 안 된다. 고객의 처지에서는 당신의 의견을 듣고 벽이 생길 수 있다. 그러니 상대방의 처지에서 생각해야 한다.

'역지사지(易地思之)'는 상대방의 처지에서 생각하는 것이다. 실천하기가 어렵다. 상대방의 처지에서 생각해야 한다는 것이 결국 본인이기 때문이다. 상대방이 처한 상황, 생각, 모든 것이 상대방의 배경을 알고 가늠해야 하기 때문이다. 그렇다고 다 아는 것이 아니다. 고객의 욕구가 명확하더라도 다시 점검해야 한다. 당신이 놓치거나 충분히 알지 못한 사실들이 있다. 공감하고 고객의 행동을 이해할 수 있어야 한다. 당신의 고정관념, 경험, 성향, 모든 것을 억제하고 고객의 마음을 읽어야 한다.

강사는 더 많은 것을 가르쳐주고 싶어서 많은 정보를 제공한다. 하지만 수강생마다 정보를 받는 습득이 다르다. 그리고 당신에게 원하는 것이 많은 정보가 아니라 가치를 추구하는 경우가 더 많다. 많은 양의 정보를 주기보다는 원하는 것을 주어야 한다. 그러면 반드시 고객은 당신의 편에서 기대하고 존중한다. 편견을 버리고 고객의 처지에서 행동해야 고객은 감동한다. 배려가 고객 처지에서는 믿음과 신뢰를 강하게 만든다. 그다음 소통이 가능하다. 당신과 고객의 연결고리가 생긴다.

상대방의 생각과 마음을 정리해야 한다. 상대방을 수용해야 가능한 일이다. 본인의 시각으로 본다면 불가능한 일이다. 추론과 추측이 아니다. 고객과 당신이 연결되어야 한다. 좋은 관계를 매끄럽게 이어갈 수 있어야 한다. 고객의 처지에서 이야기하고 공감해야 하는 자세가 필요하다. 그렇지 못하면 관계는 지속될 수 없다. 지속해서 고객과의 소통을 점검해야 한다. 고정관념으로 고객을 바라보고 있는지 아닌지 생각해야 한다. 고객의 생각과 마음은 유동적이다. 늘 관찰하고 점검하는 시간을 가져야 한다.

공감하고 경청해야 한다

'무주의 맹시'라는 말이 있다. 시야에 있지만 집중하지 못해서 보지 못하는 경우를 말한다. 정작 자신이 보고 싶은 것만 보다가 중요한 것을 놓치게 된다.

각자의 틀에 갇혀서 살기에 중요한 것을 보지 못한다. 늘 관찰하는 습관을 지녀야 한다. 관찰하는 습관을 지니고 있으면 고객이 원하는 것이 무엇인지 발견할 수 있다. 본인의 틀에 있으면 보지 못한다. 상대방 처지에서 늘 바라보아야 한다. 그러고 나서 행동해야 한다. 그래야 고객은 당신에게 관심 두고 신뢰한다. 고객의 말에 집중하고 관찰해야 한다. 그리고 점검을 통해 고객과의 연결고리를 잘 만들어야 한다.

"과학적으로 증명된 연구들에 의하면 대인관계의 핵심은 바로 공감 능력이다." 공감 능력은 상대방과 신뢰를 쌓을 수 있다. 신뢰를 바탕으로 소통이 잘되어서 이야기를 끌고 갈수 있다. 고객의 말에 공감하고 이해한다면 고객은 당연히 당신을 호의적으로 바라보게 된다. 고객의 말을 공감하기 위해서는 이야기를 잘 경청해야 한다. 이때 집중해야 한다. 고객의 내면을 볼 수 있다. 고객의 솔직한 이야기들이 나온다. 고객과 공감하고 의견에 동의하면서 더 깊이 들어간다.

"사람의 가치는 타인의 관계로만 측정될 수 있다." 니체의 명언이다. 타인과의 관계는 결국 소통을 통해 가치를 아는 것이다. 소통하지 않는다면 어떠한 가치도 느끼지 못한다. 원활한 소통을 위해서 타인의 이야기를 경청해야 한다. 그러면 고객은 본인의 이야기를 경청하는 당신을 보고 자신의 이야기가 가치 있다고 생각한다. 고객은 자존감이 높아지고 당신이 해결책을 줄 수 있다고 확신한다. 진지하게 경청하고 공감해야 고객은 당신의 대안에 귀를 기울일 것이다.

인간 중심 치료할 때도 경청만 잘해도 효과가 크다고 한다. 칼

로저스(Carl Rogers)가 연구한 결과이다. 칼 로저스는 상담심리학자이다. 그의 말에 따르면 충고는 효과가 없다고 한다. 이해와 공감을 통해 문제를 해결해야 심리적 거리를 조절할 수 있다고 한다. 즉, 고객의 욕구를 관찰하고 만족시키기 위해서는 경청해야 한다. 제대로 경청해야 한다. 그리고 소통과 공감으로 고객을 수용하면 된다. 이는 당신이 상담자 역할이 되는 것이다. 고객을 그대로 받아들일 때 만족의 가치가 상승한다. 인간관계는 지속해서 변화된다. 그래서 계속 소통과 공감을 해야 한다.

결국 상대방을 통해 당신이 성장, 자아실현, 보람, 잠재 가능성을 실현하는 일이다. 그래서 당신이 하는 업의 본질을 파악하고 상대방의 성장을 돕는 목표가 되어야 한다. 이때 조건은 진실하고 따뜻하게 대해야 한다. 의무로 진행되면 고객은 공감하지 못하게 된다. 진정한 자기 가치와 고객 가치를 실현해야 한다. 그러면 해결할 수 있는 능력이 극대화되어 고객 변화까지 이루어지고 만족이 된다. 그리고 고객 성장이 촉진되어 당신의 비즈니스가 성장한다. 늘 관찰하고 공감하고 이해해야 고객을 만족시킬 수 있다.

고객을 만족하게 하는 방법

1. 늘 본질을 파악하고 고객의 욕구를 관찰해야 한다

2. 상대방의 처지에서 생각해야 한다.

3. 경청하고 공감해야 한다.

03

고객을 사랑하는 마음을 가지고 대해야 한다

인간관계에서 누구나 사랑하고 사랑받고 싶어 한다. 부모와 자식 간의 관계, 남녀의 관계, 모든 것이 사랑으로 이루어진 관계들이다. 그래서 사랑의 힘은 강력하다. 사랑하는 마음이 없으면 지속적인 관계는 힘들다. 아무리 상대방과 이야기하고 관계를 돈독히 한다 해도 사랑하는 마음이 있어야 가능하다. 진정한 사랑의 마음이 있어야 한다. 진정한 사랑은 조건이 없고 계산적이지 않은 어떤 기대도 없이 헌신적인 사랑이다. 진정한 사랑을 베풀어야 한다. 사랑하는 마음은 엄청난 변화를 가져다준다. 당신이 분명히 사랑하는 마음을 가지고 고객을 대하면 고객은 당신의 진정한 팬이 된다.

고객에 대한 사랑, 그들의 아픔을 끌어안는 마음이 필요하다

모든 비즈니스는 고객의 욕구를 찾아 상품과 서비스를 제공한다. 고객의 욕구를 자세히 보면 그 안에 고통이 있다. 그중에서도 고통은 본인이 감당하기 어려운 고통도 있다. 고통은 괴롭다. 사람은 원하는 가치보다 고통의 아픔이 더 크게 와 닿는다. 행복보다 불행하지 않으려고 더 애쓰고 노력한다. 사람은 고통지수가 더 높을수록 안도를 찾기 위해 안간힘을 쓴다. 그래서 당신이 고객의 아픔을 끌어안는 마음이 필요하다. 고객의 고통을 헤아리고 공감하려고 노력해야 한다. 고객의 고통을 살펴봐야 한다. 그래야 고객의 고통을 알게 되고 머리가 아닌 가슴으로 고객과 진정성 있는 소통이 된다.

한 연구 결과에서는 미래에는 사람의 마음을 치료하는 상담사가 필요하고 많아진다고 한다. 누구든지 본인만의 고통을 하나씩 갖고 있다. 이면에 고통을 감추고 살고 있다. 또는 감당할 수 있는 정도의 고통으로 감내하면서 살아가고 있다.

사람들의 고통은 다양하다. 누군가는 고통을 감당하기 힘들어한다. 감당할 수 없는 고통은 좌절로 이어지고 생활할 수 없어지기도 한다. 그래서 누군가는 재설계를 해주어야 하는 사람이 필요하다. 그리고 그들의 아픔을 끌어안는 사람이 분명히 존재한다. 사람은 분명히 고통의 상황에서 벗어나고 싶어 한다. 그래서 누구든 자신을 신경 써주고 대안을 주는 사람을 믿고 신뢰한다.

전문가들은 고객의 고통을 해결하기 위해 노력한다. 머리가 아닌 마음으로 대한다. 고객의 눈을 보면서 대화에 집중한다. 인간적으로 고객을 대한다. 돈 보다 사람의 마음이 중요하다고 생각하고 고객을 사랑하는 마음으로 이야기에 공감한다. 절대 인위적인 행동으로 대하지 않는다. 온전히 당신이 고객의 아픔을 받아들인 후에야 고객과 고통을 나누고 극복하기 위해 당신이 있다고 이야기한다. 실제로 고객은 사랑하는 마음으로 본인을 대할 때 희망과 안정감을 느끼게 된다. 더불어 본인이 인정받는 기분이 든다,

당신이 고객을 사랑하는 마음으로 대하면 엄청난 효과를 누리게 된다. 고객의 가치도 높아지고 당신의 가치도 높아지게 된다. 따뜻한 감정으로 사람을 대하면 서로 부정적인 감정이 사라진다. 그리고 고객과 당신 간의 관계도 가까워진다. 이러한 상태가 지속해서 유지된다면 당신도 사랑을 줄 준비가 되고 고객도 사랑받고 주고 싶어 한다. 그래서 고객은 고통보다 더 나은 가치에 집중하게 된다. 우리가 고객에게 베풀어야 하는 것은 사랑하는 마음으로 고객의 아픔을 끌어안은 후에야 가치를 전달해야 한다.

측은지심(惻隱之心), 이 마음으로 코칭을 해야 한다

타인의 고통을 헤아릴 줄 알고 그 고통을 도와줄 수 있는 사람이 진정 좋은 사람이다. 현대에는 돈, 명예, 권력, 등에 중심을 두고 가치를 찾고 있다. 삶의 진정한 의미를 찾지 못하고 자신의 이익에만 치중하고 있다. 근데 그 가치는 삶의 진정한 의미를 찾지 못한다. 결국 진정한 의미는 측은지심의 기반으로 타인을 대하고 그 후에 당신을 바라보게 된다. 물론 불행에 합류하면 안 되지만 당신이 타인을 대할 때 도덕적인 요소와 사회 양심에 있어야 한다. 따라서 당신이 고객을 사회적으로나 윤리적으로 대해야 한다.

사회적으로 소외되고 열악한 환경에 있는 사람은 사회적 안전망이 약하다. 사회적 안전망이 없는 사람은 정신적인 고통을 갖고 성장 발판의 길이 없다. 그런데 더욱 깊게 들어가 보면 주위 사람들도 정신적인 고통과 이상적인 성장의 길에서 완벽하지 못한 경우가 많다.

이 사회가 목적 실현에 성장을 두고 있어서 더욱 가치를 소홀히 하게 되고 형식적인 예의로 지켜나가고 있다. 하지만 우리는 결국 사회적인 관계망에서 도와야 할 것이 무엇인지 알고 삶의 가치를 찾기 위해 최대한 같이 고민하고 있어야 한다.

앞으로 사회경제는 더욱 서로 가치를 인정해주고 따뜻한 마음으로 바른 규칙을 만든다. 사회활동의 발판이 사람의 측은지심이기 때문이다. 그래서 그 존재를 깨워주는 존재가 되어야 한다. 당신이 고객에 대한 기대와 결과를 떠나서 측은지심으로 먼저 대해야 한다. 그러면 심리적으로 고객은 자존감이 향상되고 자신감이 높아진다. 당신이 고객을 소중히 여겨야 고객이 긍정적인 생각하게 된다. 그 결과가 현실에서도 긍정적으로 나타난다. 진정한 코칭은 고객에 대한 사랑과 측은지심을 바탕으로 시작된다.

경쟁사회에서 살다 보면 서로가 안다. 얼마나 힘들고 고통스러운지 알고 산다. 그래서 서로 소통하고 공감한다. 솔직하게 대화하면서 서로의 원동력이 되기도 한다. 고객과 당신은 서로 공감하게 된다. 무엇이든지 열심히 하는 사람은 서로를 알아본다. 그래서 경쟁보다는 발전의 가치를 높게 생각한다. 이러한 사람들은 원망하지 않고 감사한 마음으로 사람을 대한다. 측은지심으로 사람을 소중히 여기면서 아픔도 공감한다. 현실에서 고객과 깊이 공감하고 마음을 헤아릴 수 있는 것이 대단한 일이다. 그래서 고객 처지에서는 감동한다. 코칭을 할 때 깊이 공감할 수 있어야 한다.

동시에 자부심도 필요하다

비즈니스에서 고객을 사랑하는 마음으로 대해야 한다. 진정한 의사소통이다. 진정한 의사소통은 고객의 아픔을 알아야 한다. 그리고 그 아픔을 공감으로 확대하고 끌어안을 수 있어야 한다. 소통에 중요한 조건이다. 이성적으로 판단하는 것이 아니다. 마음으로 얻고 느껴야 한다. 이 마음은 당신이 성숙할수록 측은지심으로 다가갈 수 있다. 그래야 코칭 할 수 있다. 코칭은 성숙한 판단을 해야 하므로 고객에 대한 통찰력과 고객의 고통과 마음을 알아야 한다. 그렇게 되면 고객은 당신의 진정성을 인정해준다.

당신이 고객을 사랑하는 마음과 측은지심으로 대한다. 이러한 태도는 긍정적인 영향을 가져온다. 모든 일에 활력을 가져다주고 좋은 기운으로 있기 때문이다. 천천히 자신의 영향력이 고객에게 간다. 당신의 가치가 건전한 가치를 가진 사람들을 만나게 해준다.

건전한 사람들은 열정이 있고 열정의 기운으로 좋은 가치를 만들어 낸다. 건전한 사람들의 태도가 결국 나한테도 영향을 미친다. 그래서 결국 나의 영향과 자부심에도 새로운 변화가 온다. 나의 진정한 자부심도 고객을 통해 느끼게 된다.

당신과 고객이 서로 자부심을 품어야 한다. 당신이 고객을 사랑하는 마음으로 코칭을 한다. 자신의 행동이 고객의 진정한 성취를 얻게 된다면 당신은 만족감을 얻게 된다. 고객은 진정한 성취와 가치를 얻게 된다. 고객은 자신이 이룬 성과를 만족함과 동시에 자부심을 느끼게 된다. 더 나아가 자신감마저 높아진다. 고객이 당신의 가치를 분명히 알고 믿고 신뢰를 했다는 것에 당신도 자부심을 느끼게 된다. 서로의 가치를 존중해주고 더 나은 삶과 성취를 통해 자부심을 느낀다.

당신의 가치와 고객에 대한 마음을 서로가 느낀다면 확신이 서게 된다. 서로 존중하고 개인의 가치와 성취를 위해 노력한다면 만족감과 자부심을 품게 된다. 보통 어느 한쪽으로 치우치지 않는다. 서로 대등하게 된다. 양 측면에서 보면 서로 올바르게 사는 것이다. 그러니 서로 상황이 긍정적으로 변화하고 상대방에 대한 배려와 존중이 생긴다. 자신을 가치 있는 사람이라고 생각하니 흔들릴 때 서로 지탱하게 된다. 서로 성장하고 가치를 갖게 되면서 당신과 고객의 자부심이 강하게 형성된다.

1인 지식 창업가는 절대 고객을 홀대하면 안 된다. 고객이 당신을 보고 왔기 때문이다. 1인 지식창업은 기업 그 자체이다. 당신과 당신의 비즈니스를 믿고 온 것이다. 결국 고객에게 최선을 다해야 한다. 고객을 사랑하는 마음을 가지고 대해야 한다. 고객의 아픔도 공감하고 이해해주어야 한다. 그리고 서로 자부심으로 이어져야 한다. 그래야 서로 성장하고 인생에 대한 통찰력을 갖게 된다. 결국 어

떤 비즈니스든 사람이 중요하다. 당신과 고객이 가치 있고 자부심

을 품어야 한다.

고객을 진심으로 대하는 방법

1. 고객의 아픔도 끌어안을 수 있어야 한다.

2. 고객을 사랑하는 마음으로 대해야 한다.

3. 서로의 자부심이 고객과 당신을 완벽하게 성장시키는 것

　이다.

04

그들 안에 엄청난 가능성이 있음을 알고 그 가능성을 일깨워주는 존재가 돼야 한다

인간의 가능성은 어디까지일까? 단언컨대 인간의 가능성은 무한하다. 인간의 무한한 가능성은 타고나지 않는다. 스스로 가능성을 만들어 가는 것이다. 스스로 본인 자체를 인정하고 무엇을 만들 것 인지는 본인에게 달려 있다. 따라서 본인이 가능성을 발견하고 본인의 가능성을 만들어야 한다. 이런 시각으로 당신을 바라보고 고객을 바라봐야 한다. 즉 우리가 한 인간으로서 존재 목적의 가능성을 직면하는 것이다. 본인의 가능성을 알고 삶에 대한 성찰이 필요하다. 본인이 가능성을 깨닫고 삶에 관한 성찰을 할 때 비로서 사람은 누구나 엄청난 가능성이 있다고 생각하는 순간이 온다.

사람은 누구나 천재다

사람은 살다 보면 힘들어서 주춤하거나 좌절에 빠지기도 한다. 하지만 결코, 멈추지 않고 삶을 살아가고 있다. 그 내면에는 상실감과 스트레스 등 모든 것이 있다. 그러면서도 우선순위를 두고 살아간다. 그 혼란에서도 순서가 있다. 당신의 성장과 자유, 가치 등이 존재하기 때문이다. 즉 자아실현이 있고 궁극적인 목적에 도전하고 성공과 실패를 해야 하기 때문이다. 우리는 목적 없는 삶을 살지 않는다. 그래서 삶의 의미를 찾고 무한한 가능성에 힘을 얻는다. 누구든지 사람은 가능성이 있고 그 가능성을 발휘하기 위해 노력한다.

"끝나 버리기 전에는 무슨 일이든 불가능하다고 생각하지 말라"-키케로(Cicero), "이런 일은 도저히 불가능하다고 자신이 믿고 시작하는 것은 그것은 자기 자신이 불가능하게 만드는 수단이다"-워너메이커(Wanamaker)의 유명한 명언을 보면 누구든 가능성이 있고 천재성이 있다고 알려주고 있다. 사람 모두 엄청난 가능성이 있다. 자신의 가능성을 100%로 믿고 살 수 있다면 모두가 고민도 없고 행복한 삶을 살 것이다. 하지만 실제로는 가능성을 발견하기도 어렵다. 성공한 사람은 본인의 가능성을 믿고 굳센 의지로 실행했기 때문에 성공했다. 가능성을 믿고 실행하는 것 자체가 발전 가능성이 크다. 성공한 사람들은 긍정적인 생각과 가능성을 일깨워준다.

이 세상에는 특출나고 특별한 사람은 정해져 있지 않다. 모두가 태어날 때 부모를 선택하지 않고 태어난다. 평생 나의 부모를 만나는 것이 큰 선택인데 당신이 부모님을 선택하지 못했다는 것이 얼마나 큰일인가. 그런데 신기하게도 그 후에는 당신의 선택과 의지로 결정할 수 있는 일들을 만들고 있다.

당신의 잠재력 한계가 어디인지 모르지만, 가능성의 한계도 모른다. 이는 모두가 발전 가능성이 있다. 다양한 변수들이 있지만 변수보다 가능성이 더 크다. 이미 변수보다 당신의 선택과 가능성으로 움직였기 때문이다.

사람은 무한한 가능성을 가지고 있지만 한계를 생각한다. 가능성을 제한하는 순간 당신은 새로운 변화를 일으킬 수 없다. 선천적으로 타고나는 것보다 당신의 가능성으로 움직이는 것이 대부분이다. 노력, 열정, 끈기, 인내, 도전 등 이러한 단어들은 성공한 사람들이 말하는 단어들이다. 이 모든 단어가 무한한 가능성을 두고 실행했기 때문이다. 사람은 누구나 똑같다. 모두가 무한한 가능성이 있고 실행할 뿐이다. 미래 발전 가능성은 누구나 가능하고 이루어진다.

그들의 가능성을 최대한으로 키워주는 일을 하는 것이다

　분야를 막론하고 성공한 사람들은 열정과 야심이 있다. 성공한 사람들 옆에 있으면 열정의 기운을 얻는다. 그래서 사람들이 모인다. 성공한 사람들은 대단한 야심도 가지고 있다. 스스로에 대한 자신감과 믿음이 강력하다. 그들의 자신감과 믿음을 상대방에게도 전달한다. 상대방에게 목표를 시각화하고 도전해야 한다고 독려한다. 해내고자 하는 사람들은 상대방의 가능성을 발휘할 수 있도록 한다. 바로 상대방의 잠재력 가능성을 일깨워주는 사람이 인생 최고점에 설 수 있는 사람이다.

　해내고자 하는 사람들이 결국 당신에게 온다. 무언가를 바꾸고 싶어서 왔다. 그래서 당신은 그들의 가능성을 최대한 키워주고 일깨워주어야 한다. 지금 당신이 고객과 개별상담을 하면서 고객에게 가능성을 발견시켜야 한다. 고객이 가능성을 발견하는 순간 강한 힘이 생긴다. 인생의 원동력이 생기고 본인의 존재 가치가 긍정적이다. 당신이 하는 일이 고객의 삶의 태도를 바꾸게 하는 일을 하는 것이다. 그래서 당신도 올바른 삶을 살아야 한다. 당신이 하는 업에는 반드시 행동도 뒤따라야 한다.

　상대방의 가능성을 일깨워주게 하려면 어떻게 해야 할까? 고객을 먼저 이해시켜야 한다. 이상적인 상황을 상상하게 만들어야 한다. 그리고 고객에게 자신감을 불어넣어 주어야 한다. 영감을 주고 얼마나 많은 시도를 해야 하는지 전달해야 한다. 좋지 못한 결과도 승복할 수 있도록 깨달음도 주어야 한다. 좋은 결과가 중요하지만 반대로 승복을 할 줄 아는 사람이 또 다른 가능성을 키울 수 있는 사람이다. 너무 의미와 목적에만 집중하다 보면 진정한 의미를 놓치거나 최대한 가능성을 발휘하지 못한다. 당신이 그런 조언과 생각을 하도록 도와주어야 한다.

스스로 깨닫지 못한 부분을 당신이 끌어내고 알려주어야 한다.

우리의 뇌는 매번 변화하고 달라진다. 매번 변화하는 뇌는 최대한 더 나은 삶을 살기 위해 생각하고 사고를 갖는다. 그리고 깨닫는다. 스스로 깨달아야 가능성이 최대한 발휘 된다는 것을 알게 된다. 스스로 깨달으려면 많은 시도를 하고 승복할 줄 알아야 한다. 이러한 사람이 성장할 수 있는 사람이다. 타고나는 것이 아니라 만들어가는 것이다. 당신이 말해주어야 한다. 끊임없이 성장하고 인생을 넓게 바라보아야 한다고 그래야 한계에 부딪혀도 성장할 수 있다고 말이다. 재능이 있다고 칭찬하기보다는 가능성의 잠재력을 깨워줘야 한다.

성장할 수 있는 잠재력이 누구나 있다

당신이 일깨워주었을 때 비로서 고객은 성장할 수 있는 잠재력을 발휘한다. 사람은 누구나 가능성을 가지고 살아가고 있다. 하지만 여러 가지 상황에 놓여 있어서 발견하기 어렵다. 일반적인 사람은 가능성보다 안전성을 지향한다. 하지만 가능성은 언제 어디서든지 추구하고 있어야 한다. 이 세상에 안주하는 삶보다 더 위험한 것이 가능성의 한계를 닫고 살아가는 것이다. 만약 직장인이라면 또 다른 가능성을 열어두고 시도하고 노력해야 한다. 1인 강사, 프리랜서, 지식창업자 등 더욱 성장 가능성을 가지고 삶을 대해야 한다.

누구든지 성장할 수 있는 잠재력을 찾고 노력해야 한다. 현재의 위치는 안전하지 못하고 당신의 가능성을 닫아 놓고 사는 경우가 있다. 당신이 있는 위치가 영원하지 않고 미래에는 누구든지 성장할 수 있는 삶을 살게 된다. 무엇이든지 도전하고 가능성을 열어두어야 한다. 실패하더라도 괜찮다. 가능성은 서로 연결고리가 있어서 나중에 똑같은 실패가 다시 돌아오지 않는다. 눈에 보이지 않더라도 잠재력은 이미 갖고 있다. 실패와 결과로 경험들이 쌓이면서 잠재력은 내재하여 있다. 모든 사람이 잠재력을 다 실현할 의무는 없지만, 미래를 위한 선택과 도전을 해야 한다면 성장할 수 있는 잠재력을 실현해야 한다.

잠재력에서 가장 중요한 역량이 무엇인지 생각해 보자. 첫 번째로 본인의 잠재력을 발견해야 한다. 이는 본인의 강력한 의지와 높은 목표를 추구하느냐에 따라 다르다. 그리고 새로운 기회가 왔을 때 호기심과 도전의 의식으로 가능성을 열어두어야 한다. 그로 인해 잠재력을 발견했다면 가능성이 있는 잠재력이다. 실현 가능성을 두고 발휘해야 한다. 그런데 사람들 대부분이 중간에 포기하고 실현하지 않는다. 그 이유는 성공 가능성이 희박하기 때문이다. 그런데 이보다 더한 것은 잠재력이 없다고 생각하는 순간 성공 가능성은 없다.

잠재력이 있어도 실현하지 못하면 내 안의 가능성을 깨우지 못한다. 흔히 말하는 능력과 노력이 같이 있어야 잠재력을 깨우게 된다. 능력과 노력은 한순간에 만들어지지 않는다. 오랜 세월 동안 본인을 시험하고 이끌어야 한다. 한계에 부딪히면서 능력을 만들어야 한다. 성공한 사람 대부분 선천적이지 않았다. 후천적으로 노력하고 만들어졌다. 당신의 잠재력을 발견하고 발전시키는 것은 본인 자신이다. 누구든지 훨씬 성장할 수 있고 영향을 줄 수 있다. 따라서 어떤 존재가 되어도 성장할 수 있는 잠재력을 깨우고 독려해야 한다.

사람들 대부분이 스스로 잠재력을 현실화 시키지 못한다. 수면 위에 잠재력을 올라오게 만드는 것이 능력이자 진정한 잠재력 발휘다. 내면의 잠재력을 알고 드러내야 한다. 어려움이 따르지만 결국 그 어려움도 본질에서 따라 오는 것이다. 당신이 현재 할 수 있는 일에 최대한 가능성을 열어두고 집중해야 한다. 사람은 누구나 천재이다. 당신이 잠재력을 발휘한 후 당신이 상대방에게도 실현할 수 있는 잠재력을 일깨워주는 존재가 되어야 한다. 검증된 최고의 코치가 되는 것이다.

최고의 코치가 되는 방법

1. 숨겨진 가능성을 깨워주어야 한다.

2. 잠재력을 실현 발휘하게 도와주어야 한다.

3. 기회에 다가갈 수 있도록 격려하고 희망을 주어야 한다.

7장

지속가능 방법

01
항상 트렌드, 동향 파악을 통해서 경쟁력을 확보해야 한다

　모든 일을 꾸준히 오랫동안 유지하고 해내는 것은 어렵다. 특히, 자신의 일과 비즈니스는 더욱 어렵다. 오랜 기간 꾸준히 발전시켜야 하기 때문이다. 그래서 1인 강사, 지식창업, 프리랜서는 발전에 적극적인 성향을 지닌 사람이 해야 좋다. 혼자인 형태의 비즈니스일 경우 끊임없는 연구가 필요하다. 절제력을 놓치게 되면 계획적으로 이행하기가 어렵고 성장할 수가 없다. 절제력과 끊임없는 연구가 필요하다. 이러한 사람이 새로운 비즈니스 모델을 만들고 시장 파악이 빠르다. 위기의식이 강하므로 항상 주시하고 있다. 결론은 비즈니스이기 때문에 고뇌와 도전이 반복된다.

시장 상황은 언제나 예의주시해야 한다

어떤 산업이든 시장 상황은 매번 바뀐다. 기업이든 개인이든 직종 상관없이 시장 상황을 예의주시하면서 분석하고 있다. 비즈니스 자체가 안주할 수가 없는 경기이다. 속도와 방향 모든 것이 민감한 것이 시장 상황이다. 예전과 다르게 시장 상황이 빠르고 방향도 단기적으로 변하게 된다. 그래서 위기와 기회가 같이 오게 된다. 최악의 상태도 오고 최고의 상태도 오는 것이다. 시장 환경의 요소가 크게 자리 잡고 있어서 객관적으로 잘 살펴보아야 한다. 그다음 명확하게 판단해야 한다. 그러므로 주의 깊게 시장 상황을 봐야 한다. 결국 환경에 적응해서 유지해야 하기 때문이다.

불황에서도 시장 상황은 바뀐다. 미래가 불안한 환경일수록 시장 상황은 빠르게 흘러간다. 결국 시장 상황을 봐야 하는 것이다. 현재 사회 분위기와 시장 상황을 본 다음 자신이 속한 분야의 시장 상황을 봐야 한다. 이때 공통된 특징이 하나 있다. 어떠한 흐름으로 흐르고 있는지 봐야 한다. 그리고 정보를 가진 사람들과 접촉하다 보면 지금 현실 상황을 빠르고 민감한 부분까지 전달받는다. 어떤 비즈니스든 대부분 시장 상황을 빠르고 민감하게 접하는 사람이 비즈니스를 하는 사람들이다. 실패 확률을 줄여야 한다. 그래야 기회가 생긴다. 당신이 냉정하게 받아들여야 한다. 그래야 새롭게 방향을 잡고 방법을 찾기 유리한 위치에 있게 된다.

사회구조 자체가 이러하다 보니 시장 상황이 중요하다. 앞을 내다보고 기회를 찾아야 한다. 모든 것이 시장 상황을 살펴야 가능한 일들이다. 허름한 가게도 그 자리에서 20년, 30년을 생존할 수 있었던 이유는 능력과 노력을 하고 있어야 했지만 빠르게 변화하는 시장 상황에서도 오랫동안 꾸준히 유지했다는 것이다. 시장 상황에 빠르게 적응하고 방법을 모색해 도전해야 한다. 필자가 성공한 사업가들을 봤을 때 시설과 장비 투자 보다 시장 상황에 빠르게 적응할 수 있게 투자했던 사람이 오랫동안 지속할 수 있었다.

지식창업은 어느 하나 간과해서는 안 되는 비즈니스이다. 당신 스스로 행동하고 판단해야 하므로 시장 상황을 놓치면 안 된다. 꾸준히 분석해야 한다. 내가 가지고 있는 정보가 시장 상황과 맞는지 확인해야 한다. 당신이 의사결정을 할 때 중요한 요소로 작용한다. 다양한 변수가 있으므로 가능성 측면을 두고 당신이 얻고자 하는 정보와 상황을 살핀 후, 결정해야 한다. 동향을 따라가야 하는 것이 아니라 맞춰야 하는 것이다. 그래야 지속할 수 있는 형태로 유지하고 발전할 수 있다.

경쟁자가 어떻게 하고 있는지 상황을 파악하라

경쟁자의 동향 파악은 모든 비즈니스에서 하는 일이다. 모두가 예의주시하고 있다. 1인 창업도 예외가 아니다. 경쟁자와 비교했을 때 나의 상품과 서비스가 가치가 있는지 확인해야 한다. 차별성이 있다면 어떻게 추진할 것인지 생각해야 한다. 그래야 당신의 비즈니스도 프로세스를 갖추고 진행하기 때문이다. 경쟁자를 따라 하면 안 된다. 경쟁사의 동향을 파악해야 한다. 그래야 그 시장을 독점할 수 있다. 당신이 속한 시장에서 지속하고 오랫동안 가게 한다. 그러려면 당신의 지명도와 결과물을 반드시 만들어야 한다.

시장이 세분되면서 경쟁자와 더 치열해진다. 다양한 방법으로 전략을 짜서 고객에게 전달하기 때문이다. 고객들은 모든 면에서 비교한다. 어떤 상품과 서비스가 좋은지 판단한다. 그래서 끊임없이 당신이 경쟁자의 동향을 파악해야 한다. 본인의 상품과 서비스가 대체될 가능성이 있는지 아니면 가치가 높은지 말이다. 보완할 수 있다면 보완과 함께 더 체계적으로 만들어야 한다. 냉정하게 바라보아야 한다. 당신이 경쟁자의 동향을 파악함으로써 성장할 수 있다.

당신이 독점한 시장에도 경쟁자가 우후죽순 생기고 당신의 정보를 알아갈 것이다. 이것이 경쟁사회이다. 하지만 장기적으로 보면 당신의 상품과 가치는 쉽게 가져가지 못한다. 오랫동안 꾸준히 해왔고 기법이 있기 때문이다.

그래도 주시하고 주의해야 한다. 방심하는 순간 놓치게 된다. 허용범위를 넘어 비교할 수 없을 정도로 경쟁자가 속도를 붙일 때가 있다. 당신의 위치와 시장을 노리는 사람이 당신을 노리고 있기 때문이다. 긴장의 끈을 놓으면 안 된다. 그들도 당신을 경쟁자라고 생각하고 지속해서 파악하고 있다. 당신도 그 흐름 속에서 경쟁자의 동향을 파악해야 한다.

간단한 예를 들어 보겠다. 당신이 신상품을 출시하려고 한다. 그런데 경쟁자가 그날 80% 세일 한다고 하면 당신은 신상품을 출시할 수 있을까? 당신도 같이 세일 상품을 내놓거나 다른 혜택을 내놓을 것이다. 신상품에 대한 주목을 받지 못할뿐더러 기존 고객도 놓칠 수 있는 상황이 된다. 극단적인 예시를 들었지만, 경쟁자의 동향을 파악해야 당신의 비즈니스도 전략적으로 세울 수 있다. 경쟁자를 파악해야 생존과 차별화 두 가지를 지킬 수 있다.

끊임없는 위기의식을 갖고 오랫동안 유지하는 방법

지속해서 지식창업을 해야 한다면 경쟁력이 단단해야 한다. 실력은 물론 도전을 계속해야 한다. 비즈니스는 경쟁력으로 승부를 내야 하므로 시장의 영향이 절대적으로 중요하다. 시장 상황의 맥락을 정확히 읽는 사람일수록 경쟁력 확보가 강력해진다. 당신의 비즈니스가 시장 상황에 적용되는 범위가 어디까지인지 알아야 한다. 당신의 상황을 객관적으로 비교분석 하면서 유지하고 성장시켜야 한다. 결국 시장 상황을 주시하면 경영전략에 도움이 된다. 언제나 주의 깊게 살펴봐야 한다.

상품과 서비스로 경쟁력을 확보해야 한다. 시장 상황에서 가치가 있어야 하고 시장 상황에서 가치를 인정받아야 한다. 상대적으로 비교우위에서 높아야 한다. 시장 상황에서 인정받아야 한다. 경쟁자보다 우위에 있어야 한다. 우위를 지키고 유지해야 한다. 우위를 지키기 위해서는 끊임없는 노력과 실력을 닦아야 한다. 끊임없는 노력은 목표가 뚜렷하고 위기의식이 있어야 가능하다. 위기의식을 갖고 구체적인 방법을 찾고 실현할 수 있기 때문이다. 무의식 속에서는 안주하고 싶어지고 위기감을 잃어버리게 된다. 위기의식을 가져야 한다. 그렇지 않으면 진짜 위기를 겪게 된다.

위기의식은 긴장감을 느끼게 해주고 추진력을 갖게 해준다. 위기의식 없이 해낼 수 있는 것은 없다. 사람이 느슨해지는 순간 모든 사건과 문제들이 일어난다. 위기의식이 있어야 긴장감을 느끼고 집중한다. 집중해야 추진력도 생기게 된다. 그래서 실행하고 성장하는 것이다. 만약에 위기의식을 갖지 않고 유지하게 된다면 현실에 물들어서 유지가 힘들어지고 성장은 더욱 어려워진다. 지속해서 위기의식을 갖고 있어야 한다. 미래의 발전과 성장 방향에 의식을 가지면 된다.

위기의식을 갖고 있으니 나태해지지도 않는다. 정체되지 않는다. 당신의 전략을 최대한 적합하게 맞추려고 노력하게 된다. 새로운 변화를 준비한다. 위협 속에 변화가 아니라 스스로 위기의식을 갖고 변화한다. 이런 경우 피해가 확대되거나 대책이 미흡하지 않다. 서둘러서 진행하지 않고 최대한 검토를 통해 판단한다. 미래를 내다보는 안목은 하루아침에 만들어지지 않는다. 꾸준히 경영에 신경을 써야 한다. 잘될수록 더욱 조심해야 한다. 위기의식을 갖고 상황들을 헤쳐 나가야 한다. 위기 상황이 오기 전에 준비하고 헤쳐 나가야 한다. 그렇지 않으면 오랫동안 유지하기 힘들다.

지식창업은 종합예술이다. 여러 분야의 혼합을 통합해서 만든 상품과 가치이다. 멋지게 전달까지 해야 한다. 창조를 곁들인 상품과 서비스이다. 시대적인 흐름도 따라야 하므로 전체를 아울러야 한다. 시대의 흐름에 나타나고 표현해야 한다. 상상할 수 없는 일들이 많고 변화하는 환경에서 적응해야 한다. 그러면서도 지속해서 안전하게 운영해야 한다. 그리고 선순환 구조를 만들어야 하는 것이다. 악 순환적인 구조나 문제를 만들지 않기 위해서 자기성찰과 함께 항상 동향을 살펴야 한다. 경쟁자의 동향 파악과 함께 시장 상황도 말이다. 그래야 오랫동안 할 수 있다.

1. 시장 상황을 예의주시하고 살펴야 한다.

2. 경쟁자의 동향 파악해야 한다.

3. 위기의식을 갖고 경영해야 한다.

02

새로운 변화가 있다면
새로운 도전을 해보아야 한다

수익을 극대화하거나 당신의 가치를 극대화하고 싶다면 방법을 바꾸어야 한다. 새로운 사업 모델을 만들거나 새로운 도전을 해야 한다. 이를 전제로 비즈니스를 경영해야 한다. 1인 지식기업은 혼자 하는 일이기 때문에 너무 많은 일을 하거나 육체노동이 강하면 유지하기 힘들다. 하루에 강의를 10개 이상 할 수 없다. 즉, 한계가 있으므로 제한된 구조로 운영이 된다. 업무시간과 노동 강도를 최소한 시키고 수익을 최대한 효율적으로 만들어야 한다. 최대한 효율적으로 일해야 수익과 가치가 올라간다. 지속적인 성장과 확장을 해야 한다.

시장이 변했다면 새로운 도전도 과감하게 해야 한다

불경기와 저성장에서도 새로운 가치를 창출하는 사람들이 있다. 새로운 가치를 창출하는 사람들은 전략과 계획이 능하기 보다는 과감한 도전을 해서 시장의 변화에 적응했다. 새로운 가치를 창출하고 성공하게 하는 일이 쉬운 일이 아니다. 하지만 그들은 확신과 끈기로 해냈다. 도전을 위해 열정적으로 했다. 장애물이 와도 계속 창조를 만들어 냈다. 본인의 가치가 시장에 통용되려면 도전해야 하는 것을 알기 때문이다. 시장이 변했다면 도전해야 한다. 도전해야 가능성이 생긴다.

인생은 한계의 연속이다. 저마다 극복을 위해 큰 노력을 하고 있다. 직장인들은 치열한 경쟁 속에서 도전한다. 자영업자들은 빠르게 변화되는 시장에서 도전을 계속한다. 빠르게 변화하는 세상에서 누구든 위치 상관없이 모두가 도전한다. 예외 없는 사람이 없다. 코로나바이러스로 많은 변화가 생겼다. 재택근무가 확대되었고 전자상거래는 점유율이 매우 높아졌다. 플랫폼의 가치도 높아졌다. 시대 중심이 IT 중심으로 변했다. 변화되는 시장에서 모두가 새로운 도전을 했고, 하고 있다.

닭갈비 식당을 운영하는 박운용(가명) 씨는 코로나 여파로 힘든 시기를 보내고 있었다. 여파가 금세 가라앉을 기미가 안 보였다. 그는 70평 식당을 30평으로 줄였다. 그리고 닭갈비를 밀키트(meal kit)로 만들었다. 다양한 유통망을 통해 판매했다. 낮에는 점심 장사하고 오전과 저녁에는 밀키트 제작으로 바쁜 하루를 보내고 있다. 박운용(가명) 씨는 밀키트 시장을 공부하고 있다. 닭갈비에 이어서 닭으로 할 수 있는 밀키트에 도전 중이라고 한다.

앞으로 시장이 빠르게 변화될수록 빠르게 적응하는 사람이 생존할 수 있다.

새로운 도전은 과감하고 지속해서 해야 한다. 당신이 경영자라면 지속적인 개발과 발굴을 해야 한다. 어떻게 해야 효율을 극대화할까 생각해야 한다. 정해진 틀에서 벗어나야 한다. 정해진 틀에서 벗어나 이루는 것이 하나의 과정이다. 일단 새로운 시장에 진입하는 순간 도전이다. 도전에는 당연히 실패와 성공이 기다리고 있다. 기회를 창출할 수 있는 곳에서 모델을 만들어야 한다. 항상 고민만 하다가 성장을 놓치기도 한다. 어떤 일이든 변화되는 시장에서 도전해야 확실한 성공을 얻게 된다.

O2O 오프라인에서 온라인, 온라인에서 오프라인

온라인과 오프라인의 경계가 이제 사라졌다. 서로 공존하고 있다. 가치만 전달하면 되는 유통수단이다. 온라인에서 고객을 유도해 오프라인으로 오게 했다. 현재는 오프라인에서 온라인으로 고객을 유도한다. 팔로우하거나 가입해야 혜택을 준다. 앞으로는 오프라인과 온라인이 같이 공존해야 한다. 온라인과 오프라인 관계가 상호 작용해야 한다. 서로의 가치가 다르므로 융합하고 같이 움직일 것이다. 온라인에서 관계를 형성하고 오프라인에서 관계를 깊게 만들고 하면서 온라인과 오프라인이 서로 중요한 존재가 된다.

O2O(Onlie to Offline)는 온라인과 오프라인이 융합되는 비즈니스 모델이다. 온라인으로 서비스 구조를 확대하고 오프라인으로 구매를 유도한다. 서로의 가치를 확대해 서비스를 만든다. 마케팅의 일환이다. 이제는 기업과 개인 모두가 오프라인과 온라인을 다 이용한다. 1인 지식기업도 온라인과 오프라인을 다 이용해야 한다. 서로의 가치가 다르므로 필요하다. 인간은 사회적 동물이다. 관계를 형성하고 더 나은 관계로 발전시키고 싶어 한다. 그래서 온라인에서 관계를 형성하고 오프라인에서 관계를 발전시켜야 한다. 사람은 감정으로 움직이므로 눈과 마음을 봐야 한다. 당신과 고객이 만나야 하는 이유이다.

눈을 보고 상대방의 진심을 알아야 한다. 마음은 상대방을 만나야 느낄 수 있다. 그래서 온라인은 한계가 있다. 전화는 상대방의 감정을 느낄 수 있지만 진실한 눈을 못 느낀다. 화상통화는 실제로 눈과 마음을 볼 수 있지만 깊게 보지 못한다. 결국 화상이기 때문에 미세한 온도를 느끼지 못한다. 결국 온라인이 지배한다고 해서 오프라인은 사라지지 않는다. 오프라인의 가치가 높아진다. 대신 온라인은 관계를 형성하기에 좋은 조건들이 있다. 비슷한 성향과 특징을 가진 사람을 만나기가 쉽다. 시간과 노력, 비용 투자 가치가 적으므로 더 만나기 쉽고 관계 형성이 빠르다. 그래서 오프라인과 온라인이 같이 공존할 수밖에 없다.

지속해서 오프라인과 온라인을 연결해야 한다. 오프라인과 온라인은 서로의 가치와 경험이 다르므로 최대한 효율적으로 가져가야 한다. 강의를 온라인으로만 진행한다면 깊은 관계를 갖는 데 시간이 오래 걸린다. 다른 요소들이 필요하다. 반면 오프라인만 진행한다면 시장 상황이 빠르게 변화하는 시대에 후퇴될 수도 있다. 결국 오프라인과 온라인의 조율을 적정선에서 유지해야 한다. 그래야 지속할 수 있고 변화와 성장이 계속된다. 유통방식을 적절하게 사용하는 것이 가장 중요하다.

완전 새로운 강의를 만들 수도 있다

무엇보다 당신이 어디에 속한 사람인지 알아야 한다. 그다음 그 분야에서 도전해야 한다. 자신의 업을 키우기 위해서 항상 노력과 고민을 해야 한다. 무기력해지면 결과를 만들 수 없다. 무엇을 하고 싶은지 스스로 알아야 한다. 환경은 변화되고 안정감을 주지 못한다. 장기적으로 지속하려면 스스로 적응해나가고 도전도 해야 한다. 전문 분야를 지키되 새로운 비즈니스 모델과 창조를 만들어야 한다. 비즈니스가 고성장과 저성장이 반복된다. 그래서 영역을 계속 넓혀가야 한다.

다양한 비즈니스를 해도 시작과 종착점은 경영으로 연결된다. 새로운 비즈니스 모델도 결국 경영을 잘해야 한다. 당신이 카페를 운영한다고 해서 카페에서만 수익을 올릴 필요가 없다. 커피 강의를 진행할 수도 있고 유튜브를 통해 광고 수익을 얻을 수 있다. 원두를 스마트 스토어에서 판매도 가능하다. 새로운 모델이지만 연결경영을 통해 같이 움직이면 서로의 시너지 효과가 생긴다. 만약 완전 새로운 도전을 해야 한다면 위험은 감수해야 한다. 제일 좋은 방법은 예산 범위 내에서 주력하면서 움직여야 한다. 움직이다 보면 새롭게 변화된다. 신규 사업도 조사와 함께 이렇게 탄생한다.

기업은 망하지 않고 움직이려면 계속 이익이 나야 한다. 돈이 아니라 이익이다. 기업은 돈이 바로 들어오지 않아도 움직일 수가 있다. 외상거래나 대금을 미룰 수가 있다. 하지만 개인은 전혀 그렇지 않다. 돈이 없으면 망한다. 그래서 당신이 새로운 비즈니스 모델을 만든다고 하면 비즈니스를 유지하거나 줄이면서 새로운 모델에 도전해야 한다. 예를 들어 당신이 A 모델에서 100만 원이 나온다. B

모델에서는 300만 원의 수익이 생기고, C라는 모델에서는 500의 수익이 생긴다. A, B, C, 모델을 다 포기하고 도전하는 것보다 효율성이 높은 모델을 하나 가지고 가면서 A, B 모델은 버리고 새로운 모델을 찾아서 도전해야 한다.

수익을 빠르게 올리기 위해서는 점유율을 높여야 하고 단가도 높아야 가능하다.

근데 처음 하는 분야는 점유율과 단가 이 두 가지를 동시에 가져가기 쉽지 않다. 그래서 도전하되 당신이 하는 수익성이 높은 모델 하나만 빼고 다 버리고 시작해야 한다. 새로운 강의에 들어가는 시간과 노력, 투자 비용이 많이 들기 때문에 버려야 시작할 수 있다. 버리지 못하면 새로운 강의를 만들지 못한다. 가치와 좋은 정보를 제공해야 한다. 새로운 강의를 진행하기 위해서는 단가가 낮은 상품을 무턱대고 파는 것이 아니라 틈새시장을 찾아서 제공해야 한다. 상품과 당신의 위치가 지속할 수 있는 형태로 유지하고 알려야 한다. 그래서 최소한의 유지비용은 필요하다.

시장 상황이 변화되면 새롭게 도전해야 오랫동안 지속할 수 있다. 오프라인 강의만 고집하면 안 된다. 온라인 강의도 해야 한다. 완전 새로운 강의가 필요하다고 느끼면 새로운 강의도 해야 한다. 계속 대응하면서 경영해야 한다. 성공에 안주하거나 실패에 좌절할 필요가 없다. 지속할 방법은 당신이 새로운 도전을 하고 대응하면서 움직여야 한다. 모든 사람이 평탄해 보이지만 모두가 평탄지 않은 길에서 움직인다. 하지만 유연한 사고를 갖고 판단과 행동을 이행하면 된다.

지식창업 지속하는 방법 ❷

1. 새로운 비즈니스 모델도 도전을 과감하게 해야 한다.(연결경영)

2. 온라인과 오프라인 모두 적절하게 사용해야 한다.

3. 완전 새로운 분야도 시도해야 한다.

03

온라인을 반드시
함께 가지고 가야 한다

요즘은 온라인으로 홍보한다. 전단 홍보는 사라진 지 오래다. 온라인으로 당신을 알리고 상품과 서비스를 알린다. 전달 매체가 온라인이다. 특히 온라인 매체는 쉽고 빠르게 다가갈 수 있어서 편하다. 고객을 모집하고 고객과 관계 형성을 할 수 있는 중요한 자리로 잡았다. 온라인 없이 이제는 아무것도 할 수 없는 세상이 되었다. 온라인은 많은 기회를 준다. 필수 조건이 되었다. 이제는 판매 무대가 온라인이다. 다양한 온라인 채널을 활용해서 언제 어디서든 비즈니스를 할 수 있어야 한다.

반드시 온라인 채널이 있어야 한다

온라인 채널은 개인에게 무한한 가치와 기회를 준다. 유튜버와 유명 블로거, 인스타 셀럽 모두가 온라인 채널에서 자리 잡아서 홍보하고 있다. 개인일수록 온라인 채널의 힘은 막강하다. 당신을 알리고 홍보할 수 있는 수단이 온라인밖에 없기 때문이다. 온라인으로 생산과 유통, 판매까지 할 수 있어서 1인이 운영하기에는 더욱 좋다. 그래서 반드시 온라인 채널이 있어야 한다. 당신이 할 수 있는 모든 비즈니스를 운영하기 편하고 쉽게 홍보도 가능하다. 채널이 많으면 시너지 효과가 생겨서 크게 확장도 가능하다.

블로그, 인스타, 페북, 유튜브 등 온라인 채널은 많이 있다. 한 채널만 운영하기도 하지만 2개 이상을 가지고 운영하는 분들이 많다. 즉, 온라인 채널 없이 비즈니스를 운영하는 분이 없다. 온라인은 생산성과 수익 향상에 영향을 미친다. 온라인 채널은 당신의 상품과 서비스를 홍보하고 당신을 알리는 유용한 수단이 된다. 고객에게 당신을 빠르게 알리는 수단이다. 고객은 상품과 서비스의 가치를 느끼고 싶으면 그때야 구매하게 된다. 그래서 당신이 가치를 알려야 고객이 알 수 있다. 온라인이 모든 수단에 핵심이 되어 움직인다.

지식창업자는 정보를 전달해야 하는 사람이기 때문에 온라인 채널이 있어야 한다. 강력한 메시지 전달을 해야 고객을 만난다. 온라인 채널은 고객과 접점 할 수 있는 공간이다. 상품과 서비스를 보여주는 공간이기 때문에 온라인 채널은 필수다. 온라인은 전파력도 강해서 당신의 인지도와 정보를 빠르게 전달할 수 있다. 온라인 채널의 상품과 지식은 누구든지 정보를 가져갈 수 있다. 그래서 온라인 채널은 활용만 잘하면 엄청난 파급력을 가진다. 온라인에서 당신이 전달하려는 정보와 메시지를 공유해야 한다. 반드시 온라인을 통해서 사람들이 모인다.

비대면 시대에 온라인은 절대 빼놓을 수 없는 시장이다. 이제 온라인 채널 없이 오프라인을 구축하는 사업구조도 거의 없다. 모든 비즈니스가 온라인 채널 구축으로 힘을 쏟는 이유다. 반드시 온라인 채널을 가지고 실행해야 한다. 자연스럽게 흐름을 타서 홍보하고 비즈니스를 만든다. 온라인 채널은 단순히 홍보가 아니라 자신을 브랜딩하고 소통의 공간이다. 당신이 무언가를 추진하기 위해서는 장르를 불문하고 온라인 채널이 필수이다. 그리고 꾸준한 관리와 지속해서 발전시켜야 한다.

온라인 마케팅을 잘해야 한다

온라인 마케팅의 최종 목적은 구매 촉진이다. 그래서 온라인 마케팅에서 본인을 알리고 소통한다. 마지막에는 시스템을 구축해 결국 구매로 이어지거나 광고 수입으로 이어지게 한다. 그래서 온라인 마케팅에 모두가 관심을 두고 실행한다. 특히 자영업자나 혼자 운영하는 사업체일 경우 온라인 마케팅은 잘해야 한다. 실제로 온라인 마케팅으로 사업을 해서 확장하는 방법이 위험이 적고 거래가 빠르다. 타깃 층이 정확하고 자신이 속한 분야의 방향이 확실 할수록 소비와 브랜딩이 빠르게 구축되기 때문이다.

당신이 어떤 분야에서 일해도 온라인 마케팅은 필수다. 온라인 마케팅을 잘해야 확대가 되고 기반 형성을 잘 만들 수 있다. 당신의 브랜딩을 지속해서 홍보하고 정체성을 알려야 하기 때문이다. 일관성 있는 상품과 가치관으로 당신의 이미지를 만들어야 한다. 더 나아가 서비스를 제공해야 한다. 온라인 마케팅은 정보를 공유하면서 당신의 가치와 상품을 알리는 것이다. 의미를 부여해야 자연스럽게 당신의 온라인 채널에 머무르게 된다. 고객 처지에서 생각해야 온라인 마케팅을 잘 할 수 있다.

온라인 마케팅은 사업 규모 상관없이 해야 한다. 중요한 것은 잘해야 한다. 최소한의 비용과 시간을 투자했을 때 최대의 가치를 만들어야 한다. 효율적으로 해야 한다. 소비자의 기대에 정확하게 맞추고 항상 경쟁력을 갖추어야 한다. 온라인 마케팅은 잘 활용만 하면 지속적인 연결이 된다. 당신의 상품과 가치를 다양한 채널에서 알리면 브랜드 광고가 되고 개인의 가치가 높아진다. 기여 정도에 따라 다르지만, 전문성을 알리고 당신을 제대로 알리게 된다. 소비자가 바라보는 관점에서 온라인 마케팅해야 마케팅 구축이 수월하게 된다.

1인 지식 창업가는 직접 광고도 만들어야 한다. 업체에 맡기는 것도 한계가 있고 일정부분은 당신이 해야 한다. 카피 문구 제작과 디자인을 만들어서 매출에 어떻게 기여되었는지 확인해야 한다. 검사한 후 가장 좋은 결과와 안 좋은 결과들도 분석해야 한다. 매력적인 광고가 아니더라도 당신이 직접 해야 한다.

맡기더라도 추후 당신이 다 해야 하는 것들이다. 혼자이기 때문에 모든 것을 할 줄 알아야 한다. 모든 것을 결정해야 하기 때문이다. 빨리 익힐수록 성장궤도에 올라가기 좋다. 어느 하나 놓치면 안 된다. 지식창업은 당신의 열정과 경쟁력으로 하는 비즈니스이다.

온라인 채널로 지속해서 알리기

직장인, 1인 강사, 지식창업자, 프리랜서, 자영업자 모두가 온라인 채널을 운영해야 한다. 직장을 다니고 있는 직장인도 꾸준히 준비해야 한다. 온라인 채널은 지속해서 누적되어야 발휘가 된다. 퇴사 후 준비하면 늦다. 시간이 오래 걸린다. 그래서 기다리지 못하고 조급해진다. 자신의 위치에서 온라인 채널을 적극적으로 활용해서 알려야 한다. 오래 하려면 먼저 습관을 들여야 한다. 아무 기기로 이용해도 인터넷은 바로 들어갈 수 있으므로 마음만 먹으면 할 수 있다.

마음만 먹으면 온라인 세상에 당신을 알릴 수 있기 때문에 어려운 일은 아니다. 다만 지속해서 꾸준히 해야 한다. 꾸준히 하기가 정말 힘들다. 사진과 글 모든 것이 시간적인 노력이 들어가기 때문에 당신이 적극적이어야 한다. 적극적으로 해야 온라인 채널에서 당신을 지속해서 알릴 수 있다. 지속해서 알리지 못하면 대중은 당신을 잊어버린다. 또는 누군가가 그 자리를 메꾸기도 한다. 그래서 지속해서 알려야 한다. 무의식에서도 당신이 생각이 나야 한다. 그래야 완벽한 브랜딩 마케팅이 되는 것이다.

당신이 구독과 팔로우를 눌렀을 것이다. 영상과 피드들이 꾸준히 올라오지 않는가? 모두가 지속해서 알린다. 모두가 관심 있지 않다. 일부만 관심이 있다. 일부가 당신의 타깃 층이다. 타깃 층만 관심이 있어서 구독과 팔로우를 했다. 그들에게 보여주어야 한다. 타깃에 들어오면 그들에게 지속해서 알려야 한다. 그들에게 집중해서 머릿속에 남도록 해야 한다. 당신의 타깃 대중을 노리는 사람이 있다. 부지런히 당신이 움직여야 한다. 온라인 매체는 당신을 쉽게 알기도 하지만 다른 사람도 쉽게 알릴 수 있는 매체다. 능동적인 매체이기 때문에 꾸준한 관심을 가져야 한다.

인터넷은 지속적인 홍보를 해야 자연스럽게 몰려오게 된다. 수동적인 자세가 아니라 적극적인 자세로 움직여야 생존할 수 있다. 개인들의 온라인 채널이 많아졌다. 파급력도 향상됐다. 사람들은 누구로부터 만든 것인지가 중요하다. 특히 가치를 판매하는 상품과 서비스일수록 확실한 사람에게 구매하고 싶어진다. 당신을 알려야 한다. 당신의 전문성을 알려야 고객이 모인다. 온라인 채널로 지속으로 전달해야 한다. 판매가 아니라 가치와 메시지를 전달해야 한다. 꾸준히 고객과 소통하는 채널로 키워야 한다.

온라인 채널을 개설해서 자신의 업무를 향상해야 한다. 고객들에게 당신이 어떤 가치를 전달하고 싶은지 알려야 한다. 인간적인 면과 함께 알리면 좋다. 일과 결과물도 자연스럽게 알리면서 브랜딩을 자연스럽게 입혀야 한다. 상품의 가치를 높일 수 있고 당신을 알리는데 확대의 기능까지 한다. 각 온라인 채널의 성향을 파악한 후 자신의 업과 맞는 채널을 선택해서 진행해야 한다. 수익 향상과 사업구조를 튼튼하게 만들 수 있는 기반이 된다. 온라인 채널은 당신에 대한 가치와 과정을 보여주고 결과물도 보여줄 수 있다.

04

고정비를
최대한 줄여야 한다

　1인 창업가뿐만 아니라 중소기업, 자영업자, 모든 사장님이 하는 말이 있다. 불필요한 고정비를 줄여야 한다고 한다. 비즈니스가 잘되면 그나마 다행이다. 고정비는 은근히 신경 쓰이게 된다. 비즈니스가 어려우면 고정비는 한순간에 빚으로 변한다. 크면 클수록 늘려야 되는 것이 있고 작으면 작은 데로 투자해야 한다. 그래서 1인 지식 창업가들은 지속과 성장을 위해서 고정비를 최대한 줄이고 효율적으로 진행해야 한다. 우리 모두 적게 일하고 많이 버는 것이 목표이기 때문에 보이는 비즈니스에 부러울 필요 없다. 당신의 역할만 충실히 행하면 스트레스 덜 받고 행복하게 살 수 있다.

임대료, 직원 인건비 등 고정비는 최대한으로 줄여야 한다

　사업은 정말 많은 것을 신경 쓰이게 한다. 직장에 다닐 때는 휴지, 볼펜, 기타 용품을 신경 쓰지 않았다. 근데 자기 사업을 하게 되면 기타 용품부터 모든 것들이 비용으로 발생한다.

　처음에는 얼마 아니라고 생각하지만 1년으로 따지면 금액대가 크다. 이뿐만이 아니다. 더 큰 비용은 직원 인건비와 임대료가 기다리고 있다. 직원 인건비와 임대료는 밀리면 안 된다. 날짜와 시간에 맞춰야 하니 부담감은 더 크다. 대출보다 무서운 것이 직원 인건비랑 임대료다. 이 부분은 적고 크고의 문제가 아니기 때문에 판단을 잘해야 한다.

　고정비에서 직원 인건비가 가장 부담스럽다. 그 사람의 생계가 결국 당신 손에 달려 있기 때문이다. 그래서 사업이 잘 안되어도 대출받아서라도 주는 것이 직원 인건비다. 필자가 다녔던 회사는 입사 후 보험을 든다. 퇴사 후 퇴직금을 몇 달 이내에 받을 수 있는 보험이다.

　회사의 직원이 많다 보니 퇴직금액이 몇십억이 된다. 직급과 연도에 따라서 퇴직금액의 차이가 크다 보니 회사에서 부담감이 있다. 퇴사 인원이 많은 경우 퇴사도 분기별로 진행 시킨다. 한 사람의 채용은 월급뿐만 아니라 퇴사까지 비용이 발생한다. 큰 회사도 직원을 채용하고 퇴사시키는데 엄청난 부담이 있다.

큰 회사들도 직원 인건비에 대한 부담이 어마하다. 그런데 1인 기업, 자영업자, 소기업은 부담이 말로 표현 못 한다. 만약 비즈니스가 어려워지면 심각한 문제가 된다. 직원 월급이 350만 원이라고 가정해서 당신이 대출 또는 카드 서비스로 직원 월급을 주게 되면 3번만 밀리면 1,000만 원이 넘는다. 직원 인건비뿐만 아니라 다른 고정비용이 쌓이다 보면 어느 순간 엄청난 빚이 되어 회복하기가 힘들다. 당신의 사업이 다시 상승으로 회복되어도 메꾸는 데 시간이 걸린다. 특히 불경기와 빠른 시장 상황에서 고정비용이 많이 발생 되는 구조는 위험하다.

1인 이라는 비즈니스 자체가 혼자 하는 것이다. 당연히 혼자 하기 어려운 부분도 있다. 그런데 욕심과 큰 확장으로 연결되면 중요한 것을 놓친다. 비즈니스가 1인 체제라는 본질을 잃는 것이다. 그때는 체제를 바꾸고 다른 방법을 생각해야 한다. 1인 체제의 구조를 가져가고 확장은 중소기업 이상으로 키운다면 당연히 힘들 수밖에 없다. 1인 기업은 1인 기업답게 키우고 확장해야 한다.

본인이 집중해야 하는 곳에 집중해야 한다. 그렇지 않으면 스트레스와 압박감에 모든 것이 흔들리게 된다. 솔직히 그 자리에 가게 되면 갈등하게 된다. 하지만 본질을 정확히 알고 움직여야 한다.

처음 시작할 때는 작은 곳에서 시작해야 한다

일정부분 수익이 생기고 지속할 수 있음이 확인되면 사무실과 직원을 채용하게 된다. 그런데 이때도 판단을 잘해야 한다. 작은 곳에서부터 시작해야 한다. 작은 곳에서 시작해야 안 되었을 때 빨리 나올 수 있다. 덩어리가 크면 클수록 나오기가 힘들다. 임대해야 한다면 왜 임대가 필요한지 정확한 이유가 있어야 한다. 제일 좋은 대안이 없는지도 생각해야 한다. 단기계약이나 임대 서비스를 이용해도 좋다. 창업 초기에는 다양한 변수가 있으므로 결정과 판단은 신속하게 하되 깊게 생각해야 한다.

덩어리가 큰 사업일수록 걱정이 한두 가지가 아니다. 대형 사무실 또는 공장 같은 큰 임대는 고정비가 크기 때문에 몇 번 안 되면 빚의 액수가 크다. 또한 큰돈이 묶이게 되면 쉽게 나오지 못한다. 30억에 팔아야 하는데 30억에 살 사람이 적다. 혹여나 된다 해도 계약의 성공률도 낮아진다. 사람 마음이 본전 생각나서 그 이하는 계약하기 싫어진다. 결국 시간 끌다가 몇 달이 아니라 몇 년 이상이 걸린다. 안되었을 때가 제일 큰 걱정이다. 처음 시작한다면 최악의 상황도 생각해야 한다. 우리나라에서는 한번 실패하면 회복이 힘들다. 작은 구멍가게를 해도 실패하면 큰 빚이 남는다.

　지식창업자는 큰 임대보다는 작은 임대에 생각해야 한다. 고객은 당신의 상품과 서비스에 가치를 보고 오기 때문에 공간에 크게 신경 쓰지 않는다. 어느 일정부분은 신경 쓰겠지만 상품과 서비스에 불편하지만 않으면 된다. 개인의 형태이기 때문에 성급하게 터를 잡으면 힘들다. 외부 활동이 많아지는 경우도 많아서 사무실 이용은 생각보다 적을 때도 있다. 요즘은 온라인이 더욱 활발해졌다. 비대면을 선호하기 때문에 특별한 경우가 아닌 이상은 임대는 생각해야 한다. 업의 특성상 필요하다면 작게 시작해서 움직여야 한다. 그리고 조금씩 확장해서 만들어야 한다.

　외부 환경에 따라 당신의 사업이 많이 움직인다면 임대는 다시 생각해야 한다. 선택과 집중을 잘해야 한다. 처음에는 당신의 상품과 가치에 신경을 써서 최대의 매출을 끌어올려야 한다. 임대보다는 일정부분의 일을 전문가에게 맡겨서 상품에 가치를 높여야 한다. 그리고 사람이 모이면 그때 임대 서비스 또는 카페를 이용해 확장하면 된다. 중요한 것은 1인은 작을수록 효과가 크다. 크게 움직이면 효율성이 떨어진다. 최대한 효율을 극대화하는 방법과 당신의 이윤을 최대한 가져갈 방법을 모색해야 한다.

무언가 확장은 심사숙고해야 한다

코로나19로 인해 환경이 변화면서 임대도 변화가 생겼다. 대형임대보다는 소형임대를 찾는다. 예전에는 주로 식당들이 회전율로 따지기 때문에 대형임대가 계약이 잘되었다. 그러나 코로나 19로 소형임대로 바뀌었다. 주로 배달과 스토어 판매, 테이크아웃 형식이다. 오프라인 공간보다 온라인 공간의 비중이 커졌다. 크고 화려한 공간은 이제 무의미한 공간이 되고 있다. 당연히 공간이라는 의미가 가치가 있지만 일반적으로 공간의 가치는 당신의 상품 가치보다 크지 않다.

혼자 일하다 보면 일이 너무 많다. 회사에 있을 때는 별거 아닌 일들이 혼자 일하면 큰일이 된다. 전혀 일이라 생각하지 않았던 잡일들이 있다. 그래서 어느 정도 시간이 지나면 외부조달을 찾게 된다. 어느 정도 궤도에 오르면 직원을 고용하게 된다. 직원을 고용할 수밖에 없는 상황이 된다. 일 같지 않았던 일들이 당신을 힘들게 하므로 직원의 필요성을 느끼게 된다. 결국 고정적인 인건비가 발생이 된다. 자연스럽게 확장하게 된다. 그래서 여러 가지 생각을 준비해야 한다.

당신이 직원 없이도 가능한지 생각해봐야 한다. 직원이 없어서 굴러가지 못한다면 잘못된 비즈니스의 구조이다. 직원을 고용해서 시키다 보면 당신의 판단 능력도 흐려지고 성장보다는 망하지 않으려고 회사가 굴러가게 된다. 지식창업은 도산할 가능성을 제로로 만들어야 한다. 전문가가 필요하다면 일정부분 비용을 내면 된다. 당신이 할 수 없는 부분을 전문가의 도움을 받아야 한다. 고정비를 줄이는 방법이다. 1인 기업은 생산과 영업 모든 것을 해야 하는 구조이기 때문에 당신이 할 수 있어야 한다. 일정 부분만 전문가의 도움을 받아서 해결해 가야 한다.

비즈니스가 이익을 많이 남기려고 한다면 두 가지밖에 없다. 매출을 많이 올리거나 비용을 최소한 시켜야 한다. 이 두 가지만 지키면 된다. 사람들 대부분은 매출을 많이 올리는 데 집중한다. 당연히 매출을 많이 올라야 한다. 하지만 앞으로 남고 뒤로 다 까지는 때도 있다. 비용을 줄이는 것도 신경 써야 한다. 당신이 무언가를 확장해야 한다면 먼저 대안을 생각해야 한다. 완벽한 대안도 파고들다 보면 틈새가 있다. 확장이 필요한 순간이 있다. 그때는 정말 심사숙고해서 확장해야 한다.

좋은 사무실과 훌륭한 직원을 고용해서 일하면 얼마나 좋을까? 멋진 사무실은 누구나 꿈꾼다. 근데 당신의 비즈니스가 이 모든 것을 감당할 수가 없다는 것이 문제다. 절대 성급하게 판단하면 안 된다. 기다리다 보면 필요한 순간이 온다. 그때 해도 늦지 않다. 빨리

하는 것이 문제가 아니다.

정확하게 당신의 비즈니스를 키우고 당신의 브랜딩을 알리는 것이 목적이다. 좋은 비즈니스도 성급하게 결정하다 보면 좋은 기회를 놓친다. 당신은 자금이 많지 않고 체력과 시간이 많지 않다. 당신의 비즈니스는 생존과 성장이 같이 가는 비즈니스를 만들어야 한다.

지식창업 지속하는 방법 ❹

1. 임대료, 직원 인건비 등 고정비는 최대한 줄여야 한다.

2. 작게 시작해야 한다.

3. 생존과 성장이 같이 가는 비즈니스를 만들어야 한다.

학습, 배움에 대한 돈을
절대로 아끼지 마라

학교를 졸업하고 나서도 우리는 배운다. 직장인들은 더 나은 미래를 위해 자격증을 준비하고 제2외국어도 배운다. 지식을 쌓기도 하고 기술을 쌓기도 한다. 무언가를 배워 결과를 가지려고 한다. 일반적으로 배움은 늘 더 나은 삶을 만들어준다는 믿음 때문에 학습과 배움을 지속한다. 그래서 특히 1인 지식창업은 꾸준히 지속해서 배워야 한다는 생각도 든다. 더 많은 양과 질을 학습해야 한다는 생각을 가진다. 결국 혼자이기 때문이다. 혼자이기 때문에 배움과 학습에 게으르게 되면 유연한 사고를 갖기 어렵다. 판단력이 약해 좋은 결정을 내리기가 어렵다. 그래서 1인 지식창업은 학습과 배움을 남들보다 더 끊임없이 해야 한다.

언제나 배우고 익혀야 실력이 는다

큰 회사의 직장인들은 회사에서 강사를 초대해 교육해 준다. 회사에서 일정 비용을 부담하고 직원들에게 영상을 보여주기도 한다. 하지만 1인 지식창업은 학습의 기회조차 없다. 자신의 의지가 없다면 당연히 기회조차 만들지 못하고 배우지 못한다. 혼자서 기회를 만들고 배워야 한다. 그래야 성장의 기회도 만들 수 있다. 언제 어디서든 배우고 익혀야 한다는 사실을 잊으면 안 된다. 그러면 기회와 성장도 같이 온다. 전문가들도 남들보다 많은 양의 지식을 학습하고 습득한다.

전문가라서 더 많이 노력해야 한다.

당신이 강사라면 배움은 꾸준히 해야 한다. 강사의 자리가 그러한 자리다. 꾸준히 배우고 습득해야 그 자리를 지킬 수 있다. 해당 분야의 지식을 지속해서 배우고 익혀야 한다. 당신이 배우는 처지에서 강사가 배우지 않고 있다면 당연히 강의를 듣지 않는다. 지식은 무한정으로 소비할 수 있다. 지식 자본을 많이 가질수록 당신의 실력이 늘고 성장할 수 있다. 강의를 베이스로 하는 1인 지식창업은 더욱 노력해야 한다. 충실하지 않으면 멈추게 된다. 당장 수익이 나지 않아도 꾸준히 배우고 준비해야 한다.

배우고 습득해야 실력이 는다. 그래야 사람들이 모인다. 전문적인 능력은 한순간에 이루어지지 않는다. 전문가의 경력은 한순간에 만들어지지 않는다. 그들은 실력을 쌓기 위해 노력했다. 말 그대로 공부하고 연구했다. 전문가는 많은 공부를 해야 하므로 절제도 했다. 절제 없이 이루어지는 것도 없다. 도달하기 위해 배우고 학습에 숙달했다. 주어진 시간을 최대한 잘 사용한다. 전문가는 지속해서 자신을 업그레이드하면서 실력을 키우고 있다. 멈추지 않고 꾸준히 하고 있다.

1인 지식창업은 멈추지 않고 해야 하는 것이 바로 배움이다. 전문가의 길을 가고 있다면 더 해야 한다. 필수 조건이다. 지식과 경험은 전문가에게 자본이다. 자본을 지속해서 생산하고 키워야 당신이 성장한다. 그리고 스스로 판단하고 결정해야 하는 순간이 매 순간 온다. 유연한 사고를 키울 필요가 있다. 유연한 사고는 당신이 배우고 습득하는 과정에서 생긴다. 결국 통찰력이 높아진다. 바른 선택을 할 수 있도록 도와준다. 지식과 경험이 빈약하면 명확하게 보지 못한다. 언제나 배우고 익히는 습관을 들여야 한다.

언제나 배우는데, 학습하는데 돈을 아껴서 안 된다

자신의 삶을 주도적으로 움직이는 사람이 제일 멋있다. 그래서 주도적으로 움직이는 사람을 존경하고 찾아가서 배우려고 한다. 그들도 주도적인 삶을 살기 위해 큰 노력을 한다. 자기 계발을 위해 시간과 돈을 투자한다. 자기관리가 철저해야 시간을 통제 할 수 있다. 시간을 통제할 수 있는 학습 능력이 있다. 학습 능력이 있다는 것은 배우고 습득이 빠르기 때문이다. 꾸준히 배우고 습득했기 때문에 가능한 일이다. 시간과 돈을 투자해서 배움을 정확하게 당신의 것으로 만들었다.

무언가를 배우기 위해서는 시간과 돈이 필요하다. 배우기 위해 시간이 필요하고 일정 비용을 지급해야 경험과 지식을 얻는다.

간접적으로 배울 수 있는 것은 책이다. 책은 제일 저렴한 비용으로 배울 방법이다. 돈을 아껴서 배울 수 있는 것은 없다. 당신이 정말 필요한 지식과 경험을 위해서 시간과 돈을 투자해야 한다. 배움에 투자가 없으면 더 좋은 배움을 얻지 못한다. 투자해서 배워야 한다. 당신의 배움은 결국 결과로 가져오게 한다. 결과 중심이 당신을 배우는 원동력이 된다. 그래서 경제적 성과로 이어진다.

우리가 무언가를 배우는 것은 사회에서 인정받고 싶어서이다. 사회에서 인정받고 싶다면 경제적 성과를 내야 한다. 자본주의에서는 경제적 성과가 따라와야 선한 영향력도 낼 수 있다. 자격증과 같은 배움이 아니라 당신이 진정으로 원하는 가치를 배워야 한다. 당신의 지적자산에 도움이 되는 배움이다. 곧 그것이 당신의 정신 성장에 큰 원동력이 되고 물질적으로 변하게 된다. 이러한 안목으로 배움을 가져야 한다. 꾸준히 배우고 학습해야 한다. 그리고 실천으로 이루어야 한다. 이러한 루틴은 누적이 되어서 주도적인 삶으로 변하게 된다.

배울 것이 많아 걱정이 많은 시대이다. 당신이 진정으로 원하는 가치와 지식을 찾아서 배워야 한다. 당신이 진정한 가치 있는 배움이라고 생각하면 투자도 과감히 해야 한다. 배우는데 돈을 아끼는 순간 당신의 기회들은 닫히게 된다. 인풋은 지식과 경험을 꾸준히 습득해야 한다. 그래야 아웃풋이 나오게 된다. 인풋과 아웃풋은 비례하지 않는다. 꾸준히 배워서 습득하면 배움의 사이클이 만들어진다. 그다음에 진정한 배움의 결과가 나오게 된다. 배움의 길에서 돈과 시간 모두 아끼면 안 된다. 지속적인 배움에 투자하면 당신의 사업에 도움이 되고 성장 된다.

급하지는 않지만, 지속적인 습관, 몰입이 중요하다

1인 지식창업은 절대적으로 절제력이 중요하다. 절제력을 놓치게 되면 습관이 망가지고 관리가 어려워진다. 활동 영역에서도 몰입이 떨어져서 생산적인 일을 할 수 없게 된다. 절제력을 지키면서 지속해서 관리해야 한다. 미래를 위한 배움의 습관이 있어야 한다.

게을리만 하지 않고 꾸준히 한다면 습관으로 바뀌게 된다. 좋은 습관은 앞으로 당신의 미래로 이어지게 된다. 철저한 자기관리가 되면 나쁜 습관을 지우게 된다. 불필요한 시간 낭비하지 않는다. 당신의 모든 일과 삶에 몰입을 할 수 있다. 중요한 가치도 찾아가게 된다.

1인 지식창업의 결과는 성장과 좋은 결과물들이다. 그 이면에는 당신의 삶이 행복하고 성장해야 지속되는 것이다. 무언가를 빠르게 얻어서 획득하고 또 다른 비즈니스로 이어지기보다는 당신과 함께 비즈니스가 성장해야 한다.

당신이 제공하는 정보와 가치가 선한 영향력으로 나타나고 당신이 성장하고 행복해야 한다. 긍정적인 기운과 열정적인 마음이 배움으로 계속 이어진다. 억지로 획득하려는 배움이 아니다. 진정한 배움을 깨달아야 한다. 배움을 깨닫게 되는 순간 지속적인 좋은 습관들이 당신의 가치에 몰입하게 해준다.

배움의 길에서 몰입은 진정한 배움이다. 진정한 배움이 당신의 지식이 된다. 진정한 몰입이라고 할 수 있다. 주어진 환경에서 진정한 배움을 찾아야 한다. 진정한 배움을 위해 끊임없이 질문해야 한다. 그리고 배움이 즐거워야 한다.

자발적인 배움이 결실을 보게 해준다. 지속적인 배움은 당신의 삶의 가치를 다르게 만들어준다. 생각의 관점을 다르게 만들어주고 좋은 습관들이 생기게 된다. 좋은 습관들은 스스로 당신을 바라보게 하는 행동이다. 좋은 습관은 혼자 있는 시간이다. 혼자 있는 시간은 당신을 온전하게 집중시켜준다.

배움은 급하게 배우는 것이 아니다. 성과를 무조건 내야 하는 배움보다 진정한 가치의 배움을 찾아야 한다. 진정한 배움은 당신의 가치와 연결되어서 비로소 미래의 성과로 나타난다. 꾸준히 배움을 습득하다 보면 배움의 즐거움을 알게 된다. 당신이 추구하는 배움의 의미도 찾게 된다.

지식창업의 성과도 당신이 추구하는 배움에서 나온다. 스스로 하는 경영일수록 추구하는 가치가 맞아야 몰입된다. 성과물을 내야 하는 배움과 지속적인 배움은 결국 당신이 추구하는 가치 있는 배움이다.

당신의 전문적인 능력을 키우는데 있어서 배움은 결과를 내야 하는 배움이다. 반면 당신이 가치를 추구하는 배움은 지속적인 배움이다. 두 가지를 공존해서 가야 한다. 지식창업자, 강사, 프리랜서는 지식의 자본으로 움직이는 사람들이다. 지식 자본의 가치가 클수록 당신의 가치도 커진다.

　지식 자본을 쌓기 위해서는 배움을 게을리하면 된다. 나를 위한 투자가 배움이다. 배움의 태도를 늘 취하고 살아야 한다. 배움의 끝은 없다. 당신이 속한 분야에서 배움의 끝이 있더라도 가치를 추구하는 배움을 하지 않으면 지식창업자의 길이 아니다. 결국 꾸준한 지식자산을 쌓아야 한다.

지식창업 지속하는 방법 ❺

1. 성과 중심의 배움과 진정한 배움을 해야 한다.

2. 가치 있는 배움은 시간, 돈 모두 투자해서라도 배워야 한다.

3. 지속적인 배움의 습관을 지녀야 한다.

06

휴식을 통해서 스트레스를 줄이고
건강을 유지해야 한다

지식창업자는 생산과 홍보, 영업, 모든 것을 전반적으로 다루기 때문에 일의 강도가 높다. 무엇보다 자신이 속한 분야에서 성과를 내기까지 시간이 갈수록 심리 조절이 힘이 들다. 스트레스가 극에 달하면 몸이 아프고 정신마저 피폐해진다. 좋은 성과를 갖고 있더라도 강연 외 업무들이 있으므로 정신과 몸이 피곤하다. 다시 말해 고강도의 일이 지속될수록 정신과 몸이 힘들어진다. 최소한의 시간을 가지고 효율을 극대화해야 하는데 무리한 일정으로 스트레스로 건강을 해친다. 정신이 힘들어지고 육체도 힘들어진다. 결국 당신의 상품과 서비스에도 자연스럽게 묻어나게 된다. 그래서 충분한 휴식으로 스트레스를 풀어야 한다.

오래 하려면 건강이 중요하다

사람이 현실에 직면하게 되면 타협하게 된다. 타협하는 순간 당신의 본질이 흔들리게 되고 절제와 인내심을 갖지 못하게 된다. 그런데 최고의 경영자, 전문가를 보면 자신의 마음가짐이 흔들리지 않는다. 타협하지 않고 행동한다. 외부의 환경에도 흔들리지 않는다. 대단한 정신력을 가지고 있다. 누군가에 의존하지도 않는다. 온전히 자신을 바라보고 정신과 몸을 지킨다. 성공한 그들은 건강에 관심이 많고 건강한 몸을 유지한다. 건강한 몸이 곧 정신력으로 이어지기 때문에 먼저 건강을 챙긴다.

한 분야의 전문가는 절제와 인내심, 노력으로 만들어진다. 절제, 인내심, 노력, 이 3가지 단어가 좋은 컨디션이 되었을 때 나오는 것들이다. 몸이 건강해야 올바른 생각을 갖게 된다. 외부의 자극도 통제할 수 있는 올바른 생각이 있어야 한다.

지식창업자는 외부의 자극이 크기 때문에 흔들리게 된다. 그래서 의존 할 수 있는 것을 찾게 된다. 바쁜 하루 일정을 보내고 자신을 돌아보고 휴식하여야 하는 시간에 나쁜 습관에 의존한다. 악순환되어서 면역력이 떨어지고 건강을 잃게 된다. 무기력으로 이어진다. 그래서 좋은 습관이 있어야 한다.

건강을 지켜야 뭐든지 할 수 있고 오랫동안 꾸준히 할 수 있다. 건강을 지키기 위해서는 꾸준한 운동과 규칙적인 식단이 기본이다. 정상적인 생체리듬의 몸을 가져야 한다. 충분히 휴식해야 한다. 일에 집중하다 보면 충분한 휴식을 갖기 어렵다. 제대로 숙면하지 못하면 제대로 된 운동을 할 수가 없다. 규칙적인 식단도 어려워진다. 충분한 숙면을 가져야 좋은 에너지를 갖게 된다. 좋은 에너지는 일의 몰입에도 영향을 미친다. 건강한 몸과 좋은 기운은 오랫동안 할 수 있도록 해준다.

아무리 바쁜 일정에도 휴식은 필요하다. 건강한 정신과 몸이 있어야 당신이 가치를 제공할 수 있다. 스스로 건강을 살펴야 한다. 모두가 몸이 재산이기 때문에 건강을 살피지 않으면 행복한 삶을 누릴 수 없다. 특히 지식창업자는 건강이 비즈니스로 직결된다. 체력이 곧 실력이다. 그래야 오랫동안 하게 되고 당신의 가치도 시간이 지나면 지날수록 가치가 업그레이드된다. 건강한 사람일수록 지속해서 오랫동안 할 수 있다. 결국 흔들림 없이 비즈니스를 지키고 있다는 증거이다.

휴식을 잘하고 스트레스를 잘 풀어야 한다

지식창업자는 생산, 영업, 카피 문구, 경영, 모든 것이 자신의 결정에 따라 움직인다. 그래서 바쁜 일정에서 자연스럽게 스트레스가 쌓인다. 쌓인 스트레스가 지속되면 이유 없는 실수가 잦아진다. 자신감이 하락하게 되고 우울해진다. 우울감과 슬럼프가 오면 빠져나오지 못하고 힘든 삶 자체를 보내게 된다. 장기화할 가능성이 커지고 부정적인 생각으로 가득 차게 된다. 악순환이 생기지 않도록 노력해야 한다. 스트레스는 최대한 빠르게 처리하도록 해야 한다. 처리하지 못한 스트레스는 장기적으로 쌓이게 되면 우울증과 병으로 오게 된다.

아무리 바빠도 휴식 시간은 만들어야 한다. 무리한 욕심으로 휴식 시간을 포기하면 규칙적인 흐름이 모두 깨진다. 당신만의 흐름을 무조건 지켜야 한다. 번 아웃이 되어서 자신감, 상실감 모든 것을 잃게 되면 다시 돌아오는 데 시간이 오래 걸린다. 선뜻 도전하는 용기도 어렵게 된다. 스트레스가 지속되면 세상과 단절하고 싶어지고 외부 활동은 더욱 어려워진다. 큰 욕심을 내기보다는 당신의 페이스에 맞춰서 움직여야 한다. 자신의 페이스를 잃으면 조절하기가 힘들다.

성공으로 향하는 길은 힘들다. 스스로 성공의 기준이 부와 사회적인 위치라고 생각한다면 휴식과 스트레스는 더욱 극에 달하게 된다. 돈은 상대적인 가치이다. 많이 벌면 더 많이 벌고 싶으므로 돈을 좇게 된다. 휴식과 스트레스는 생각할 시간도 없다. 그래서 정신력으로 버티게 된다. 하지만 뒤돌아보면 자신이 대견스럽다가도 허전함이 밀려온다. 혼자라서 무척 어렵고 힘든 길이였기 때문이다. 그래서 스트레스 관리를 제대로 하지 못하면 상실감과 우울증에 시달리게 된다. 스스로 객관적으로 보지 못하게 된다. 그래서 휴식과 스트레스는 잘 풀 수 있어야 한다.

나보다 더 힘든 사람들이 많다. 그런데 당신은 삶이 힘들다고 생각한다. 사실 삶이 힘든 게 아니라 마음이 힘든 것이다. 마음이 지치고 불안하기 때문이다. 그래서 마음먹기 달렸다고 하는 게 마음을 다스릴 줄 알아야 한다는 것이다. 그런데 마음을 제대로 잡기가 쉽지 않다. 스트레스에서 완전히 벗어나려면 자연에서 살아야 한다. 우리는 완전히 자연에서 살 수가 없다. 결국 사회에서 관계를 형성하고 경제적인 독립을 찾는 우리에게는 휴식과 스트레스 관리를 잘해야 한다. 그래야 마음의 평온함이 오고 나 자신을 덜 힘들게 하게 된다.

책과 여행을 통해 사색해야 한다

스스로 정신과 마음을 잘 다스려야 한다. 자신의 일을 갖고 하는 사람은 책임감이 강하다. 책임감이 강하다 보니 일과 삶의 경계가 없어진다. 자신의 비즈니스를 성장시키고 확대에 초점이 있다. 정신과 마음의 훈련 없이 시간을 보낸다. 시간이 흘러 공백이 있는 날에는 불안하다. 무언가를 해야 하는 초조함도 몰려온다. 일 중독이 되어 놓친 것이 있다. 삶에서 중요한 것들을 놓치고 간다. 시간과 노력으로 만든 자리가 단지 부라는 초점이 있다면 위험하다. 부로 인해 얻고자 하는 가치가 있어야 하고 삶의 균형을 조절할 수 있는 삶이 있어야 한다.

성공한 기업 대표들은 삶의 균형을 중요시 생각한다. 휴식에는 책과 여행으로 스트레스를 날리고 사색한다. 스스로 통제할 수 있는 삶을 살고 있다. 당신이 지나온 과정을 점검하고 앞으로 나아갈 방향을 생각한다. 스스로 시간을 집중해서 갖는다. 당신의 결정이 당신의 비즈니스를 좌우한다. 그래서 자신의 결정에 책임이 있다. 당신의 결정이 흔들리지 않으려면 사색해야 한다. 혼자만의 시간을 갖고 마음을 다스려야 한다. 사색의 시간은 점검과 방향을 갖는 시간이다.

혼자만의 시간을 제대로 가져야 한다. 혼자만의 시간을 제대로 가지려면 무엇을 할 것인가가 중요하다. 혼자만의 시간에는 온전히 당신에게 집중해야 한다.

온전히 자신의 시간에는 여행과 책을 통해 새로운 삶의 방식을 배워야 한다. 여행은 넓은 세상을 접하게 한다. 다른 관점으로 생각하게 되고 가능성의 기회를 보게 된다. 여행은 직접 경험을 통해 스스로 깨닫게 해준다. 그리고 여행은 현실에서 벗어나게 해주는 숨을 틀 수 있는 공간이다. 일상을 버티게 해주는 활력소 같은 역할이다.

책은 다른 사람의 삶을 볼 수 있다. 유연한 사고도 갖게 된다. 당신이 생각하지 못했던 관점에서 볼 수 있다. 그래서 문제가 생겼을 때 더 나은 해결책을 찾게 해준다. 당신이 해결하지 못했던 문제들도 다양한 관점과 넓은 시야로 보게 된다. 책과 여행을 통해 사색하면 당신의 과거를 점검하고 미래의 방향에 대해 깊은 생각을 하게 해준다. 스스로 객관적으로 바라보게 된다. 그리고 책과 여행은 긍정적인 기운을 갖게 한다. 좋은 기운들은 삶의 자신감과 실행력까지 갖게 된다. 개인 사업체가 있는 분들에게 꼭 필요하다.

1인 강사, 프리랜서, 지식창업 모두 '나'라는 존재에서 움직인다. 자신의 생각과 행동이 비즈니스의 방향이다. 올바른 생각이 있어야 한다. 좋은 성과물도 있어야 한다. 건강한 생각과 건강한 신체가 있어야 스스로 결정하고 할 수 있다. 과한 스트레스는 일정 이상 넘어가면 병으로 오게 된다. 몸과 마음이 약해지면 판단력이 약해진다. 잘못된 결정을 하게 된다. 숙면과 충분한 휴식, 스트레스를 지속해서 관리하면서 계획을 세워야 한다. 스스로 자기관리를 할 수 있어야 오랫동안 자신의 페이스에 맞춰서 일을 할 수 있다.

지식창업 지속하는 방법 ❻

1. 건강한 몸을 챙겨야 한다. (규칙적인 운동, 균형 잡힌 식단, 충분한 휴식과 숙면)

2. 몸과 정신이 힘들면 안 된다. (욕심은 오히려 악순환으로 연결된다.)

3. 책과 여행을 통해 사색해야 한다. (사색은 나를 절망감에 빠트리지 않는다.)

07

악성 고객은
최대한 받지 않도록 해야 한다

사실 악성 고객은 어디에나 있다. 우리가 악성 고객을 알 수 있다면 어떠한 일도 할 수 있을 것 같다. 모든 사건과 문제가 악성 고객과 만났을 때 일어난다. 악성 고객은 당신을 힘들게 하고 사업에 엄청난 타격을 주기도 한다. 우리는 최대한 피해야 하고 엮이지 않도록 해야 한다. 만약에 엮이게 되었다면 대처도 잘해야 한다. 하지만 최대한 피할 수 있다면 피하고 받지 않아야 한다. 잘못하면 법적으로도 이루어지고 많은 문제가 생겨 삶이 괴로워진다.

고객을 받는 처지에서 고객을 가려서 받는 게 여간 쉽지 않다. 그런데 1인 강사, 프리랜서, 1인 지식창업자일수록 고객을 가려서 받아야 한다. 이유는 간단하다. 혼자이기 때문에 고객을 응대하고 처리하는 시간도 없고 잘못 엮이게 되면 당신의 사업이 최악으로 가게 된다. 한 사람의 선한 영향력이 엄청나듯이 나쁜 영향력도 엄청난 파급력을 가지게 된다. 악성 고객은 특징상 일반적인 상식을 갖고 있지 않다. 악성 고객은 분노를 조절하지 못해서 이성적인 판단을 할 수가 없다. 자신의 감정과 이익이 중요하다. 본인의 감정이 우선이므로 감정이 나아져야 하고 보상받아야 사건이 해결된다.

대부분 악성 고객은 부정적인 생각이 강하고 인성이 안 좋다. 인성이 좋지 않은 사람은 일반적인 사람과 생각이 다르고 행동도 다르다. 살아온 환경이 순탄치 않고 공감 능력이 없다. 극단적인 생각을 하고 있다. 그래서 감정이 불안하고 초조하다. 안정을 유지하지 못한다. 결국 이상적인 판단도 어렵다. 불안한 감정과 판단력이 흐려져서 선택의 기준을 본인의 관점과 이익에만 생각하게 된다. 상대방의 말은 듣지 않는다. 오로지 자신의 말만 한다. 상대방의 관계와 배려가 없이 이야기한다. 그들의 요점은 자신의 감정과 이익만 중요한 것이다.

　　인성이 좋은 사람은 나와 상대방의 가치를 존중하고 배려하는 관계이다. 인성이 안 좋은 사람은 존중과 배려가 없다. 본인 기준이기 때문에 자신의 이익이 최우선이다. 의도를 품고 있는 사람이다. 이들은 부정적인 생각도 강하다. 자신의 이익이 없다고 생각하면 태도가 변하고 상대방을 무시한다. 스스로 상대방이 필요성이 없다고 생각하면 이기적으로 변한다. 이러한 사람들과 당신은 대화가 어렵다. 이러한 악성 고객은 자신이 먼저이기 때문에 대화가 아니라 이익과 자신의 감정에 초점을 맞춰서 상황을 풀어간다.

　　결국 그들이 원하는 방향과 조건을 들어줘야 한다. 방향과 조건에 대응하기도 어렵다. 무리한 요구로 계속 협상하기 때문이다. 만약 그들이 원하는 조건이 돈이라고 할 때 최대의 수익을 챙기려고 한다. 문제 해결이 아니라 이익을 해결하기 위해 당신에게 부탁한다. 그래서 당신이 상품과 서비스를 제공한다면 인성이 안 좋은 사람과 부정적인 사람은 받지 않아야 한다. 그들은 숨기고 있다가 자신의 이익에 맞지 않으면 바로 본색을 드러낸다. 그러니 당신은 신중히 생각하고 크고 작은 문제가 생겼을 때 고객이 어떻게 반응할지도 생각을 해봐야 한다. 소통과 협상은 다른 문제이다. 소통이 가능한 사람인지 생각해야 한다.

무례한 행동을 하는 사람은 조심해야 한다

고객을 만나다 보면 사람의 기운을 느끼게 된다. 긍정적인 느낌과 부정적인 느낌이 온다. 느낌은 행동을 통해 알게 된다. 태도에 따라서 행동이 보인다. 기본적인 태도가 다르다. 상대방에 대한 기본적인 배려와 존중이 없는 태도를 보이고 행동하는 사람이 있다. 무례한 행동을 하는 사람이다. 처음 만나면 예의와 행동에 주의를 기울이지 않는다. 서로 관계 형성이 되어 있지도 않은 상태에서 심리적인 거리를 무시하고 언어와 행동을 한다. 상대방을 불쾌하게 만든다. 이들과 지속적인 관계는 힘들다. 자기중심적이고 상대방에게 무례한 행동에 대한 죄책감이 없다. 그들은 자신의 행동이 무례하다고 인식조차 못 한다. 자신의 행동을 인식 못하는 사람과는 소통이 어렵다.

소통이 되지 않기 때문에 무례한 행동을 하는 사람은 피해야 한다. 무례한 행동을 하는 악성 고객은 신중한 행동을 할 수 있는 사람이 아니다. 일반적인 사람은 이성적인 생각으로 행동한다. 악성 고객은 이성적인 생각을 하지 못한다. 당신이 고객에게 정중하게 거절 의사를 표현했다. 그런데 고객은 거부했다는 이유 하나만으로 마음이 상하고 소통으로 해결을 풀지 않는다. 그들은 상황에 맥락 없이 이야기하고 행동한다. 상황의 맥락을 무시하고 자신의 이익과 이기적인 생각으로 행동한다. 오해와 추측이 난무하고 자신의 마음대로 생각한다.

무례한 행동을 가진 고객을 만나면 조심해야 한다. 이야기를 잘 듣고 최대한 예의를 갖추고 대해야 한다. 그리고 정중히 거절해야 한다. 고객을 받지 않아야 한다. 악성 고객을 안 받는 것이 곧 당신의 비즈니스를 지키는 일이다. 무례한 행동을 가진 악성 고객은 지속적인 관계를 맺을 수 없다. 무례한 행동과 무례한 부탁으로 관계를 형성하려고 한다. 그래서 처음부터 고객을 받지 말아야 한다. 관계를 이어간다고 해도 결국 악성 고객은 당신이 부탁을 들어주지 않으면 변하게 된다.

일반적으로 악성 고객을 만나면 시간과 비용이 들기 때문에 최대한 받지 않고 조심해야 한다. 개인 비즈니스일 경우는 더욱 조심해야 한다. 만약에 당신의 비즈니스가 기업형태로 움직인다면 돈으로 해결하고 넘어갈 수 있다. 하지만 우리는 1인이므로 어렵다. 나의 소중한 시간은 다 보내고 이미지까지 추락하게 된다. 돈과 시간 모두 소비하고 나서도 비즈니스에 부정적인 영향을 받게 된다. 당신의 감정마저 상처받게 된다. 가능한 한 빨리 이러한 사람들과 관계를 끊고 이어가지 말아야 한다.

당신과 주파수가 맞는 사람과 일해야 한다

사업은 사람과 사람과의 연결이다. 다양한 사람들이 있으므로 다양한 비즈니스가 존재한다. 사람의 욕구가 다양하므로 우리는 비즈니스를 만든다. 당신의 비즈니스와 고객이 원하는 욕구가 서로가 맞아야 한다. 그래야 성립이 되고 서로의 발전과 만족이 온다. 당신이 제공하는 상품과 서비스가 고객이 원하지 않는다면 당연히 고객은 오지 않는다. 원하지 않는 고객이 온다는 것은 다른 의도가 숨어 있는 것이다. 그러니 당신이 숨은 의도를 피할 줄 알아야 한다. 악성 고객에게 당신의 시간과 비용을 투자하면 안 된다. 사람에 대한 상처도 크다. 아무 고객이나 받으면 안 된다.

사람마다 느낀다. 이 사람하고는 통하겠다는 느낌을 받는다. 통한다는 말은 소통이 잘되고 서로의 가치관, 성향이 모두 비슷하므로 배려와 존중이 자연스럽게 된다. 억지로 배려와 존중을 하는 것이 아니다. 있는 그대로 행동하는 것이지만 상대방을 배려하고 존중으로 대하는 것이다. 굳이 설명과 이해를 해달라고 설득할 필요가 없다. 쉽게 말해서 사람과의 관계에서 주파수가 맞아야 원활하게 관계를 맺을 수 있다. 주파수가 맞는 사람과 일하고 소통해야 한다. 그래야 생산적인 일을 만들 수 있고 좋은 기운으로 삶도 바라보게 된다.

당신이 1년 이상의 계약을 맡아 하는 작업일수록 주파수가 잘 맞아야 한다. 일로 관계를 맺고 시작했기 때문에 주파수가 잘 맞아야 대화도 잘 통한다. 분위기도 부드럽고 편안해진다. 문제가 생길 때도 효과적으로 해결 방법을 찾는다. 그리고 서로가 끌리기 때문에 비슷한 사고를 하고 있다. 그래서 비즈니스를 즐기면서 할 수 있다. 능률도 오른다. 더 나아가서 사회적 지위 상관없이 끌리는 사람과 일하다 보면 나중에 기회가 닿아서 또 만난다. 그래서 궁극적으로 시너지 효과가 생겨서 훨씬 좋은 결과를 가져온다.

주파수의 기준은 사회적 지위 상관없이 그 사람에게 끌린다. 대화의 집중이 잘되고 별다른 이야기를 하지 않아도 시간이 빠르게 지나간다.

힘들게 관계를 맺지 않아도 자연스럽게 관계가 맺어진다. 될 수 있으면 당신과 안 맞는 사람과 일을 억지로 끌고 가면 안 된다. 주파수가 맞는 사람이라면 시간이 지나도 다시 나한테 오게 된다. 당연히 당신의 비즈니스를 위해 최선을 다해야 하지만 억지로 맞지 않는 사람과 일하게 되면 위기일 때 해결하기가 너무 어렵다. 긴 작업일 경우 시간이 지나다 보면 사람의 감정이 개입하게 된다. 그러므로 장기간의 프로젝트일 경우 당신과 일정부분 맞는 사람과 일해야 한다.

처음에는 악성 고객의 말에 상처받는다. 하지만 악성 고객의 말에 상처받을 필요도 없고 협상과 대응을 할 필요가 없다. 대부분 대화하면 해결이 된다. 하지만 정말 대화가 어려운 고객이 있다. 무례한 부탁으로 놀라게 한다. 그럴수록 차분하게 정중히 거절하면 된다. 당신의 감정을 표현하지 말고 최대한 중립을 지키면서 거절해야 한다. 악성 고객의 감정에 동요되거나 이야기를 듣고 대응하면 안 된다. 그들의 부정적인 기운이 나한테도 전달이 된다. 반드시 이루어질 수 없는 대화는 차단해야 한다.

지식창업을 지속하는 방법 ❼

1. 인성이 안 좋은 사람, 부정적인 사람은 피해야 한다.

2. 무례한 행동을 하는 사람은 고객으로 받지 말아야 한다.

3. 최대한 주파수가 맞는 사람과 일해라.

08
이 세상에
쉬운 게 없다

우리는 자본주의와 경쟁사회에 있다. 치열하게 살고 있다. 직장인들은 직장에서 치열하게 살고 있다. 불만과 스트레스가 있다. 사업가들도 매출과 경영 문제에 스트레스와 불만이 있다. 1인 지식 창업가도 빠르게 변화하는 세상에 적응하고 생존과 성장을 위해 노력하고 있다. 다양한 직종에 있는 사람들 모두가 자신만의 애로사항을 가지고 있다. 쉬운 일이 없다. 쉬운 일이 있다면 모두가 선택했을 것이다. 결국 어떠한 것도 노력 없이 얻는 것은 없다. 그래서 최선을 다해 노력하고 인내한다. 남을 부러워할 것도 없다.

안 보이는 곳에서 모두가 엄청난 노력을 하고 있기 때문이다.

고생만 하다가 끝날 수 있다

지식창업은 모든 것을 스스로 해야 한다. 작업량이 많으므로 피로와 스트레스는 당연히 많다. 그리고 당신의 결정에 책임도 질 줄알아야 한다. 그래서 책임감도 강해진다. 대부분 1인 강사, 프리랜서, 지식창업, 등 1인 형태의 비즈니스는 강한 목적의식이 없으면 힘들다. 목적을 달성하기 위해 시간도 걸리고 혼자서 스스로 헤쳐나가야 하기 때문이다. 그래서 피와 땀, 눈물이 필요하다. 이런저런 시도를 하면서 고생하고 상처받게 된다. 남들이 가지 않은 길을 모험과 실험정신으로 가야 하니 불안한 마음도 있다. 당신이 생각하는 성공의 길이 아니면 그 또한 스스로 책임져야 한다.

처음에는 알 수 없는 길이라서 시도조차 힘들다. 설령 시도해서 그 길을 간다고 해도 중간에 돌아보게 된다. 불안한 결과가 있을까봐 걱정한다. 혼자서 업무를 처리하고 성과를 내야 하므로 잘해야 한다. 매 순간 긴장하는 삶을 살아야 한다. 월급이 존재하지 않는다. 정확한 휴가도 없다. 반차도 없고 연차도 없다. 매출이 떨어지면 휴가, 반차, 연차 반납이 아니다. 생존과 연결이 되기 때문에 일한다. 보상은 없다. 생존과 직결되기 때문에 언제나 현재 상태에 만족하지 못한다.

언제나 성장을 위해 노력한다. 하지만 냉정한 결과를 가져오게 되면 허탈감이 오고 자신감도 하락한다. 실패를 처음 접하게 되면 다시 시도하는 것이 어렵다. 그리고 회피하려고 한다. 힘든 과정을 지나왔기 때문에 새로운 도전이 무서운 것이다. 또다시 고생하고 싶지 않아서 위험 요소를 줄이고 유리한 쪽으로 가려고 한다. 하지만 이것 또한 위험한 요소가 있고 쉽게 성공하기가 어렵다. 뭐든지 성공의 법칙에는 엄청난 노력이 필요하기 때문이다. 그리고 제대로 해야 성공이 가능한 일이다.

그래서 필자가 추천하는 방법은 직장을 다니고 있다면 직장을 다니면서 목적을 달성하면 좋다. 현실적으로 2~3가지 이상의 업무 수행은 힘들고 결과를 내기도 힘들다. 하지만 불안함으로 스스로 궁지에 몰리는 것 보다는 훨씬 안정감 있게 시도할 수 있는 부분이다. 대신 절제해야 한다. 당신의 삶에서 인간관계, 여행, 모임, 모든 것을 포기하고 집중해야 한다. 그래도 솔직히 성공은 힘들다. 힘들므로 성공은 상위 1%인 것이다. 고생만 하다가 끝날 수 있다는 각오가 있어야 가능하다.

열악한 환경에서도 해내야 한다

사람들은 스스로 처한 상황이 모두가 열악한 환경이라고 이야기한다. 고생하고 싶어 하지 않는다. 일단 시작부터 고생해야 할 이유가 없다고 생각한다. 무엇이든 순조롭게 할 수 있는 일은 없다. 더군다나 1인 체제의 비즈니스는 열악한 환경에서 매일 성과를 만들어 내야 한다. 무에서 유를 창조해야 한다. 무엇이든 할 수 있다는 자신의 최면이 있어야 버틸 수가 있다. 스스로 최면을 걸 수 있는 사람들이 하는 일이다. 열악한 환경에 노출이 잦다 보니 어쩔 수 없이 최면을 걸기도 한다.

1인 체제의 비즈니스는 열악한 환경과 불안함이 노출된 사람들이다. 시간이 지나면 처음의 불안함과는 또 다른 불안함을 느낀다. 그리고 무뎌지는 때도 있다. 특히 수년간 일하는 대표님들을 보면 열악한 환경을 두려워하지 않는다. 적응력이 빠르고 숙달하기 때문이다. 열악한 환경은 변하지 않으므로 눈앞의 일에 전념만 할 일이다. 환경이 변하지 않고 일해내야 하므로 연연하지 않는다. 결국 해내야 하는 사람이 자신이라는 것을 정확히 아는 사람들이다.

열악한 환경에서도 해내는 사람들은 끈기와 열정이 대단한 사람들이다. 열악한 환경에서 포기하지 않고 결과를 만들었다. 성공한 사람들은 신념과 믿음이 강한 사람들이다. 당신이 만든 비즈니스가 열악한 환경에서도 해 낼 수 있다는 믿음이 있어야 한다. 그래야 당신의 비즈니스를 이룰 수 있다. 이러한 자세가 있어야 가능한 일이다. 매 순간 현실과 타협하지 않고 실행한다. 당신의 사업이 지속된다 해도 지속해서 노력해야 한다. 일에 전념해야 한다. 자신이 하는 일에 전력을 다해야 한다.

당신이 움직여야만 사업이 움직이게 된다. 스스로 해야 하므로 당신이 멈추는 순간 모든 것이 멈추게 된다. 열악한 환경이라고 신세 한탄하는 순간 모든 것이 멈추게 된다. 그래서 스스로 조절할 줄 알아야 한다. 어느 곳이든 유리하게 시작하는 곳이 없다. 스스로 헤쳐 나가면서 정착시켜야 한다. 개선되지 않는다. 조금 나아진 환경에 적응할 뿐이다. 열악한 환경에서 해야 하니 집중과 몰입뿐이다. 현실에서는 생존과 성패의 반복이다. 이점에 대해 반드시 알아야 한다.

직장인, 공무원, 사업, 1인 지식창업도 다 똑같이 어렵고 힘들다

각박한 세상에서 우리는 살아가고 있다. 서로의 위치가 다르지만, 앞에 놓인 상황들을 처리하느라 바쁘게 살아간다. 각자의 위치에서 최선을 다하고 있다. 직장인, 공무원, 사업가, 1인 지식창업 등 모두가 성장을 위해 노력한다.

결코 쉬운 게 없다는 것이다. 당신이 원하는 일을 선택했다면 어렵고 힘들다는 핑계는 통하지 않는다. 이왕 해야 한다면 인정하고 받아들여야 한다. 앞으로 나아갈 방향을 모색하고 당신의 목적과 가치관이 맞는지 확인해야 한다. 당신의 삶이므로 당신이 책임지고 헤쳐 나가야 한다.

현재 상태에서 완벽하게 만족하면서 사는 사람이 진정한 승리자이다. 자신이 추구하는 가치관을 가지고 목표를 이루었고 소득도 만족하기 때문에 만족하는 것이다. 현 사회에서 이러한 사람이 몇이나 되겠냐는 생각을 가지게 된다. 결국 삶은 균형이다. 인생은 길다. 삶의 균형을 맞춰가면서 나아가야 한다. 어렵고 힘들다고 포기하지 말아야 한다. 당신이 선택한 길이 맞다 생각하면 천천히 나아가는 것도 방법이다. 언젠가 분명히 당신의 길이 순탄하게 생긴다. 쉽게 되지 않는다. 어려움은 어디에나 있다.

직장을 다니고 있다면 스스로 생각해보아야 한다. 객관적으로 바라보아야 한다. 용기가 있는지 확인해야 한다. 직장인은 월급을 포기하고 나와야 한다. 스스로 수익을 만들어야 한다. 수익을 내지 못하면 생계 위험으로 연결된다. 사랑하는 가족이 있다면 사랑하는 가족을 지키기 어려워진다. 가족이 있는 사람은 직장에 다니면서 창업을 준비해야 한다. 준비하는 과정에서 어려운 상황을 극복해야 한다. 회사로 돌아가는 것이 아니라 회사를 나올 준비를 하는 것이다. 그렇기에 죽기 살기로 해야 한다.

개인의 삶이 중요할수록 개인의 비즈니스도 중요한 가치를 갖게 된다. 당신이 원하는 상품과 서비스는 개인의 성향이 그대로 드러나는 비즈니스이다. 당신이 추구하는 비즈니스가 무엇인지 정확히 알아야 한다. 그리고 추구하는 가치가 고객들에게 어떠한 가치를 줄 수 있는지 명확히 알아야 한다. 당신이 성장하면 성장할수록 가치도 업그레이드된다. 성장의 기회를 놓치지 말고 도전해야 한다. 어차피 회사나 당신의 비즈니스도 성장하기 위해서 도전은 필요하다. 직장도 안전하지 않다.

쉬운 것이 없으므로 당신이 원하는 일을 해야 한다. 상황이 좋지 않다면 병행해야 한다. 일과 함께 당신이 원하는 일을 준비해야 한다. 시간이 걸리더라도 차근차근 준비해야 한다. 준비하면 반드시 기회는 온다. 기회를 잡기 위해 노력하는 사람이 되어야 한다. 성공한 사람들은 매 순간 기회를 잡기 위해 긴장하고 살고 있다. 그래서 새로운 일을 잘 포착한다. 그리고 올바른 행동과 꾸준한 습관이 성장할 수 있도록 도와준다. 1인 체제의 비즈니스는 당신이 결정권을 갖고 있다. 전문가이자 경영인이다. 프로처럼 행동하고 해야 한다.

에필로그

에필로그

    필자는 평범한 사람이다. 필자도 남들과 같이 세상과 타협하면서 직장생활을 했다. 하지만 방향이 틀렸다고 생각했다. 창업을 하고 싶었지만 돈에 의존 하는 창업은 필자에게 무리였고 창업의 실패는 더욱 비참해 보였다. 돈에 의존하는 창업은 실패가 크면 클수록 해결이 어렵고 성공도 어려웠다. 창업의 성공은 누구에게나 있고 실패도 누구에게나 있었다. 다만, 기회와 실패가 같이 있다면 리스크를 줄이고 스스로의 잠재력과 행복에 초점을 맞추고 싶다. 그래야만 삶이 행복하기 때문이다. 지식창업은 이 모든 것을 구축해 주고 더 나아가 본인의 전문성으로 브랜딩이 되고 나만의 비즈니스 모델까지 만들 수 있다. 그렇기 때문에 자신의 전문성으로 지식창업은 누구나 할 수 있다.

이 책을 보고 지식창업에 도전할 용기와 실천만 할 수 있다면 무자본 지식 창업을 할 수 있다. 지식창업도 고민과 실패가 있지만 기회는 온다. 직장을 다니면서 최대한 도전해야 한다. 회사를 그만 두고 내 일을 하고 싶다면 지식창업을 하길 바란다. 가치 있고 재미있는 일이 된다. 프랜차이즈 창업이 아닌 스스로 설 수 있는 힘이 있는 창업을 하길 바란다. 그 안에서 행복을 찾을 수 있고 내 인생을 전적으로 밀고 갈 수 있는 힘이 생긴다.

내가 원하는 일, 좋아하는 일을 통해서 노력하고 시도한다면 원하는 것을 하나씩 얻게 된다. 성과를 올리기 위해 부단히 노력하고 원하는 인생을 살기 위해 끊임없이 시도해야 한다. 특별한 결과를 얻고 싶다면 특별한 노력을 해야 한다. 그러면 원하는 삶의 방향으로 조금씩 흘러간다. 자신에게 성공 열쇠가 있다. 자신의 전문성, 지식, 경험 모든 것이 지식창업에 발판이 된다. 삶의 가치에서 일은 중요하다. 그 일의 가치를 지식창업을 통해 느꼈으면 좋겠다. 그래서 책을 집필 하면서 무자본 창업, 1인 기업, 1인 강사, 예비 지식창업을 하는 분들께 도움이 되길 바란다. 이 책을 읽어준 독자 분들께 모두 감사하고 이 책을 읽고 지식창업에 성공하길 기원한다. 감사합니다.

지식창업
쉽게 성공하기

초판 1쇄	2022년 6월 7일
1쇄 발행	2022년 6월 14일
지은이	이우희
펴낸이	엄남미
디자인	고은아
펴낸곳	케이미라클모닝
등록	제2021-000020 호
주소	서울 동대문구 전농로 16길 51, 102-604
전자우편	kmiraclemorning@naver.com
전화	070-8771-2052
ISBN	979-11-977597-6-5 (03320)

ⓒ 이우희, 2022

값 15,000원